전사들의 노래

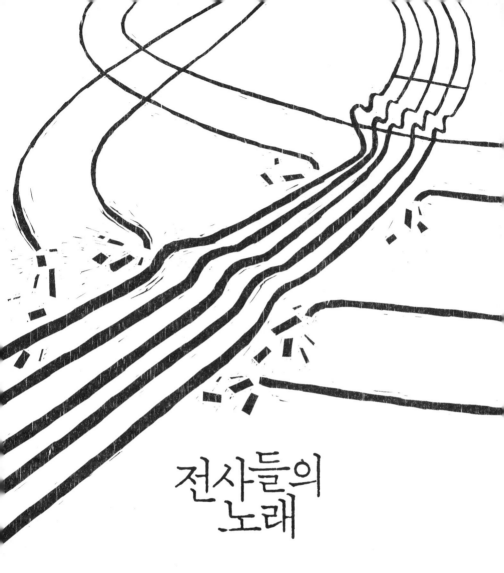

전사들의
노래

서지 않는 열차를 멈춰 세우며

비마이너 기획·홍은전 지음·훗한나 그림

오월의봄

'시작'을 만들고 '다음'을 조직한
전사들의 노래

강혜민·《비마이너》편집장

2018년 가을 늦은 저녁, 한 통의 연락을 받았다. 평소 존경하던 한 장애인 활동가가 쓰러져 병원에 입원했다는 소식이었다. 내게 소식을 전해준 이는 묵직한 목소리로 "아무래도 장례 준비를 해야 할 것 같다"고 말했다. 다행히 그는 곧 깨어났고 건강을 회복했지만 그가 세상을 떠날 수도 있다는 갑작스러운 예고에 둘러싸인 그날은 내게 칠흑 같은 어둠의 시간이었다.

《비마이너》에 온 후, 수많은 이들의 죽음을 마주했다. 활동지원사가 부재한 사이 불에 타 죽거나, 뒤늦게 발견한 암에 속수무책으로 손쓸 틈 없이 떠나거나, 돈이 없어 병원에 가지 못해 죽거나, 장애인 거주시설에서 맞아 죽거나, 혹은 사망 이후 집에서 소주병과 함께 발견되거나. 죽음 이후에야 알게 된 그들의 삶은 장애인복지 제도와 어느 정도 궤를 함께했다. 그 기억의 알맹이들은 죄책감으로, 때론 자책과 무력감으로 남았다. 삶에 대한 관심은 죽음으로부터 시작됐다.

내겐 소중한 사람이 언론에선 '불쌍한 장애인' 정도로 취급됐다. 그것은 무척 모욕적이었다. 그러한 세상의 말과 글에 반격하고 싶었다. 내게 장애인운동은 싸우는 만큼 세상이 나아지고, 가장 약한 곳에서 세계가 확장된다는 믿음을 안겨줬다. 내가 경험한 장애인운동은 경이로웠고 황홀했다. 이 싸움에서 《비마이너》의 몫은 무엇일까. 그 물음에 오래 시달렸다. 《비마이너》만이 할 수 있고 《비마이너》가 가장 잘할 수 있는 일을 찾았다.

기록은 숙명宿命 같았다. 기록되지 않은 생은 잊히고 왜곡되고 소멸한다. 한때 사건이 된 생조차 존재하지 않은 일이 되어버린다. 그러므로 우선 적어내야 했다. "차별받은 존재가 저항하는 존재가 되는 일"(홍은전, 《그냥, 사람》, 봄날의책, 2020, 26쪽)을 이 사회의 기억으로 남기고 싶었다.

장애인 이동권 투쟁은 2001년 지하철 4호선 오이도역에서 리프트가 추락해 장애인이 사망한 사건으로 시작됐다. 이 변혁적 장애인운동은 지난 22년간 놀라운 성과를 만들었다. 이들은 차별의 원인이 '장애가 있는 신체'에 있는 것이 아니라 '사회에 있다'고 외쳤다. 즉 휠체어 탄 사람이 버스를 타지 못하는 것은 그가 장애인이기 때문이 아니라, 휠체어 탄 사람도 탑승할 수 있는 저상버스가 마련되어 있지 않은 사회의 문제이며, 장애인이 수용시설에 살 수밖에 없는 것은 지역사회에서 장애인이 살아갈 수 있는 복지서비스와 소득보장 정책 등 그 모든 관련 제도가 부재하기 때문이다.

그러므로 중증장애인들은 비장애인과 다를 바 없이, 평등하게 지역사회에서 한 사람의 존엄을 보장받으며 살아가기 위한 그 모든 것을 요구하기 시작했다. 장애인운동은 이 사회의 기본값이 '비장애인 중심 사회'라는 것을 일깨우며 사회의 기본값을 뒤흔드는 싸움을 해왔다.

여전히 충분하진 않지만 대부분의 지하철 역사에 엘리베이터가 설치되었고, 저상버스가 일부 도입됐다. 활동지원서비스와 장애인연금으로 장애인도 지역사회에서 살아갈 수 있는 토대가 마련됐다. 그리고 이러한 변화는 지금 장애인 수용시설 전면 폐쇄를 외치는 탈시설운동으로 이어지고 있다.

놀라운 변화의 시작은, 대부분의 처음이 그러하듯 초라했다. 싸움을 시작할 어떠한 종잣돈도 없던 시절, 그들이 가진 것은 고작 '불구'로 낙인찍힌 몸뚱아리 하나였다. 돈도 '빽'도 없는, 불쌍하고 때로는 '병신' 취급받던 이들은 지하철 선로를 점거하고, 장애인이 탈 수 없는 버스를 낚아채 쇠사슬로 자신의 몸을 그곳에 묶었다. 점거는 지역사회에 존재하지 않던 '장애인의 자리'를 만들어내는 중증장애인들의 주된 싸움 방식 중 하나였다. 그들은 '권리들을 가질 권리'를 요구하며 배제와 차별의 근거가 됐던 불구의 몸, 바로 그 신체로 세상을 향해 싸움을 걸었다.

버스를 탈 수도, 식당에 밥을 먹으러 갈 수도, 학교에 배우러 갈 수도 없는 것이 차별임을 깨닫고 문제제기를 한 사람, 장애가 있는 사람이 문제가 아니라 그를 배제하는 사회가 문제임을 알아챈 사람, 이는 사회 전체를 바꾸는 일이었기에 나 혼자 할 수 있는 일이 아니라 내 곁의 사람들을 조직해 함께해야 하는 일임을 깨달은 사람. 바로 그들이 '싸움의 시작'을 만들어냈다.

때로 시작하는 것, 그다음을 만들어내는 것은 자연스러움이 아닌 의도된 사건이다. 그것은 의지와 결단, 우연이 겹쳤을 때에야 가능하다. 이 책에 실린 여섯 명의 싸움꾼(박길연·박김영희·박명애·이규식·박경석·노금호)은 그러한 사건을 일으킨 자들이다.

뽀얀 먼지 속에서 발굴해낸 변방의 역사가 오롯한 한 권의 책으로 나올 수 있게 된 것은 눈 밝은 편집자 임세현님 덕분이다. 또한 홍은전 작가님이 아니었다면 이 거대한 기획을 감히 시작하지 못했을 것이다. 홍은전의 글은 싸우는 사람이 더 잘 싸울 수 있도록 힘을 준다. 그가 듣고 기록하고 정리하고 해석해낸 여섯 명의 삶을 통해 비로소 우리는 우리 자신이 어떠한 역사를 만들어내고 있는지 알아차리게 된다. 여기에 홋한나 작가님의 일러스트가 채도를 더했다. 일러스트 한 장 한 장이 시詩처럼 우리에게 펼쳐진다. 우리의 싸움은 기록되었으니 잊히지 않을 것이다.

이 글들은 2021년 하반기 《비마이너》에 연재됐다. 출근길 지하철 시위로 전국장애인차별철폐연대가 사회의 주목을 받기 전이다. 그러므로 이 이야기는 전장연이 왜 출근길 지하철에 오르게 됐는지를 알리는 장대한 서사가 되겠다. 전장연에 대한 사람들의 관심은 급작스러웠지만, 전장연은 늘 해오던 투쟁을 여전하게 하고 있을 뿐이다. 이 책은 2021년 출간된 《유언을 만난 세계》(오월의봄)의 후속작이기도 하다. 《비마이너》는 죽은 자(장애해방열사)의 이야기에서 시작해 살아 있는 자(장애해방운동가·비장애인 활동가)의 이야기로 이어지는 3부작을 기획했다. 열사는 살아 있는 자들의 응답이 있을 때만 존재할 수 있으며, 열사의 삶과 죽음을 아는 것은 진보적 장애인운동의 기원을 아는 것이기 때문이다.

인터뷰이는 전장연 대표단들을 중심으로 성별과 지역적 안배를 고려해 선정했으나, 시간과 자원의 한계 탓에 제한적으로 선택할 수밖에 없었다. 우리는 진보적 장애인운동을 만드는 훌륭한 활동가들을 더 많이 알고 있다. 이 기록이 '다음'을 초대하는 시작이 되길 바란다.

이들은 결코 홀로 존재하지 않았다. 분명 그 자신이기에 가능했던 부분들도 있으나, 함께하는 동지들이 있어 수많은 실패와 이별, 절망 속에서도 버텨낼 수 있었노라고 고백한다. 그렇기에 이것은 지난 시간을 함께했던 동지들과 만들어낸 빛나는 '우리의 기록'이다. 노래로 치자면, 아름다운 하모니를 만들어내는 합창이 될 것이다.

지금 우리는 승강장에 서 있다. 시설에서, 집구석에서 이곳까지 오는 데 22년이 걸렸다. 장애인도 이동하고 교육받고 노동하며 지역사회에서 건강하게 함께 살자고 외친다. 도래하지 않은 내일을 오늘로 견인해오는 물리적 힘은 함께하는 당신께 있다. 함께함이란 다음을 만들어내는 행위이고, 이것은 나의 행위에 당신이 응답했을 때 비로소 가능하다. 휠체어를 굴리며, 때론 삶과 죽음의 경계선을 갈지자로 휘청이며, 비관하면서도 더 나은 내일을 갈망했던 사람들의 이야기에 이 사회가 응답해주길 바란다.

우리의 말이 역사가 되도록

어린 시절 엄마 손을 잡고 시장에 가면 무릎 높이의 좌판을 밀면서 수세미와 나프탈렌 같은 것을 팔던 사람들이 있었다. 바퀴가 달린 넓은 판자를 배 아래에 깔고 사람들의 발밑을 천천히 기어 다녔던 그들을 어른들은 '불구자'라고 불렀다. 장을 보다 그런 이들을 만나면 엄마는 수건돌리기 게임의 술래처럼 딴청을 피우는 듯한 얼굴로 슬며시 그 옆으로 다가가 돈통에 1000원짜리 지폐를 넣고는 빠르게 지나갔다. 물건은 사지 않았다. 그들이 분명 뭔가를 팔고 있었음에도 사람들은 그걸 '구걸'이라고 불렀다. 2022년은 놀라운 해였다. 내가 사랑하고 존경하는 인권운동가들이 기억 저 밑바닥에 각인된 그 '비천한 자'들의 모습으로 연일 뉴스를 장식한 것이다. 세상은 그들을 '전장연'이라고 불렀다.

2021년 12월 이동권, 교육권, 노동권, 탈시설 등 장애인의 권리를 요구하며 시작된 전장연의 출근길 지하철 시위는 2022년

꽃피는 3월 새로운 국면으로 접어들었다. 당시 국민의힘 대표였던 이준석이 '선량한 시민을 볼모로 잡는 비문명적 시위'라며 공격을 개시하자, 대포 같은 카메라들이 박경석 전장연 대표를 향한 것이다. 대중의 비난과 혐오가 들끓자 지지와 연대의 열기도 함께 끓어올랐고 급기야 박경석과 이준석의 일대일 TV 토론으로까지 이어졌다. 온 세상이 '전장연, 전장연' 하면서 문명이란 무엇인가를 논하고 장애인의 현실과 지하철 시위의 옳고 그름을 논쟁하는 아름답고 토할 것 같은 4월이 계속되었다. 그리고 4월 20일 온 국민의 시선이 아침 여덟 시 출근길 지하철에 집중되었을 때, 전장연의 장애인 활동가들은 박경석을 필두로 멀쩡한 휠체어에서 내려와 바닥을 기어가기 시작했다. '우리가 얼마나 강한지'가 아니라 '우리가 얼마나 약한지'를 보여주는 난감하고 충격적인 시위였다.

장애인들이 한 명씩 승강장과 열차 사이 10센티미터가량의 틈(단차)을 가까스로 기어서 통과하는 동안 열차의 통제실에서는 수십 년째 이 열차가 장애인을 태우지 않았음을 알리는 대신 장애인들 때문에 열차가 운행되지 못하고 있음을 알렸다. 열차 안 시민들이 이 초대받지 못한 자들을 내려다본다. 열차 문이 닫히면 이 시공간에서 완벽하게 사라졌던 존재들이 망령처럼 행진을 시작한다. 오직 어깨와 팔의 힘만으로 마비된 하반신을 힘껏 끌어당기면서 성난 시민들의 발아래를 기어간다. 고개를 치켜드는 것조차 버거운 몸이지만 동냥 그릇 같은 은색 깡통을 목에 건 채 질질 끌고 간다. 빈 깡통이 내는 요란한 소리는 국가가 기본적 권리를 보장하지 않은 탓에 타인의 동정에 기대야만 생존할 수 있었던 모든 '비천한 자'들을 불러온다. 망령들이 외친다.

"모든 국민은 법 앞에 평등하며 누구든지 차별받지 아니한다!"

비대칭의 몸 위로 모욕과 혐오가 빗발친다.

"병신이 벼슬이야?"

"이러니까 동정을 못 받지!"

'문명인'들이 이토록 거칠어진 이유는 1분이라도 지각을 하면 큰일 나기 때문이다. 출근길 지하철이란 노동력을 이동시키는 자본주의 사회의 가장 중요한 컨베이어 벨트다. 컨베이어 벨트 위의 인간은 걸림돌을 치우기 위해 무슨 짓이든 한다. 그 레일에서 가장 먼저 치워진 자들의 이름이 바로 '장애인'이다. 20분을 늦은 여자가 20년을 갇혀 산 여자에게 자신이 입은 피해를 보상하라고 핏대를 세운다.

"우리가 낸 세금으로 먹고사는 주제에 이렇게 남한테 피해를 주면 안 되죠!"

그 모습을 차마 볼 수 없는 또 다른 여자가 고개를 숙인 채 눈물 흘린다. 다른 쪽에선 경찰과 실랑이하다 넘어진 장애인의 팔을 어떤 남자가 가차 없이 잡아당기며 소리친다.

"쇼하지 말고 빨리 일어나!"

그리고 어른들의 아수라장 속에서 한 소년이 휴대전화를 꺼내 높이 치켜든다. 화면엔 "장애인의 시위를 지지합니다"라고 적혀 있다. 전장연은 지하철이라는 일상의 공간을 단번에 한국사회에서 가장 논쟁적인 무대로 만들었고 놀랍게도 시위는 1년 동안 지속되었다.

2001년 서울 광화문에는 이전에 단 한 번도 세상에 등장한 적 없던 어떤 인간들이 나타나기 시작했다. 그들은 자신의 생애 내내 집과 시설에 갇혀 살아왔던 중증장애인들이었다. 쇠사슬로 서로의 몸과 휠체어를 묶은 채 8-1번 버스를 에워싼 그들은 이렇게 외쳤다.

"장애인도 인간이다. 인간답게 살고 싶다. 이동권 보장하라!"

2001년 우연히 노들장애인야학 교사가 되면서 장애인들을 처음 만난 나는 이 시위를 보고 큰 충격을 받았다. 내가 충격을 받은 건 장애인의 70.5퍼센트가 한 달에 다섯 번도 외출하지 못한다는 현실 그 자체가 아니라, 그것을 '문제'라고 말하는 사람들의 존재 때문이었다. 나중에 깨달은 것이지만 어떤 문제를 '문제'라고 부르기 위해선 그 현실을 해결할 의지가 있거나 최소한 직면할 용기가 있어야 한다. 그런데 이 현실을 직면한다는 건 대체 무슨 뜻인가.

'장애인도 버스를 타자'라는 언뜻 소박해 보이는 구호는 실은 장애인을 배제한 채 설계된 이 문명 전체를 문제 삼겠다는 것이다. 하지만 자신의 몸이 작은 계단 하나조차 오를 수 없음을 목 놓아 외치는 건 얼마나 한심하고 비참한 일인가. '고작 버스'조차 탈 수 없는 불구의 몸으로 이 거대한 세상에 맞서 싸운다는 건 얼마나 막막하고 답이 없는 일인가. 그러니 사람들은 문제를 보고서도 문제를 덮거나 문제 삼지 않기로 한다. 문제를 일으키지 않고 아무 문제 없는 것처럼 살아가기로 하는 것이다. 2001년 내가 만난 사람들은 놀랍게도 그 모든 것들을 문제 삼고 실패할 것이 분명한 싸움을 시작한 사람들이었다. 비장애인 중심의 질서와 문명을 온몸으로 들이받는 장애인 권리 투쟁의 시작이었다.

나는 저항하는 장애인들에게 둘러싸여 모든 것을 처음부터 다시 배웠다. 우리는 서지 않는 열차를 멈춰 세웠다. 당장 가야 할 길이 막힌 사람들이 길길이 날뛰며 우리가 법을 어겼다고 비난했다. 참 이상한 말이었다. 장애인은 어길 법조차 없는 존재들이었기 때문이다. 한 발짝만 내디디면 벼랑 끝인 이들에게 이 사회는 신호를 지키라고 했다.

그러나 선을 넘지 않고서는 절대 말할 수 없는 것들이 있다. 우리는 버스를 점거했고 누군가의 이동을 방해했다. 동시에 차별과 배제, 격리와 소외를 방해했다. 우리는 지하철을 막았고 어떤 폭력을 막았고 누군가의 죽음을 막았다. 우리는 선량한 시민들의 발목을 잡았고 아프고 늙고 가난한 사람을 버리고 폭주하는 야만적인 사회의 발목을 잡았다. 한 명의 장애인이 이동하기 위해선 이 사회가 통째로 이동해야 한다는 걸, 우리는 뼈가 저리게 잘 알고 있었다. 수억의 벌금을 내고 누군가는 구속되었지만 그렇게 우리는 누구도 배제하지 않는 새로운 사회로 나아가는 법과 제도를 만들어왔다. 나는 우리의 역사가 자랑스럽다.

2014년 노들장애인야학을 그만둔 뒤 나는 인권기록활동을 시작했다. 존엄이 짓밟히는 현장에서 싸우는 사람들의 이야기를 듣고 전하는 일이었다. 동료들이 쓴 아름다운 책의 제목(이호연·유해정·박희정, 《당신의 말이 역사가 되도록》, 코난북스, 2021)을 빌려 말하자면, '당신의 말이 역사가 되도록' 하는 동시에 '당신의 역사가 말이 되도록' 하는 일이 곧 나의 싸움인 셈이다. 진보적 장애인운동의 일원으로 살았다는 게 인생의 자부심인 내가 존경하던 사람들의 생애를 기록할 수 있어서 큰 영광이었다. 우리의 사랑과 미움, 기쁨과 슬픔, 고통과 희열, 죄책감과 책임감, 그리고 차별과 저항이 역사가 되었으면 좋겠다. 온갖 비난과 탄압을 감당하면서 저항을 포기하지 않은 전장연의 활동가들과 그 운동을 기록하기 위해 분투하는 《비마이너》 강혜민 편집장님, 따뜻한 그림을 그려준 홋한나님, 그리고 이 기록이 책이 될 수 있도록 애써주신 오월의봄 임세현 편집자님에게 존경과 고마움을 보낸다.

2023년 4월
홍은전

차례

기획의 말 ——————————————————————————— 4
'시작'을 만들고 '다음'을 조직한 전사들의 노래 | 강혜민(《비마이너》편집장)

기록의 말 ——————————————————————————— 9
우리의 말이 역사가 되도록 | 홍은전

살아 있다는 것의 의미 | 박길연 이야기 ———————————— 17

그 누구도 아닌 자기 자신이 되기까지 | 박김영희 이야기 ———— 69

내 삶을 내 손에 움켜쥐고 | 박명애 이야기 ———————————— 139

나의 쓸모 | 이규식 이야기 ————————————————————— 193

싸우는 인간의 탄생 | 박경석 이야기 ——————————————— 245

운동은 삶을 구할 수 있을까 | 노금호 이야기 ———————————— 315

장애해방운동이 걸어온 길 ——————————————————— 400

단체명·기관명 약칭 일러두기

본문에 자주 등장하는 다음의 단체·기관은 맥락에 따라
정식 명칭과 약칭(괄호 안)을 혼용하여 표기했다.

국가인권위원회(인권위)
노들장애인야학(노들야학 혹은 노들)
대구사람장애인자립생활센터(대구사람센터)
대구장애인차별철폐연대(대구장차연)
민주화실천가족운동협의회(민가협)
빗장을여는사람들(빗장)
이음장애인자립생활센터(이음센터)
인천민들레장애인야학(민들레야학)
장애여성공감(공감)
장애와인권발바닥행동(발바닥행동)
장애인교육권연대(교육권연대)
장애인이동권연대(이동권연대)
전국장애인차별철폐연대(전장연)
전국장애인한가족협회(전장협)
전국특수교육과학생회연합(전특련)
질라라비장애인야학(질라라비야학)
한국대학총학생회연합(한총련)

박길연 이야기

살아 있다는 것의 의미

박길연은 인천민들레장애인야학 교장이자 민들레장애인자립생
활센터 소장으로 인천 장애인운동의 대표적 인물이다. 탈시설에
대한 제도적 지원이 이뤄지기 전에도 여러 명의 중증장애인을 시
설에서 '탈출'시킨 초기 탈시설운동의 산증인이기도 하다. 2006
년 그를 안 이후 나에게 박길연의 인상은 내내 '센 언니'였다. 중
요한 싸움을 앞두고 선수를 뽑아야 한다면 모두가 빠짐없이 가리
킬 우리 팀 에이스 같은 존재. 큰 키에 숱 많은 긴 생머리를 한 그
녀가 선글라스를 끼고 억센 경상도 사투리로 경찰들과 거칠고 격
렬하게 싸우는 모습을 볼 때마다 나는 그를 적으로 만나지 않아
얼마나 다행인가 생각했다.

　그가 처음 장애인운동계에 등장했던 2006년 어느 날, 우리
는 노들장애인야학(노들야학)에서 만난 적이 있다. 나는 노들야학
의 사무국장이었고 그는 이제 막 인천에서 장애인 야학을 만들려

박길연 일러스트. 갈색 머리를 하고 옅은
미소를 띤 얼굴. 얼굴 뒤 배경에는 멀리 산과
바다가 보인다.

는 사람이었다. 야학 설립과 운영에 대한 실무적인 도움을 얻기 위해 그가 나를 찾은 것이었다. 그때 나는 20대의 비장애 여성이었고 박길연은 16년 동안 집에서만 지내다 세상 밖으로 나온 40대의 중도 장애여성이었다. 당시 내가 그에게 어떤 조언을 하고 어떤 자료를 넘겨주었는지는 전혀 기억나지 않지만, 왜인지 그가 긴장하고 위축되어 보였다는 인상만 남아 있다.

인터뷰를 하기 위해 인천 임학역에 내려 민들레야학으로 걸어가면서 오래전 그날을 생각했다. 어느덧 박길연의 나이가 된 나는 그날 그가 위축되어 보였던 게 어쩌면 20대의 내 시선이 만든 왜곡일지도 모른다고 생각했다. 그때의 나는 지금보다 세상에 대해 적게 알면서도 건강과 젊음, 행복과 능력에 대한 근거 없는 확신이 있었기 때문에 특별한 배경지식이 없었던 40대의 중도 장애여성에 대해 모종의 우월감을 가졌던 게 아닌가 하는 것이다. 이번엔 우리의 자리가 바뀌어 있었다. 그사이 박길연은 민들레야학을 만들었고 그 공간을 발판 삼아 교육과 생활, 투쟁의 공동체를 일궈냈다. 나는 노들야학을 그만두고 인권의 현장에서 열심히 싸우는 사람들을 기록하는 활동을 시작했다.

나는 이런 것이 궁금했다. 인생의 거대한 변수를 받아들이는 법, 처음부터 다시 시작하는 법, 통증과 함께 사는 법, 타인의 시선으로부터 자유로워지는 법, 나를 있는 그대로 받아들이는 법, 슬픔과 고통이 잇따를 것을 알면서도 기쁨이나 행복을 포기하지 않는 법, 책임감을 잃지 않기 위해 애쓰며 계속 힘을 내는 법 같은 것들. 그런 것에 관해 묻기엔 예순을 향해 가고 있는 중도 장애여성 박길연은 최고의 상대 같았다. 그런 게 별로 궁금하지도 않았고 궁금해할 필요도 없었던 20대의 홍은전으로는 절대 돌아가고 싶지 않다고 생각하면서 나는 박길연을 향해 걸어갔다.

2018년에도 그를 인터뷰한 적이 있었다. '탈시설 자립지원 및 주거지원 방안 연구'라는 다소 딱딱하고 실무적인 목적의 인터뷰였다. 나는 조사자였고 그는 현장 활동가였다. '센 언니'라는 그에 대한 나의 오랜 고정관념은 그날의 짧은 인터뷰로 눈 녹듯 사라져버렸다. 그가 들려주는 엉망진창의 현실과 그 속에서 사람들이 만들어내는 온갖 말도 안 되는 사건·사고가 너무 재미있고 흥미진진해서 시간 가는 줄 모르고 웃다가 울다가 했다. 내가 질문을 던질 때마다 길연은 기억의 서랍을 뒤적여서 구체적이고 생생한 일화로 대답해주었고, 내가 관심 있어 하는 것이라면 그 서랍 속에서 무엇이든 다 꺼내주고 싶어 하는 후덕하고 다정한 언니였다. 내가 묻지 않아서 아직 열리지 않은 그의 서랍 속엔 무엇이 더 있을지 너무나 궁금했다.

우리는 민들레야학 교실에 마주 앉았다. 나는 먼저 인터뷰의 취지를 설명했다. 여러 장애인 당사자 활동가들이 급작스럽게 세상을 떠났지만 그들에 대한 제대로 된 기록이 남아 있지 않은 현실이 슬프다는 이야기였다. 막상 입을 떼니 멀쩡하게 살아 있는 사람 앞에서 하기엔 매우 이상한 말이라는 생각이 들어 식은땀이 났다. 박길연이 "그럼 이 인터뷰만 하면 나 이제 걱정 없이 죽어도 돼?" 하며 웃자 나도 어정쩡하게 따라 웃었다. 이것이 진보적 장애인운동의 살아 있는 역사들의 생애에 대한 기록이면서 동시에 우리에게 새로운 세계를 보여준 이들에 대한 사랑과 고마움의 표현이라는 나의 마음은 제대로 설명하지 못한 채, 이야기는 시작되었다.

비장애인 유년 시절

경남 남해에서 태어났어요. 1964년생이고 아들 하나에 딸이 일곱인 집의 둘째예요. 아빠는 경찰대학 나와서 경찰을 하셨고 엄마는 초등학교도 졸업 못하셨어요. 두 분이 연애결혼을 했는데 아빠 쪽 집안의 반대가 너무 심해서 숟가락 하나 안 보태줬대요. 아빠가 경찰을 그만두고 인천 세관에서 근무하신 적이 있어요. 뒷돈이 많이 오가는 곳인데 성격상 그런 걸 잘 받아들이지 못해서 그만두셨대요. 나중에는 친구분이랑 같이 초등학교를 설립하고 신용협동조합도 설립하셨어요. 동네에 필요한 일 있으면 나서서 하셨던 분이라 돌아가신 후에 고향에 공덕비가 세워졌어요. 아버지 하신 일이 돈 되는 일들은 아니었어요. 팔남매 키우느라 엄마가 악착같이 돈을 버셨어요. 멸치 어장을 여러 개 운영하시고 염소 불고기 식당도 하셨어요.

　아빠는 밖에선 카리스마가 굉장했는데 집에선 딸 아들 안 가리는 자식 바보였어요. 어릴 때는 우리한테 호떡도 만들어주고 고구마튀김도 해주셨어요. 아빠가 딸들하고 워낙 격 없이 지내니까 우리가 좀 컸을 때는 동네 사람들이 흉을 볼 정도였어요. 가슴도 큰 딸들이 아빠 옆에 팔 베고 누워 있다고. 아빠는 그런 것에 개의치 않았어요. 우리가 짧은 치마나 바지 입고 자전거를 타고 다니면 시골 사람들이 망측스럽다고 흉보는데도 아빠는 더운데 어떠냐면서 괜찮다고 하셨어요. 자식들 의견을 존중해주셨죠. 내가 20대 초반이었을 때 오토바이를 사달라고 설득해서 어렵게 아빠 허락을 받았는데 언니가 위험하다고 반대하는 거예요. 우리 집에선 언니가 힘이 셌거든요. 아빠는 당신한테 혹시 무슨 일이 생겼을 때 그 역할을 대신할 사람으로 언니로 생각하고 중요한 일은 항상 언니하고 상의했어요. 엄마가 한글을 잘 모르셨기 때문에 은행 관련 서류를 보관한 캐비닛의 비밀번호도 언니한테만 알려줬어요. 언니가 오토바이 사주면 안 된다고 하니까 아빠도 번복해버린 거예요. 그때 내가 너무 화가 나서 언니 머리채를 잡고 온 마당을 뒹굴었던 기억이 나네요(웃음).

공부엔 취미가 없었어요. 고등학교도 안 가고 싶었어요. 중학교 동기 중 절반만 고등학교에 가고 나머지는 부산이나 마산으로 돈 벌러 갔는데 명절에 그 친구들이 내려오면 자기가 번 돈으로 머리도 하고 화장도 하는 모습이 그렇게 부러웠어요. 그래서 중학교 3학년 때 가출을 했어요. 친구랑 부산으로 갔는데 얼마나 순진했던지 교복을 입고 갔어요. 바닷가에 가니까 교복 주름치마가 바람에 막 뒤집어지는데 그거 붙잡느라고 아주 혼났네(웃음). 일단 돈을 벌어야 한다는 생각에 아무 식당이나 들어가서 종업원 구하느냐고 물어봤는데 전부 다 안 구한대요. 한 식당에 갔더니 아주머니가 우리를 앉혀놓고 밥을 주시면서 집으로 돌아가라고 달래셨어요. 그러면서 집이 어디냐고 물으셨어. 우리는 또 순순히 불었죠(웃음). 그렇게 잡혀서 돌아왔는데 대부분의 부모들이 회초리 들고 때리잖아요. 우리 아빠는 나를 옷가게에 데려가서 옷 사주고는 볼일 보러 가셨어요.

1983년에 고등학교를 졸업하고 부산으로 갔어요. 아빠가 가지 말라고 하는데도 기어이 뿌리치고 갔어. 부산 가는 날 아빠가 내 옷에 달린 호주머니마다 돈을 꼬깃꼬깃 접어서 넣어주셨어요. 도시에선 소매치기를 당할지도 모른다고, 혹시 털리더라도 아빠한테 전화 걸 돈은 있어야 할 거 아니냐면서. 부산에선 합판 공장에 취직했어요. 기숙사 생활을 했는데 어머나, 너무너무 감옥 같았어요. 시간 되면 불도 다 꺼져버리고 옷을 빨아 널어놓으면 다음 날 없어지고(웃음). 사생활도 없고 외출도 못했어요. 가둬놓고 일을 시키더라고요. 부산에 살던 외사촌 오빠한테 전화해서 나 좀 데리고 나가달라고 부탁해서 겨우 나왔어요. 결국 서너 달도 못 버티고 집으로 돌아왔죠.

아빠가 설립한 남해 신용협동조합에서 일하다가 몇 년 후에 다시 부산으로 갔어요. 처음엔 옷가게 점원으로 일하다가 나중엔 내 옷가게를 차렸어요. 돈 벌어서 나 하고 싶은 거 다 하면서 살았어요. 옷도 마음껏 사 입고 나이트클럽 다니면서 자유분방하게 살았지. 저축 같은 것도 몰랐어요. 그냥 현재의 나 하나만 생각하면 됐으니까. 세상이 어떻게 돌아가는지 전혀 몰랐어요. 노는 게 좋고 사람들이 좋았어요. 우리 엄마가 나보고 친구 없으면 죽을 거라고 할 정도로 주위에 항상 사람들이 많았어요. 여행도 많이 다녔죠. 목적지 정해놓고 다니는 그런 여행 말고 가다가 아름다운 풍경을 만나면 거기가 목적지였어요. 여행을 참 좋아했다는 기억은 나는데 어딜 갔는지 뭘 봤는지는 전혀 기억이 안 나요. 그시절의 추억을 기억하지 않으려고 애써서 그런 것 같아. 사진도 찢어버리고 옷도 신발도 다 갖다 버렸어요.

"그렇게 아파본 건 처음이었어"

갑작스레 결혼하게 됐어요. 밑으로 동생들이 많은데 결혼은 순서대로 해야 한다고 생각하던 시절이니까 집안에서 내 결혼을 서둘렀어요. 남해에 내려갈 때마다 선 자리를 마련해놓고 기다리셨어요. 부모님이 결혼하면 장사를 할 수 있게 밑천도 주신다기에 '결혼이 뭐 별거야?' 하면서 마음먹었죠. 선보고 넉 달 만에 결혼했어요.

예단을 하기로 한 날이었어요. 너무 심하게 열이 나고 어지러워서 제대로 걸을 수 없을 정도였어요. 비틀비틀하면서 머리를 이 방 저 방에 쿵쿵 박고 다녔는데 다음 날 아침이 되니까 발바닥이 너무 아파서 걸을 수가 없었어요. 그렇게 아파본 건 처음이었어요. 병원에 갔더니 류머티스 관절염 초기라고 했어요. 류머티스라는 바이러스가 관절에 침투해서 염증을 일으키는 거래요. 그런데 약 먹고 주사 맞으니까 금세 괜찮아지더라고요. 약 먹으면 낫는 건가보다 했어요. 무사히 결혼식을 하고 제주도로 신혼여행을 갔어요. 그런데 자고 일어났더니 내가 걷지를 못하더라고요. 차를 타고 다니며 겨우 여행을 마치고 돌아왔는데 문제는 시댁에 인사하러 가는 거였어요. 갑자기 그렇게 아프니까 감당하기가 힘들었어요. 병원 가서 진통제를 맞고 시댁에 갔어요. 절을 하고는 일어설 수가 없으니까 옆에서 남편이 부축해서 일으켜줬어요. 그 뒤 병이 급속도로 진행됐어요.

'허니문 베이비'로 아이를 가졌어요. 사람들이 다 유산시켜야 한다고 했는데 내가 낳겠다고 했어요. 그랬어도 굉장히 마음을 졸였죠. 아이 낳았을 때 여자애인지 남자애인지는 안중에도 없었어요. 손가락, 발가락 다 있냐고 그것부터 물었어. 간호사가 "아들입니다" 했을 때야 아들이구나 했어요. 임신 기간에 입덧이 심하고 잘 먹지 못해서 애가 2.7킬로그램으로 태어났어요. 아빠가 나한테 뭐라도 사주려고 현금 수백만 원을 찾아 오셨는데 내가 얼굴이 노랗고 비쩍 말라서는 아무것도 못 먹고 끅끅거리니까 눈물을 뚝뚝 흘리셨어요.

애 낳고 한동안은 비장애인처럼 일상생활을 했어요. 아기가 황달이 있어서 아기 업고 버스 타고 병원에도 다녔어요. 그러다가 백일 즈음부터 통증이 다시 시작되더니 돌 즈음엔 못 걷게 되고 돌 지나서는 완전히 드러눕게 됐어요. 팔을 움직일 수조차 없어서 모기가 얼굴 주변에서 왱왱거려도 입으로 후후 불어서 쫓아야 했어요. 통증 때문에 너무 고통스러워서 거의 잠을 못 잤어요. 내 키가 170센티미터인데 몸무게가 50킬로그램도 안 나갔어요. 몇 개월 사이에 염증이 몸 전체로 퍼졌어요. 바이러스는 왼쪽 다리 관절을 전멸시킨 후 오른쪽 다리로 몰려가는 식으로 좌우로 이동했죠. 온몸의 마디란 마디는 다 전멸시키면서 움직이고 있었어요.

그땐 여수의 시댁 근처에 살았어요. 아이 아빠가 일을 접고 헌신적으로 간병했어요. 집에 환자만 있는 게 아니고 갓난아기도 있었으니까 내 동생 두 명이 우리 집에 들어와 살면서 밥을 해줬어요. 계란프라이도 해본 적이 없는 애들이었는데. 음식 하다가 기름이 튀면 놀라서 엄마한테 전화할 정도로. 동생들도 고생이지만 그런 애들이 해주는 밥은 또 얼마나 부실할까 엄마도 많이 가슴 아파했어요. 아빠는 새벽에 바다에 나가서 꽃게 같은 거 들어오면 사다가 물만 부어서 바로 끓일 수 있게 손질해서 아이스박스에 넣어 보내줬어요.

아픈 엄마라는 미안함

아이가 한창 클 때 사진을 많이 찍어주지 못한 것, 아장아장 걸을 때 엄마 손 잡고 밖으로 나가고 싶어 했는데 그러지 못했던 게 너무 미안하고 가슴 아파요. 옆집에 우리 아이 또래가 있었는데 이름이 '윤환'이었어요. 하루는 윤환이가 자기 엄마 손 잡고 밖으로 나가는 걸 보면서 우리 애가 "윤환이 아줌마, 나도 갈 거야" 하면서 따라가려고 했어요. 윤환이가 "안 돼, 우리 엄마야!" 하면서 아이를 밀어냈어요. 나는 그런 걸 방에 누워서 소리로 듣고 있었어요. 정말 가슴이 찢어지죠.

어느 날 남편이 잠깐 자리를 비웠어요. 한 시간 정도 아들이랑 나랑 둘만 집에 남겨진 거예요. 그때 내가 환자용 철제 난간이 있는 침대를 썼어요. 남편이 벽 쪽에 나를 앉혀놓고 나갔는데 아들이 침대에서 나를 부르면서 뛰어놀다가 매트리스하고 난간 사이에 발이 쑥 빠져버렸어요. 아기가 그 사이에 끼여서 자지러질 듯이 울었어요. "엄마, 아파! 엄마, 아파!" 하면서. 나는 아무것도 못하고 그걸 쳐다보기만 하면서 울었어요. 그런데 나를 부르던 아이가 나중엔 '윤환이 아줌마'를 부르는 거예요. 돌 지난 아기가 자기 엄마는 자기가 아파도 오지 못하는 사람이라는 걸 벌써 깨달은 거죠. "윤환이 아줌마! 윤환이 아줌마! 아파요! 살려주세요!" 그걸 보는 나는 피눈물이 났어요.

아들이 아파서 죽겠다는데도 손 하나 까딱 못한다는 사실 때문에 몇 년을 울었어요. 누가 살짝 건드리기만 해도 몸이 너무 아팠어요. 아이 아빠하고 이모들이 항시 아이한테 "엄마한테 가까이 가면 안 돼" 하고 주의를 줬죠. 아이는 엄마 곁에도 못 오고 조금 떨어져서는 "엄마, 아파? 호-" 했어요. 그런 생활이 너무 힘들었어요. 살고 싶은 생각이 없었어요. 죽을 수 있었다면 죽었을지도 몰라요. 그런데 그조차도 몸이 받쳐주질 않았어요. 창문에서 뛰어내리려고 해도 창문까지 기어올라갈 수가 없고 전화선을 겨우 갖고 와서 조여보려고 해도 도무지 힘을 쓸 수 없었어요.

아들이 두 살쯤 됐을 땐 더 이상 치료할 방법이 없다고 병원에서도 받아주지 않았어요. 그 지역에선 광주 전남대병원이 알아주는 곳이었는데 거긴 받아주지 않을까 하는 희망을 걸고 응급실로 밀고 들어가보자는 계획을 짰어요. 택시를 대절해서 뒷좌석에 언니의 무릎을 베고 누워서 가는데 차가 들썩거리는 것조차 견디기 어려울 만큼 고통스러웠어요. 내가 너무 힘들어하는 걸 보면서 언니가 눈물 콧물을 뚝뚝 흘렸어요. 그렇게 힘들게 병원에 도착했는데 역시나 안 받아주더라고. 돌아오는 길에 우리 언니는 또 울었어요.

그러다 서울 강남성모병원에서 약이 개발되었다는 소식을 듣고 입원을 하기로 했어요. 병상이 날 때까지 며칠 대기해야 해서 인천 사는 동생네 집으로 갔어요. 어린이날 즈음이라 아들도 데리고 갔어요. 입원 날짜가 5월 6일로 잡혔어요. 아들은 신이 났는데 그런 아들을 두고 가야 하는 게 얼마나 가슴이 아프던지…… 한 달을 입원했는데, 나하고 떨어진 그때부터 아이가 해만 지면 머리가 아프다고 꽥꽥 울었어요. 지금까지도 편두통으로 약을 먹는데 그때의 트라우마인 것 같아 가슴이 아프죠.

신비한 꿈이 현실로

지금껏 안 가본 데가 없고 안 해본 게 없어요. 현금 200~300만 원을 들고 집을 나섰다 돌아오면 그 돈이 모두 사라졌어요. 한센인들이 쓰는 피부약이 바이러스 균을 죽일 수도 있다는 소릴 듣고 그분들 사는 마을에도 가봤어요. 언젠가는 어떤 사람이 이런 말을 했어요. 옛날에 아이들이 죽으면 단지 안에 넣어서 땅에 묻었는데 시간이 흐르면 시신에서 수액 같은 게 나와서 물처럼 진하게 고인대요. 그걸 먹으면 낫는다는 거예요. 안 들었으면 모르겠는데 들어버렸으니 아이 아빠가 그걸 구하러 가기로 했죠. 어디에 가면 아이들 무덤이 많은지 알아두고 새벽에 인적 드물 때 가겠다고 친구들이랑 계획도 세웠어요. 그런데 그 소식을 들은 우리 아빠가 그 사람한테 전화를 했어요. 내 자식 삶도 중요하지만 내 자식 살리자고 죽은 아이들한테 그럴 수는 없다고. 어려서 죽은 것도 가슴이 아픈데 설사 그게 특효약이라고 해도 그렇게 해선 안 된다고 아빠가 못 가게 했어요.

나도 가족들도 점점 지쳐갔어요. 어느 날 응급실에서 정신이 들어왔다 나갔다 하는 와중에 의사가 언니한테 하는 말을 들었어요. 센 약을 많이 먹어서 위에 천공이 너무 많이 생겼는데 그게 치료할 수 없을 정도라고, 빈혈도 심하고 영양 상태도 심각하게 안 좋아서 한 달 이상 견디지 못할 것 같다고 했어요. 그 이야기를 듣는 순간 아들 생각밖에 안 났어요. 병원에서 죽느니 하루라도 더 아들하고 같이 지내겠다고 몸부림을 쳤어요. 언니가 "그래, 알았다. 가자" 하며 나를 달래 집으로 왔어요.

어느 날 꿈을 꿨어요. 계곡물이 흐르는데 어떤 나뭇가지 모양의 약초 같은 게 떠내려왔어요. 평상시 같으면 그냥 흘려보낼 텐데 이상하게 그걸 주워서 집으로 가져왔어요. 그 약초를 보고는 사람들이 어디서 이런 불로초를 가져왔느냐고 그랬어요. 그러고는 꿈에서 깼는데 어떤 분이 집으로 상자를 하나 들고 오셨어요. 건강식품 사업을 하는 분이었는데 우리 소식을 듣고는 지푸라기라도 잡는 심정으로 한번 먹어보겠느냐고 가져온 거예요. 몸에 독소를 빼주고 오장육부를 강하게 해준다고 했어요. 상자를 열었는데 꿈에서 본 그 약초였어요. 너무 신기했죠.

수입 약초라 굉장히 비쌌어요. 일주일치가 50만 원이 넘었어요. 이걸 먹을 땐 되도록 진통제를 먹지 않아야 효과를 볼 수 있다고 해서 진통제를 끊었어요. 통증이 두 배로 왔죠. 그런데 며칠 지나니까 가족들이 내가 혼수상태에서 막 몸부림을 치는데 얼굴에 화색이 돌고 몸을 움직일 때도 힘이 좀 있어 보인다고 했어요. 보름치를 일주일 만에 먹고 더 구입해 먹었죠. 그게 인천 세관을 통과해 들어오는데 어떤 때는 시간이 오래 길러요. 그럴 땐 금액을 더 부르는데 마다하지 않고 먹었어요. 그 회사에서 나오는 다른 제품들도 더 구입해서 먹고요. 처음엔 한 달에 100~200만 원이었는데 나중엔 500만 원씩 들어갔어요. 그때부터 병원에서 주는 약은 일절 안 먹었어요.

어느 날 검사를 받고 집으로 돌아왔는데 병원에서 전화를 해서는 검사가 잘못되었다고 다시 오라고 했어요. 류머티즘 염증 수치가 '0'으로 나왔는데 그럴 수가 없다는 거예요. 다시 검사했는데 또 '0'이었어요. 병원에서도 믿을 수 없다고 했어요. 기적 같았죠. 그 식품을 먹고 살아난 거예요. 몸이 점점 좋아지고 힘이 생기면서 앉아 있을 수도 있게 되었죠. 나중엔 많이 회복되어서 목발 짚고 운동도 할 수 있을 정도였어요. 바다에 들어가서 수영도 하고 자전거도 탔어요. 겨울엔 사람들 오기 전에 동네 목욕탕에 가서 물속에서 운동하기도 하고요. 한 3년 그렇게 지내다 이젠 괜찮겠지 싶어서 약을 중단했어요. 없는 살림에 빚 내가면서 계속 먹을 수는 없으니까. 그랬더니 재발해서 예전처럼 못 움직이는 상태가 되어버렸어요. 다시 식품을 사 먹으니까 또 좋아지더라고요. 나중엔 집에서 손빨래도 하고 설거지도 하고 살 정도로 회복되었어요.

나의 영원한 뒷배

집에서 남편하고 조그맣게 사업을 했어요. 물품을 수입해서 파는 일이었는데 IMF 때 망해서 빚더미에 올라앉았어요. 우리 집에 사람들이 와서 차압 딱지를 붙이는 상황이 되었는데 꼼짝 못하고 누워서 그걸 지켜봐야 했죠. 인천 사는 동생이 그러다 병이 더 깊어지겠다고 자기 옆으로 오라면서 원룸을 하나 얻어줬어요. 짐 몇 개만 들고 인천으로 갔어요. 인천에서도 동생들이 도와줘서 지냈어요. 한 동생은 집에 들어와서 살림하고 또 한 동생은 생활비를 보태줬어요. 동생이 아이 아빠한테 형부도 이제 돈 벌어야 하지 않겠느냐고 과일 가게를 차려줬는데 장사를 할 줄 모르니까 얼마 안 가서 망했어요.

그러고 있는데 부산에서 화장지 사업을 하던 사촌 오빠가 일을 도와달라고 해서 부산으로 이사를 했어요. 공장 안에 집이 있어서 출퇴근하지 않아도 됐어요. 나는 집에서 경리 일을 하고 애 아빠는 공장 일을 했어요. 아빠는 아픈 내가 타지에서 일하면서 사는 걸 가슴 아파하면서 계속 남해로 내려오라고 했어요. 그런데 장애를 입게 되면 제일 보고 싶지 않은 게 바로 고향 동창들이 거든요. 달라진 나를 보여주는 게 그렇게 자존심 상할 수가 없어요. 아무도 만나지 않고 집에서만 지냈어요. 가족들끼리 놀러 갈 때도 빠졌죠. 내가 그렇게 사는 걸 아빠가 너무 힘들어하셨어요. 명절 때만 고향에 갔는데 연휴 끝나서 본가를 나설 때면 아빠가 나를 붙들고 통곡하셨어요. 나를 너무 보고 싶어 하셨는데 헤어지면 또 한참 못 보니까요. 동네 사람들이 "저 영감 또 자식들 보고 운다"고 한마디씩 하며 지나갔어요.

그랬던 아빠가 식도암으로 시한부 선고를 받으셨어요. 길면 6개월이라고 했어요. 아빠는 남은 시간 동안 하루라도 더 자식들하고 함께 있고 싶다면서 40평짜리 아파트를 구해서는 자식들을 다 불러 모았어요. 결혼 안 한 자식들한테는 직장 그만두고 오라고 했어요. 남해가 아니라 부산에 집을 구했는데, 순전히 나 때문이었어요. 인생의 마지막 시간에 평생 살던 고향도 등지고 나와 자식들을 선택하신 거예요. 그 집에서 엄마, 아빠, 동생 둘, 그리고 나, 우리 아들, 아이 아빠 이렇게 일곱 명이 살았어요. 방 세개는 자식들이 쓰고 부모님은 거실에서 지내고요. 그래야 우리가 화장실 왔다 갔다 할 때 한 번이라도 더 얼굴 볼 수 있다면서. 주말 되면 포항·순천에 살던 자매들까지 다 몰려와서 북적북적했죠. 그렇게 2년을 함께 살았어요.

아빠는 내가 세상에서 가장 사랑하고 존경하는 사람이었어요. 그런 아빠가 없는 세상은 상상해본 적도 없었어요. 그런 날이 다가오니까 무섭고 슬펐지만 그래도 함께 보냈던 그 시간이 정말 행복했어요. 아빠의 건강 관리는 내가 책임졌어요. 아프면서 대체의학에 관한 공부를 조금 했거든요. 내가 먼저 아팠던 게 도움이 되어서 좋았어요. 병원에서 준 진통제는 최대한 안 드시게 하면서 음식에 신경을 아주 많이 썼어요. 어렸을 땐 아빠가 우리한테 간식을 만들어줬는데 이제 내가 해드릴 수 있어서 기뻤어요. 김치도 덜 맵게 고춧가루 대신 피망으로 담그고 아침에는 콩하고 깨를 갈아 죽을 쒀드렸어요. 아빠가 변을 보면 내가 의사처럼 먹은 게 소화가 잘되었는지, 색깔이 어떤지 살폈어요. 아빠가 내 말을 잘 들었어요. 오늘 간식은 뭐냐고 아이처럼 기대하시고요. 통증 때문에 밤에 잠을 잘 못 주무셔서 매일 밤마다 따뜻한 물로 발과 머리를 안마해드렸어요. 나랑 같이 소풍 가는 게 아빠 소원이어서 아프고 난 뒤 처음으로 가족 여행도 다녀왔어요.

예상했던 일인데도 아빠가 돌아가셨을 때 너무 충격을 받아서 한동안 우울증 약을 먹었어요. 지금도 그게 몇 년도인지 기억을 못해요. 기억하고 싶지도 않아서 가족들한테 물어보지 않았어요. 아빠가 너무 그리워서 그 집에 계속 살 수가 없으니까 정리하고 인천으로 다시 왔죠.

제일 억울했던 게 뭐냐면 시어머니가 내가 아픈 걸 숨기고 시집왔다고 말했던 거예요. 동생이 피부관리숍을 하다가 망했는데 빚 받을 사람들이 우리 집으로 찾아오니까 시어머니가 알게 되었어요. 아이 아빠한테 전화해서는 며느리를 잘못 들여서 집안이 망했다고 하셨어요. 내 병원비, 약값 대느라 남편 앞으로 있던 전답을 팔긴 했었어요. 하지만 우리 친정은 그보다 몇 배로 돈을 썼어요. 매달 우리 집 생활비를 댄 것도 다 내 동생들이었어요. 나한테 돈을 빌려주고 못 받아도 달란 소리도 안 했어요. 그랬는데 내가 당신 아들 피를 빨아먹는다고 역정을 내셨어요. 아빠 살아계셨을 때 아빠 귀에 그 소리가 들어간 적이 있어요. 그때 아빠가 시어머니한테 전화해서는 부모라면 자식이 아플 때 치료부터 하지 더 힘든 길로 보내겠냐면서 우리 아가 구박하려면 당장 보내달라고 했어요. 우리 아빠는 나를 '아가야' 하고 불렀거든요. 아이 아빠한테도 원망 안 할 테니 힘들면 언제든지 나를 보내라고 했어요. 아빠가 없다는 건 그렇게 말해줄 존재가 없다는 뜻이었죠.

동생이 식당 주방에서 일하면서 빚을 계속 갚아나갔는데 그 와중에도 나 아플 때 찾아와서 건강식품을 사주곤 했어요. 하루는 동생 손에 상처가 크게 나 있더라고요. 왜 그러냐고 물으니까 설거지를 하는데 컵이 깨진 걸 모르고 씻느라 그랬대요(울먹임). 그런 애를 두고 시어머니가 그 여시 같은 년이 우리 돈 다 가져갔다고 하시는 거야. 아이 아빠하고 전화 통화를 하는데 나한테까지 다 들렸어요. 내가 전화를 가로채 처음으로 소리를 지르면서 시어머니한테 대들었어요. 전혀 사실이 아니라고, 그 애는 10원을 벌면 10원 다 나한테 주고 1원 더 빚내서 주는 그런 애라고요. 그리고 남편한테 수화기를 건네주면서 바보처럼 듣고만 있지 말고 있는 그대로 말하라고 했어요. 그런데 못하더라고요. 자기 엄마니까. 그 일 있은 뒤에 남편한테 떨어져 살자고 했어요. 나 하나만 보고 살아준 건 고맙지만 당신 엄마한테 이런 모욕을 당하면서까지 살 수는 없다고요. 고향 가서 자유롭게 돈 벌면서 살라고 보냈어요. 그게 그 사람하고의 마지막이었어요.

생의 욕구가 둑을 넘어

집에서만 지내다가 동생하고 잠시, 아주 잠시 마트에 간 적이 있었어요. 그것도 엄청 용기를 낸 거였죠. 수동휠체어에 앉아 있는데 어떤 모녀가 저 앞에서부터 나를 뚫어지게 쳐다보면서 걸어왔어요. 엄마는 60대, 딸은 40대쯤 돼 보였는데 나를 지나친 후에도 고개를 돌려서 계속 쳐다보는 거예요. 집에 와서 몇 시간을 울었어요. 그러고선 다시 문을 닫아버렸죠. 사람들의 시선이 너무 무서웠어요. 어린 아들이 혹시 놀림이라도 받을까봐 더더욱 나갈 수가 없었어요.

집에서만 지내는 삶은 지치고 힘들었어요. 바깥세상도 너무 그리웠고요. 2004년 아들이 중학교에 들어간 뒤부터는 슬슬 나가야겠다는 마음이 들었어요. 딱 한 번 휠체어 타고 아들하고 나간 적이 있었는데 아들이 정말 좋아했어요. 친구가 지나가니까 나한테 인사시키면서 "우리 엄마야!" 하더라고요. 아이가 그렇게 바란다면 나갈 수도 있겠다 싶었어요.

젊어서 집에만 있었으니 남들보다 컴퓨터를 일찍 다루게 되었어요. '무한지애'라는 인터넷 커뮤니티가 있었는데 어느 날 대전에서 모임을 했어요. 나는 어디 나갈 때 휠체어를 타지 않았어요. 휠체어 타면 장애인처럼 보이는 게 싫어서 동생이 늘 업고 다니게 했어요. 그날은 멀리 가는 거니까 처음으로 수동휠체어를 탔죠. 그 모임에 있던 어떤 오빠의 차를 타고 가서 모임 장소에 딱 도착했는데 저쪽에 뇌병변 장애인들 열댓 명이 모여 있었어요. 그런 장면을 내 눈으로 처음 본 거였어요! 그대로 얼어버렸죠. 그 오빠가 내 휠체어를 밀려는 순간 다리에 힘을 팍 줬어요. 브레이크처럼 다리로 딱 버틴 거예요(웃음). 너무 무서워서 말도 잘 안 나왔어요. 그 오빠가 괜찮다면서 휠체어를 밀고 가서 어쩔 수 없이 그들에게 다가가게 됐어요(웃음).

두려움도 잠시, 금방 친해졌어요. 모임이 1박 2일이었어요. 숙소 화장실에 편의시설이 갖춰져 있지 않았는데 한 여성이 화장실에 간다는 거예요. 어떻게 하냐고 물어보니까 대수롭지 않다는 듯 방법이 있다고 했어요. 따라가봤죠. 그랬는데 글쎄 바닥에 내려가 앉더니 발로 옷을 내리는 거예요. 더러운 화장실 바닥에 앉으리라고는 상상조차 못했어요. "내가 해줄게!" 하면서 활동지원을 해줬죠. 그날 내가 그 친구 머리도 감겨줬어요. 한편으로는 충격이었고 한편으론 편견이 완전히 깨져버린 날이었어요. '아······ 그냥 사람이구나. 단지 몸이 불편한 건데 나는 그 모습에 무서움을 먼저 느꼈구나.' 너무나 미안하더라고요.

마음먹고 세상 밖으로 나온 건 2006년 5월이었어요. 1990년에 아프기 시작했으니 16년 만이었죠. 처음 간 곳은 복지관이었어. 거기서 수녀님이 강의하는 걸 들었어요. 자기 살아온 이야기를 하는데 그 어머니가 딸이 수녀 되는 걸 반대하다가 그 뜻을 접으면서 이렇게 말했대요. "그래도 병신은 아니어서 다행이다." 듣기 너무 거북해서 손을 들고 꼭 그런 표현을 쓰셔야 하느냐고 물었더니 엄마의 말씀을 그대로 전달하다 보니 어쩔 수 없다고 하셨어요. 내 장애를 받아들이는 게 여전히 힘들었던 시기에 없던 용기도 쥐어짜서 나간 거였는데 처음부터 그런 말을 들으니 너무 실망스러워서 그다음부터 거길 안 갔어요.

그러다가 한 장애인자립생활센터를 알게 되어 거기에 전화를 걸었어요. 그랬더니 거기 소장하고 팀장이 우리 집으로 찾아와서는 자기들이 찾던 사람이라면서 같이 일해보자고 했어요. 나는 이제 막 세상에 나와서 배워야 할 게 많은 사람이라고 했는데도 나를 띄워주면서 꼭 나와서 일해달라고 했어요. 이제 막 문을 연 센터라 체계가 전혀 마련되어 있지 않았어요. 아주 작은 공간에 장애인 소장하고 비장애인 팀장 둘뿐이었어요. 거기서 10만 원을 받고 사무국장으로 일하기로 했어요. 그때 서울에선 장애인 활동지원서비스 제도화 투쟁이 한창이었어요. 그리고 그해 6월 인천에서 활동하던 박기연씨가 지하철 선로에 투신해 사망했어요. 활동지원서비스가 없어 어려움을 겪던 분이라 대책위가 꾸려졌고 인천에서도 활동지원서비스 제도화 투쟁이 시작됐어요. 아무것도 모르는 내가 그 대책위의 사무국장을 맡게 됐죠.

바리케이드 앞에 서다

활동지원서비스라는 게 있다는 걸 처음 들었어요. 그땐 그걸 권리로서, 그러니까 머리로 이해했다기보다는 몸으로, 동물적으로 받아들였던 것 같아요. '아무것도 못하는 사람이 있다면 누가 와서 도와줘야 한다고? 맞아, 당연하지! 그동안 왜 이렇게 당연한 걸 몰랐던 거지? 이런 거 너무 필요해!' 그렇게 생각했던 거 같아요. 내가 그걸 철저하게 경험한 사람이니까! 아파서 죽겠다는 아이를 손 하나 까딱 못하고 지켜봐야 했던 나니까. 정말 짧은 순간이었고 결과적으로 아무 일도 일어나지 않았지만 그 일은 내 가슴에 한으로 맺혀 있었어요. 그래서 농성을 정말 열심히 했어요. 회의하고 기록하고 농성장 물품 챙기고 쓰레기 치우고 설거지하고 저녁에 '지킴이'(농성장에서 밤에 잠을 자는 당번)들 자는 것까지 다 살핀 뒤 새벽에 집에 갔다가 다음 날 아침에 콜택시 불러서 제일 일찍 나왔어요. 그 후 전국적으로 활동지원서비스 제도화 투쟁이 번져서 여기저기 집회에 정신없이 쫓아다녔어요.

그때 우리 아들이 결핵에 걸려서 병원에 입원했어요. 아들이 굉장한 '마마보이'였어요. 엄마가 아픈 사람이라는 자격지심 때문에 아이를 더 감싸며 키웠어요. 다른 아이들보다 공부도 더 시켜야 한다고 생각했고 밥도 밖에서 먹으면 괜히 엄마가 아파서 그런 것처럼 보일까봐 꼭 집밥 먹였어요. 그렇게 성장한 애가 갑자기 엄마가 집을 나가서 돌아오질 않으니까(웃음) 밥도 잘 못 먹고 잠도 못 잤겠죠. 한번은 아이가 입원했는데, 세상에, 병원에 한

번밖에 못 갔어요. 그땐 정말 뭔가에 홀렸던 것 같아요. 정신이 온통 농성하는 데 쏠려 있었어요. 16년 동안 갇혀 있던 삶이 나를 그렇게 만들었던 게 아닐까 싶어요.

비가 많이 오던 날 인천 시청에서 집회를 하는데 경찰이 문을 막고 우리를 못 들어가게 했어요. 나는 추우면 몸에 마비가 와요. 그때 얼마나 순진했던지 공무원들이 나와서 우리를 보호해줄 거라고 생각했어요. 우리가 밖에서 비 맞고 있는 줄 몰라서 안 나오는 줄 알았어요. 옆에 있던 동료한테 "우리 들어가자" 그랬어요. 우리가 여기 있다고 공무원들한테 알려주려고(웃음). 나는 정말로 들어가서 대화를 하고 싶었던 건데 동료는 '한판 뜨자'는 말인 줄 알았대요. 내가 문 열어달라고 난리를 치긴 했는데 싸우려고 그런 게 아니라 정말로 열어달라고 그랬던 거예요. 나중에 공무원들이 바리케이드를 치는 걸 보고 이 사람들이 우리를 보호해줄 마음이 없다는 걸 알았어요. 너무 화가 나서 휠체어 발판을 뽑아서 내가 막 휘둘렀나봐요. 그랬더니 동료가 "그, 그, 그, 그러시면 안 돼요! 무, 무, 무기를 사용하면 안 돼요" 하더라고요(웃음).

그렇게 조금씩 장애인들의 척박한 삶을 알게 됐어요. 나는 나만 그렇게 산 줄 알았어요. 자존심이 허락하지 않아서 내 의지로 16년 동안 밖으로 안 나온 거라고 생각했는데 아니었던 거예요. 비장애인 중심적인 사회와 그 사회의 시선을 갖고 있던 내가 장애인인 나를 가두었던 거죠. 나는 노력만 하면 장애인도 이 사회 안에서 함께 살 수 있는 줄 알았어요. 장애인과 비장애인을 분리하는 벽이 그렇게 견고한지 생각도 못 했어요. 장애인을 수용하는 시설이 있다는 것도 처음 알았어요. 집에 손님이 오면 가족들이 장애인을 장롱 안에 숨겼다는 얘길 듣고 믿을 수 없었어요. 그런 걸 알게 되니까 분노를 주체할 수 없더라고요. 왜 우리가 이렇게 짐승만도 못한 취급을 받으면서 살아야 하나? 왜 우리가 이렇게 인간으로서 존중받지 못하고 살아야 하나? 집에만 있을 때는 사람들의 시선이 제일 두려웠어요. 턱이나 계단, 버스, 시설 같은 물리적인 건 하나도 문제가 아니었죠. 그런데 나와보니 시선 역시 아무것도 아니었어요. 왜냐하면 내 시선이 바뀌었거든요.

지하철 타는 법

2006년 가을 정부서울청사 앞에서 집회하다가 처음 유치장에 들어갔어요. 그 자체는 전혀 두렵지 않았는데 문제는 다른 데 있었어요. 나랑 같이 들어간 장애인 동지가 한 명 더 있었는데 다음 날 그 사람 동료들이 우르르 면회를 온 거예요. 나도 소속이 있었는데 내 동료는 아무도 안 왔어요. 그게 그렇게 서운하더라고요. 풀려나던 날 유치장을 나오는데 높은 턱이 있었어요. 경찰들이 급하게 판자를 하나 구해 오더니 경사로처럼 만들어줬어요. 그 동지는 수동휠체어라 가볍게 스윽 밀고 통과했는데 나는 전동휠체어라 올라가니까 뿌지직 소리가 나면서 금방 무너질 것 같았어요. 빨리 통과해야겠다는 생각에 속력을 최대한으로 올려서 쌩-하고 달렸는데 그대로 벽까지 가서 머리를 쿵 박았어요. 속으로 생각했지. '아, 어떡하지…… 왜 경사로 설치 안 했느냐고 한판 뜰까……' 그런데 그때 나는 너무 외롭고 서러워서 한시라도 빨리 그곳을 벗어나 집에 가고 싶었어요.

경찰서 밖으로 나오니까 이 동지의 동료들이 또 우르르 와 있었어요. 이번엔 차로 모시러 왔더라고요. 고생했다고 두부도 사 왔어요. 애써 아무렇지도 않은 척 인사하고 헤어졌어요. 문제는 내가 심각한 길치였다는 거…… 집에 가는 길을 몰라서요. 지나가는 사람한테 물어 겨우 지하철을 탔어요. 집에 가려면 부평에서 인천지하철로 갈아타야 하는데 그때 나한텐 지하철이 미로처럼 너무 어렵고 무서웠어요. 어느 통로로 가서 어느 방향으로 가는 전철을 타야 하는지 몰랐어요. 그때 인천에서 같이 활동했던 장애인 오빠한테 전화해서 "나 서울에서 지금 가는 중인데 부평역에서 내릴 거야. 나 내리는 데 와서 기다려줘" 했어요. 가는 길에도 서러워서 막 울었어요. 사람들이 다 쳐다볼 정도로 흐르는 눈물을 주체할 수가 없었어요. 그러다 부평역에서 그 오빠를 만났는데 너무나 반가워서 두 팔 벌려서 "오빠~!!" 하고 불렀어. "오빠, 고마우니까 내가 밥 사줄게" 해서 돈가스집에 갔어요.

밥 먹으면서 "오빠, 나한테 지하철 타는 거 가르쳐줘" 했어요. 그 오빠가 가르쳐주는 대로 열심히 기억한다고 했는데, 역시나 헤매고 난리였죠. 집에 들어가니까 새벽 한 시가 넘었더라고요. 집에 와서 또 펑펑 울었어요(웃음). 다음 날 출근했는데 사람들이 면회 못 와서 미안하다고 하는데 이미 속이 상할 대로 상해 있었어요. 처음부터 그들과 잘 맞지 않았는데 계속 크고 작은 갈

등이 생겨서 얼마 후 결국 그만두겠다고 했죠. 그랬더니 나랑 친했던 중증장애인 회원 대여섯 명이 나를 따라 자기들도 나온다는 거예요. 집으로 가는 거니까 따라오지 말라고 했는데도 꾸역꾸역 같이 가겠대. 그래서 다 같이 센터를 나왔어요. 그런데 우리가 할 게 뭐 있나요. 같이 놀러 다니기 시작했어요(웃음).

한번은 사람들을 부평에서 만나기로 했는데 한 명이 30분이 지나도 안 오기에 전화했더니 오고 있대요. 한 시간이 넘어도 안 와서 또 전화를 했더니 이번에도 또 오고 있다고만 했어요. 답답하고 짜증이 나서 혹시 길을 잃은 거면 간판을 보고 어딘지 말해 달라고 했어요. 내가 데리러 가겠다고요. 그런데도 어딘지 말하지 않고 빨리 가겠다고만 하는 거예요. 한 시간 반 정도 지나서 도착했던 것 같아요. 내가 좀 다그쳤죠. 나중에 알고 보니까 그 친구가 한글을 모르더라고요. 아…… 계속 만나면서도 전혀 상상하지 못했어요. 그 친구가 20대였는데 글을 모른다는 게 너무 충격적이었어요.

서울에서 활동하던 전국장애인차별철폐연대 활동가 문상민에게 전화해서 이게 대체 어떻게 된 거냐고 물어봤어요. 그때 장애인들의 교육 수준이 얼마나 열악한지 처음 알았어요. 몇 시간을 통화해서 나중엔 전화기가 뜨거울 정도였어요. 그러면 할 수있는 만큼이라도 한글 공부를 해보자고 해서 우리 집에 모이게됐어요. 그게 이 모든 일의 시작이었죠. 한두 번 우리 집에 모였더니 어느 날 오피스텔 관리소장이 찾아왔어요. 박길연씨 혼자일 때는 봐줬는데 장애인들이 이렇게 많이 왔다 갔다 하면 집을 빼

쥐야 한대요(웃음). 그땐 그게 당연한 줄 알고 바로 알겠다고 했어요. 우리 중에 부부가 있어서 그 집으로 옮겼어요. 이제 공부 좀 해볼까 했는데 공부는 개뿔, 늦게 오는 사람 기다리니까 점심 되고 밥해서 먹이고 설거지하니까 한나절이 다 간 거예요(웃음). 이렇게 해선 안 되는 거구나 싶었죠.

가슴에 박힌 눈빛들

별도의 공간이 필요하다고 생각했어요. 10만 원도 안 되는 돈을 들고 공간을 얻겠다고 계양구 일대를 돌아다녔어요. 내 시계는 1990년에 멈춰버렸으니까 그 돈이면 얻을 수 있을 거라고 생각했던 거예요. 물정은 모르고 열정만 갖고 돌아다녔죠. 그때 온갖 괄시와 멸시·모욕을 다 당했어요. 말도 못해, 말도 못해. 우리를 보고 대놓고 혀를 차는 건 물론이고 한번은 계약서 쓰고 계약금까지 다 냈는데 뒷날 전화해서는 장애인이 왔다 갔다 하면 자기 딸이 결혼하는 데 지장이 생긴다면서 계약을 파기해야겠다는 거예요. 와…… 그때 알았죠. 장애인이 어떤 대접을 받고 살아가고 있는지. 알고만 있었지 당한 건 처음이었죠.

　겨우겨우 아주 작은 공간을 얻었어요. 실제로 월세 낼 돈이 필요하잖아요. 우리가 이제 뭘 해야 하는지 이야기하는데 한 사람이 노점을 하면 된다고 했어요. '뭐라고? 노점이라고?' 나는 이게 무슨 소린가 했는데 알고 봤더니 그들 대부분이 노점을 한 경험이 있더라고요. 너무 자연스럽게 껌 팔고 사탕 팔면 된대요. 속으로 외쳤죠. '오 마이 갓!' 아빠가 보셨으면 피눈물을 흘리셨을 거야(웃음). 그런데 내색은 못했어요. 그들이 정말 진지했거든요. '그래! 까짓것 좀 쪽팔리면 어때?' 생각하면서 하기로 마음먹었어요. 돈 걷어서, 그래봤자 내 돈이지만, 마트에 가서 사탕 큰 거 몇 봉지 사고 껌도 샀어요. 그걸 팔기 좋게 섞어서 포장했어요. 그런데 이걸 만들 사람이 또 나밖에 없는 거예요. 손을 쓸 수 있는 사람이 나뿐이었거든요(웃음).

"자, 이제 어디로 가면 돼?" 하고 물었더니 가까운 임학역으로 가는 게 좋겠대요. 가는 길에 사탕을 진열할 빈 박스를 두어 개 구해서 무릎 위에 얹고 가는데 인도가 울퉁불퉁하니까 박스가 덜덜거리다가 바닥으로 굴러떨어졌어요. 그거 줍겠다고 안간힘을 쓰고 있는데 지나가는 사람이 혀를 차면서 왜 나와서 이 고생을 하냐는 거예요(웃음). 하여간 마지막까지 온갖 수모를 다 겪었어요. 임학역에 도착해서 박스 깔고 사탕을 진열하고는 종이에다 "장애인야학 공간 마련 모금"이라는 문구도 써서 붙였어요. 그러고 나서 나는 내 할 일 다 했다고 손 털고 가만히 있었어요. 그런데 주변이 조용한 거예요. 뭔가 불길해…… 조심스럽게 옆을 봤는데 그 친구들이 전부 나만 바라보고 있는 거예요! 내가 "왜?" 하니까 다들 '소리를 질러야 사람들이 알지!' 이런 표정이야. '내가? 너희들이 하자고 한 거잖아! 많이 해봤다며!' 하고 맞받아치고 싶었는데 둘러보니 언어장애가 없는 사람이 나뿐이었어요! 하……(고개 떨굼) 여긴 어디고 나는 누구인가. 확 도망을 가야 하나 고민하다가 고개를 살짝 들었어요. 흠……(침묵) 그때 나를 보던 그 눈빛들을 잊을 수가 없어요. 절실함이 담긴 눈빛. 그 눈빛들이 내 눈으로 들어와서 가슴에 콱 박혔어요. '나 공부해야 돼. 우리 공간 필요해'라고 말하는 눈빛.

눈 딱 감고 외치기 시작했어요. 그때 50대 초반 정도 되는 남자분이 지나가다가 그걸 사주면서 힘내라고 5000원을 주고 가시는데, '와! 불쌍하다. 쯧쯧' 하는 것과는 뭔가 달랐어요. 왠지 힘이 나더라고요. 그다음 날은 사탕을 더 준비해서 갔어요. 얼굴에 철판 깔고 멘트도 더 찰지게 하고요. "이 껌 씹으면 마음 변한 애인도 딱 달라붙어요!" 하면서(웃음). 물론 그 와중에도 술 취한 남자들이 "병신 육갑하네" 그런 소리를 하면서 지나갔지만 그런 말이 옛날처럼 크게 상처가 되진 않았어요. 그렇게 한 달 동안 열심히 껌을 팔았어요. 그런데 이게 돈을 버는 일이 아니더라고요. 생각해봐요. 껌 팔아서 얼마나 벌겠어요? 우리가 또 껌만 팔고 헤어지는 게 아니잖아요. 밥을 먹어야 껌도 팔지, 김밥 사 먹는 것도 다 돈이니까 밥을 해서 먹여야지, 먹고 나면 치워야지, 또 사탕 포장해야지, 너무 힘들더라고요. 공부하겠다고 공간 빌려놓고 공부는 하나도 안 했어요(웃음). 이건 할 짓이 아니다 싶어서 사탕 장사는 그렇게 접었어요.

"휴, 살았다!"

야학은 우리만의 아지트였어요. 맨날 집에만 있던 장애인들이 모여 있을 공간이 생기니까 너무 해방감이 들고 좋았던 거예요. 어느 날 한 사람이 집에 안 들어가고 야학에서 살면 안 되냐고 물었어요. 씻는 것도 불편하고 화장실도 불편하고 무엇보다 활동지원을 해줄 사람이 없는데 어쩌겠다는 거냐고 내가 되물었어요. 그때 들은 이야기가 지금도 사실 믿기가 어려워요. 자긴 집 지키는 개였다고 했어요. 가족들이 나가면서 "집 잘 지켜" 하고, 돌아와서는 "집 잘 지켰어?" 한대요. 아침에 밥을 주고 가면 점심, 저녁까지 먹어야 하는데 손을 쓸 수 없으니까 엎드려서 핥아먹었대요. 어쩌다 라면을 끓어주고 가면 점심이면 면발이 퉁퉁 불어 있고 여름이면 쉰밥을 먹기도 했대요. '가족이 정말 그랬다고?' 집에서만 지냈던 16년 동안 내 가족이 나를 그렇게 방치해둔 적은 단 하루도 없었으니까 나로선 상상이 안 됐어요. 그러니 어쩔 수 없이 야학에서 생활하라고 할 수밖에 없었죠.

　야학에 평상을 하나 들여놓고 생활했어요. 돈이 없어서 히터도 없었어요. 게다가 그 친구는 장애 특성상 이불을 덮어줘도 금방 발로 차버려요. 추운 겨울밤도 전기장판 하나로 버텼어요. 그렇다고 사춘기 아들하고 사는 내 원룸에 데려갈 수도 없고요. 최대한 늦게까지 야학에 같이 있다가 퇴근해서 아침에 일찍 출근했어요. 그땐 활동지원서비스가 시행되기 전이고 같이 활동하던 남자 비장애인도 없어서 내가 그 친구 대소변 처리를 도와줬어요.

밤에 눈 변이 아침에 가보면 말라 있어요. 아…… 가슴이 찢어져요. 당사자는 얼마나 찝찝하고 힘들겠어요. 이래도 여기서 사는 게 좋으냐고 내가 물었어요. 그런데 그 친구가 일말의 망설임도 없이 너무 행복하대요. 집에 있을 때 자긴 없는 거나 마찬가지인 사람, 아니 없는 게 더 나은 사람이었대요. 그치만 여기선 아침에 눈 뜨면 사람들을 만나서 같이 이야기하고 밥 먹고 돌아다닐 수 있지 않느냐고, 밤에 좀 추운 것만 견디면 되는데 그런 건 아무것도 아니라고 했어요. 이런 생활도 행복이라는데, 거기다 대고 내가 뭐라고 하겠어요.

그렇게 지내고 있는데 하루는 이 친구가 광주의 장애인시설에 자기 친구가 살고 있는데 나오고 싶어 한다면서 우리 야학에서 받아주면 안 되냐고 했어요. 솔직히 나는 한 사람도 감당하기가 어려웠어요. 그래서 활동지원서비스가 시행되면 모를까 지금은 그 사람을 받아줄 여력이 없다고 얘기했어요. 그러다 며칠 뒤 우연히 그 둘이 통화하는 걸 듣게 됐죠. 스피커폰으로 이야기를 나누더라고요. 이쪽에서 "지금은 어렵대……"라고 하니까 저쪽에서 뇌병변 장애인이 "어…쩔…수…없…지…뭐…" 그러는데 그 말이 내 가슴을 후벼 파더라고요. 스스로를 집에 가두고 살았을 때 나도 그 생활이 너무 고되고 바깥 생활이 그리웠어요. 그래도 나는 누가 나를 가로막고 못 나가게 한 게 아닌데 그 사람은 누군가에 의해서 갇힌 거잖아요. 그 사람이 나오고 싶다고 말하고 있는 거잖아요.

밤새 잠도 못 자고 고민했어요. 또 서울에 있는 문상민한테 전화해서 말했어요. "나는 지금 있는 한 사람도 감당이 안 돼……하지만 도저히 안 될 것 같아. 몰라 몰라. 죽을 먹어도 같이 먹고 밥을 먹어도 같이 먹어야지, 다른 건 아무것도 모르겠어." 그러고선 야학 교사하고 지프차 끌고 시설에 가서 그 사람을 태우고 나와버렸어요. 참 단순하고 무식했죠. 뒷좌석이 없는 차여서 휠체어에 앉은 채로 그 사람을 태웠어요. 출발하면서 차가 덜컹거리니까 그이 머리가 천장에 계속 쿵쿵 부딪혔어요. 도망치듯 시설을 빠져나와 모퉁이를 돌았을 때 그이 첫마디가 "휴, 살았다!"였어요. 그 말을 잊을 수 없어요.

이 모든 게 내가 세상 밖으로 나온 첫해 동안 일어난 일이에요. 그 짧은 시간 동안 인간 이하의 삶을 살았던 사람들을 하도 많이 만나다 보니 웬만한 것들엔 초연해지면서도 동시에 시설이나 시설 원장들에 대한 분노는 너무 커졌어요. 시설? 모조리 없애야 해. 시설장? 다 죽일 인간들! 활동지원서비스는 죽어도 쟁취! 단단히 홀렸죠. 2007년 3월에 정식으로 민들레장애인야학 개교식을 할 때까지 우여곡절이 많았어요. 방이 있으니까 오갈 데 없는 장애인들이 하나둘 모이고, 손이 많이 필요해지니까 이 사람 저 사람 받고, 같이 지지고 볶다가 싸움이 나서 책걸상이 날아다니질 않나, 자원봉사자가 와서 목욕시켜준다면서 장애인의 벗은 몸을 카메라로 찍지를 않나, 또 장애인 한 명은 있는 대로 거짓말을 하질 않나(웃음).

같이 방에 둘러앉아 고스톱도 치고 고생도 많이 했어요. 장애여성인 한 친구가 고생을 많이 했어요. 남성들과 한방을 쓰면

해가 질 무렵, 지프차에 탄 사람들이 나무가 무성히 우거진 산길을 따라
시설을 탈출하고 있다. 저 멀리 산속에 시설이 조그맣게 보인다.

서 때로는 기저귀도 갈아줘야 했고요. 그때 우리는 시혜와 동정을 깔고 뭉쳤던 것 같아요. 그땐 몰랐어요. 장애인을 바라보는 나의 편견이 무너졌다고 표현했지만 한편으로는 선천적 장애인이었던 그들과 나를 다르게 보는 시선도 깔려 있었던 것 같아요. 불쌍하고 힘들어 보여서 도와주고 싶은 마음이었던 거죠. 20대의 야학 학생이 내 어깨에 기대면 자장자장 노래도 불러주고, 엄마 같은 마음으로 대소변 처리도 해줬어요.

누군가는 지금의 시선으로 그 시절의 우리에 대해 지적할 수도 있겠죠. 하지만 후회 안 해요. 그렇게 쉽게 말할 수 있는 게 아니라고 생각해요. 오히려 그런 마음이었기 때문에 그 어려운 시기를 통과할 수 있었던 게 아닐까요. 서로를 불쌍히 여기고 또 어여삐 여겼어요. 살아가기 위해 몸부림쳤던 그때 우리에겐 굉장히 재미있고 굉장히 힘들고 굉장히 많은 일들이 일어났죠.

일말의 후회 없는 탈시설

야학 학생들 중에는 최중증장애인이 많아서 교육만으로는 삶의 문제가 해결되지 않았어요. 재정적으로 매우 열악한 상황이었는데도 2008년에 민들레장애인자립생활센터를 설립했어요. 센터에서 활동지원서비스를 제공하고 자립생활을 지원하면서 본격적인 탈시설운동이 시작됐어요. 그땐 탈시설이라기보단 탈출에 가까웠죠. 시설에 사는 사람들은 핸드폰이나 인터넷을 쓸 수 없기 때문에 외부와 완벽하게 차단되어 있어요. 어떤 사람을 시설에서 데리고 나오기로 했다면 그 사람을 처음 만나러 가는 그날 바로 데리고 나와야 해요. 그렇지 않으면 시설에서 이 장애인을 들들들들 볶아요. 오늘 찾아온 사람 누구냐, 왜 만난 거냐, 저 사람들이 뭐라고 너를 꼬드기더냐, 가족들은 알고 있냐, 밖에 나가면 네가 살 수 있을 것 같냐 등등. 억압적인 관계에서 의심받고 미움을 받으면 하루가 1년처럼 느껴져요. 당사자들이 굉장히 힘들어해요. 자길 빨리 데리고 나가달라고 애원하죠.

시설 쪽에서 눈치 못 채게 흡사 007 작전을 펼쳐야 했어요. 모든 걸 다 준비해두고 작전을 개시하죠. 일단 보증금 마련해서 집을 구해놔야죠. 그리고 시설에 쳐들어가는 거예요. 말단 직원부터 원장까지 대판 싸워야 해요. 시설 쪽에선 우리더러 네가 뭔데 이 사람들 납치하냐는 식이고, 우리는 반대로 네가 뭔데 이 사람을 감금하냐고 해요. 인권이나 장애인차별금지법 같은 걸 들이밀면 그래도 우리가 이겨요. 하지만 거의 쫓겨나다시피 나오죠. 나가겠다는 사람한테 당신의 선택을 존중한다거나 도울 건 없냐고 하는 원장은 단 한 명도 못 봤어요. '가라, 가! 너 아니어도 들어올 사람이 줄 서 있다!' 이런 식이죠.

한번은 어떤 분의 탈시설을 준비하던 중이었어요. 그분을 만나러 꽃동네에 갔는데 그분이 옆에 있던 지적·뇌병변 중복 장애인 분을 가리키면서 저 사람도 나가고 싶어 한다는 거예요. 내가 그분한테 "나가고 싶으세요?" 물으니까 그분이 머리카락을 배배 꼬면서 "그게 아니고…… 그게 아니고……" 그러면서 우는 거예요. 옆에 있던 사람들한테 왜 이러시는 거냐고 물어봤더니 다들 나가고 싶어서 그런다고 했어요. "그럼 같이 나가요." 내가 말했어요. 그랬더니 무서워하더라고요. 내가 직원한테 가서 "이분이 나가고 싶대요"라고 말했더니 직원들이 못 나간대요.

화가 나서 원장 나오라고 했어요. 원장이 오더니 저 사람은 말을 할 줄 모른다고, 소통이 안 된다는 거예요. 내가 "그래요? 잠깐만 계셔보세요" 그러고는 그 장애인을 데려와서 "나가고 싶다고 딱 한마디만 하세요. 그뒤부턴 제가 알아서 하겠습니다" 했어요. 그 사람이 기어들어가는 목소리로 나가고 싶다고 했어요. "원장님, 들었습니까? 소통을 안 하려고 한 거지 안 되는 게 아니지 않습니까?" 장애인차별금지법을 들이대며 싸운 끝에 결국 퇴소확인서를 받아냈죠. 그분은 시설 나와서도 한동안 계속 "그게 아니고, 그게 아니고" 하면서 울었어요. 나중에 들어보니까 시설 안에서 무슨 말만 하면 거짓말한다고 가로막히고 무시당하기 일쑤였더라고요.

그렇게 나왔는데 미리 구해둔 집으로 곧바로 입주할 수 없는 상황이 발생하기도 해요. 그러면 어쩔 수 없이 우리 집으로 와서 길게는 열흘도 있었어요. 여자면 괜찮은데 남자면 나도 힘들고 그 사람도 힘들죠. 어떤 분은 사지마비 장애인이었는데 시설에서 침대째로 나와서 그대로 우리 집 거실로 들어왔어요(웃음). 정말 탈출한 거죠. 그분은 몇 시간마다 좌약을 넣어주면서 케어를 해줘야 했어요. 활동가들이 돌아가면서 고생이 많았죠. 체계적으로 자립생활을 지원한 게 아니라 일단 '자리'를 만들어주는 수준이었어요. 초기 환경만 마련해주면 당사자가 수급비를 받아 월세는 낼 수 있으니까요. 그래도 완전 '무데뽀'였죠. 그렇게 한 2~3년 사람들을 탈출시켰더니 너무 힘들었던지 활동가들이 속도를 좀 늦췄으면 좋겠다고 하더라고요(웃음). 시설에서 나와 자립생활을 준비하는 집을 '체험홈'이라고 하는데, 2011년 인천시로부터 공식적인 지원을 받기 전에 저희는 이미 자체적으로 여섯 채의 체험홈을 운영하고 있었어요.

그 시절에 우리처럼 하는 경우는 없었죠. 중증장애인 한 사람을 탈시설시킨다는 것, 분명 보통 일이 아니죠. 함부로 결정할 수 있는 일도 아니고요. 하지만 그때 나는 왜 이 사람들이 평생 이렇게 살아야 하는지 이해할 수가 없었어요. 너무 화가 났어요. 어떤 사람이 시설에서 나오고 싶다고 하면 꼭 물어봤어요. 시설에선 자유는 없지만 대신 신변처리는 제때 할 수 있고 세끼 밥도 먹을 수 있다, 하지만 나가면 하루에 한 끼밖에 못 먹을 수도 있고 그마저 어려운 날이 있을지도 모른다, 화장실을 가지 못해 밤새 찝찝한 상태로 뒷날을 맞이할 수 있다, 그런데도 나가고 싶냐.

그러면 다들 "괜찮다"고 해요. 굶어도 좋다고, 다 참을 수 있다고 얘기해요. 그런 말을 들으면 어찌할 도리가 없어요. "그래, 밥을 먹어도 같이 먹고 죽을 먹더라도 같이 먹자, 활동지원서비스도 못 받으면 까짓것 내가 기저귀 갈아줄게." 대책 없이 그렇게 사람들 데리고 나왔던 거, 지금의 시각으로 보면 무책임하다고 할 수도 있겠죠. 하지만 절대 후회 안 해요. 그 고생을 하면서도 내가 왜 나왔을까 후회하는 이 한 명 없었어요.

죽음이 내준 숙제

갇혀 있을 땐 무조건 나오고 싶어서 다 참을 수 있다고 말하던 사람들도 막상 나와서 현실에 부딪히면 너무 괴롭고 힘들어해요. 사람은 누구나 밥때 되면 밥 먹어야 하고 오줌 누고 싶으면 오줌을 눠야 하니까요. 전선에 갑자기 스파크가 튀어 불이 난다거나, 병에 걸린다든가 하는 위험한 상황들도 생겨요. 2018년에 돌아가신 권오진씨는 2011년에 내가 직접 데리고 나왔어요. 20대에 뺑소니 사고로 목 아래 전신이 마비되었고 꽃동네에서 10년을 산 분이에요. 오진씨는 욕창이 심한 사람이라 체위 변경을 자주 해주고 대소변을 빨리 처치해주는 일이 아주 중요했어요. 욕창이 있는 사람은 좌약을 넣은 후 몇 시간 안에 조치를 취해주지 않으면 위험하거든요. 우리가 계속 활동지원서비스를 요구해서 인천시 최초로 24시간 활동지원서비스를 받게 됐어요. 오진씨가 너무 좋아했어요. 몸이 편해지니까 마음의 여유도 생기고 얼굴에 생기도 돌았어요. 다른 사람들한테 도움이 되고 싶다면서 장애인운동에도 열심히 참여했죠.

그런데 박근혜 정부 때 24시간 지원이 중단되어서 하루 14시간밖에 못 받았어요. 그때부터 잠도 잘 못 자고 서서히 입맛을 잃으면서 살이 점점 빠지더라고요. 나중에 욕창이 온몸에 퍼져서 입원을 했어요. 장애인은 24시간 간병서비스가 필요하지만 실제로 그렇게 지원받지 못하기 때문에 병원에 입원도 못해요. 결국 병을 더 키워서 응급실에 실려갔고 나중엔 어쩔 수 없이 요양

병원에 들어갔어요. 시설에서 나왔는데 또 시설에 들어간 거죠. 거기서 패혈증으로 갑자기 사망했어요. 사실 시설에 있을 때부터 오진씨는 폐가 안 좋았어요. 나가면 1년 안에 죽는다고 할 정도였는데도 꼭 나오고 싶어 했죠. 죽기 일주일 전에 병문안 가서 만났어요. 계속 집에 가고 싶다고 했고 내가 열심히 싸워서 24시간 활동지원서비스 꼭 다시 받아내자고 했는데…… 우리가 지켜주지 못했어요.

2020년엔 한민희씨가 세상을 떠났어요. 안 울어야지, 안 울어야지(심호흡을 하며 울먹임). 민희씨는 스물다섯 살이었어요. 우리와 함께 보낸 시간이 2년이 안 됐어요. 갓난아이 때 버려져서 평생 시설에 살다가 나왔어요. 체구가 120센티미터로 아주 작았죠. 신장장애가 있어서 여섯 시간에 한 번씩 스스로 투석을 해야 했어요. 성인이 되어서 자립을 하고 싶어 했는데 다른 기관에선 안 받아줬대요. 투석해야 한다고 하니까 위험하게 느껴졌겠죠. 민희씨는 자존심이 강하고 까칠해서 좀처럼 곁을 주지 않는 사람이었어요. 그런데 죽기 얼마 전부터 좀 외로웠는지 센터에 자주 찾아와서 이것저것 묻고 이야기를 하더라고요. 유품을 정리하는데 대부분이 의료 기구였고 약들이 차곡차곡 정리되어 있었어요. 마음이 너무 아프더라고요. 넉 달 동안 입은 옷이 먹는 약보다 적었어요.

그들이 나에게 어떻게 살아야 하는지 가르침을 줘요. 숙제를 줬죠. 그런 삶들이 그들에겐 아픔인데 나한테는 살아야 할 목적이 돼요. 내가 집에만 있었을 때 우리 가족들한테 항상 그랬어요. "나 괜찮아. 괜찮아." 진심이었어요. 그런 삶도 괜찮다고 생각했어요. 그래도 참 힘들었거든요. 욕구는 계속 있었어요. TV 보면서 유행하는 화장을 해보기도 하고 유행하는 옷도 사 입어보고 매니큐어도 이것저것 칠해보고요. 가끔씩 창문 열고 바깥을 쳐다보면 사람들 웃는 소리가 들렸어요. 갇혀 있으면 지나가는 자동차 한 대, 사람들이 나누는 사소한 대화까지도 다 궁금하고 중요해져요. 저 속에 포함되고 싶다고 언제나 생각했어요.

나는 창밖이라도 바라볼 수 있었는데 어떤 사람은 그것조차 못해요. 시설엔 자유가 없다고, 그들을 시설 밖으로 나오게 해야 한다고 하면 많은 사람들이 시설에서 장애인들을 먹여주고 재워주지 않느냐고 해요. 먹여주고 재워주면서 자유를 뺏는 건 교도소가 하는 일이잖아요. 감옥은 죄를 지은 사람들이 죗값을 치르는 곳인데 장애인들은 죄를 지은 게 아니잖아요. 가장 중요한 건 그 안에 있는 사람들이 원하고 있다는 거예요. 장애가 있는 몸을 갖고 있으면 그런 욕구를 갖는 것마저도 호사스럽다고 말하는데 절대 아니에요. 그들의 욕구가 오히려 비장애인보다 더 강할 수 있어요.

사망 후에 의사한테 들어서 안 거지만 민희씨가 가진 장애는 보통 10년, 잘해야 20년을 살 수 있고 급사할 위험이 크대요. 우린 몰랐어요. 민희씨를 지원하던 담당자가 병원에 같이 가자고 한 적이 있었는데 눈물을 보일 정도로 싫어하더래요. 우리에게 자신의 상황을 알리고 싶어 하지 않았던 것 같아요. 센터에서 이 것저것 배워보자고 제안하면 "어차피 죽을 건데 뭐" 그렇게 툭 한

마디씩 했대요. 그러면서도 나중에 자기만의 집을 구할 거라면서 악착같이 돈을 모았어요. 한 줄기 실낱같은 희망을 잡고서 의사가 시키는 대로 혼자 혈압 체크하고 투석하면서요. 죽고 난 뒤에 보니까 통장에 1000만 원이 넘는 돈이 있었어요.

그렇게 애써 모은 돈은 민희씨가 무연고자라서 전부 국가에 귀속되었고, 장례비조차 그 돈으로 쓸 수 없어서 우리가 따로 모금해서 마련했어요. 시설 살 때 사귄 친구들은 코로나 때문에 장례식장에 와보지도 못했어요. 살아서도 외로웠는데 떠날 때도 너무 외롭게 갔죠. 시설 나와서 2년도 채 못 산 게 너무 슬프고 화나요. 활동하다 보면 지치고 힘들어서 도망갈 구멍을 찾기도 하지만 이런 죽음을 겪으면 슬픔과 분노가 차올라서 다시 힘을 내게돼요. '나는 살아 있으니까 이렇게 지치기라도 하는구나.' 그런 생각을 하면 지칠 수가 없어요.

통증이라는 동반자

류머티즘 관절염이 있는 사람들은 아침에 일어날 때가 정말 힘들어요. 뼈와 뼈 사이를 채우고 있는 관절이 없어지면 뼈의 끝이 뾰족해지는데 그것들끼리 서로 부딪치다가 나중엔 붙어버려요. 밤새 뻣뻣해진 관절을 억지로 움직이려니까 너무 아파서 눈물 콧물 다 짜면서 일어나요. 오전 열한 시에 서울에서 하는 기자회견에 가려면 새벽부터 일어나야 하는데 우리처럼 관절 없는 사람들은 그게 말처럼 쉽지가 않아요. 그런 날은 잠을 안 자고 밤을 꼴딱 새면서 몸을 계속 움직여줘요. 새벽에 굳은 몸을 일으킬 때의 통증에 비하면 잠 못 자는 피곤함은 그래도 참을 만해요. 경남 지역에 연대하러 가서 경찰과 싸우다가 팔을 꺾인 적이 있었는데 우리 같은 사람은 관절이 꺾이면 다시 돌아오질 못해요. 오른쪽 손목이 그때 굳어서 굽혀지지 않아요. 왼쪽 팔은 2018년에 오체투지 투쟁하면서 아스팔트 위를 기어갔을 때 완전히 작살났어요. 기어가려면 어깨 힘이 있어야 하는데 어깨가 전혀 힘을 쓸 수가 없는 상황에서 조금이라도 기어보려고 용을 쓰다가 더 안 좋아졌죠.

그래도 후회 안 해요. 차라리 안 가면 몰라도 일단 가서 내 눈으로 보면 여기서 죽더라도 싸워야 한다는 생각밖에 안 들어요 (웃음). 2015년에 시설에서 맞아서 사망한 이재진씨 장례 투쟁할 때 너무 힘들었는데 그때 염증이 잇몸까지 올라왔어요. 그 후부터는 좀 무리했다 싶으면 잇몸부터 퉁퉁 부어올라요. 잇몸 염증은 자칫하면 뇌로 퍼질 수 있기 때문에 굉장히 위험해요. 재작년엔 죽을 고비도 넘긴 적 있어요. 그때 우리 언니가 자기 딸한테 이모 건강식품 사 먹어야 한다고 돈을 부탁해서 1000만 원을 보내줬어요. 조카가 서른한 살이고 결혼을 앞두고 있는데 이모 아프면 안 된다고 집 담보로 대출받은 거예요. 그 돈으로 식품 사 먹고 간신히 가라앉았어요.

지금은 치아가 다 흔들려서 이를 다 빼고 틀니를 해야 하는 상황인데 너무 큰일이라 아직 엄두를 못 내고 있어요. 잇몸에 염증이 심해지면 먹는 것도 말하는 것도 힘들어요. 마이크를 잡으면 목소리가 무의식적으로 커지는데 그러면 혀가 치아를 더 세게 치니까 너무 아파요. 그래서 요즘엔 집회에서 웬만하면 발언 안 해요. 또 솔직하게 말하자면 치아 사이가 벌어진 걸 보이고 싶지 않아요. 꼭 창자를 내보이는 것처럼 싫어요. 여기까진 아직 받아들일 준비가 안 되어 있는 것 같아요. 그런데 이런 걸 구구절절 설명하고 다닐 수도 없고 아프다고 문 닫고 들어가서 엉엉 운다 한들 누가 나 대신 아파줄 수 있는 게 아니니 내가 감당하는 수밖에요. 이 아픔은 내 친구, 나의 동반자라고 생각해요. 많이 아픈 날은? 친구들이 많이 온 날이에요.

하지만 그런 걸 동료들한테도 이해받지 못하면 외롭고 화가 나요. 집회를 하는데 어떤 활동가가 발언을 요청했어요. 치아 때문에 못하겠다고 했더니 그 활동가가 내가 자꾸 핑계를 댄다는 식으로 "또 치아 때문이래!" 툴툴거리는 거예요. 순간적으로 너무 마음이 상해서 다 때려치우고 싶단 생각이 들 정도였어요. 내가 통증을 참는 건 미련할 만큼 독종이어서예요. 잇몸이 일어서면 바람만 스쳐도 아파요. 통증이 잇몸에서 귀로, 뇌 쪽으로 더 올라가면 뭐랄까, 톱으로 써는 느낌이에요. 너무 아파서 어찌할 바를 모르고 주먹으로 벽을 쳤다가 땅바닥을 박박 긁어요.

1박 2일 농성할 때 제일 힘든 건 배에 가스가 차는 거예요. 집에선 누워서 다리를 올리고 흔들어줘요. 척추를 자극해서 가스를 배출하는 거죠. 그런데 사람들 많은 농성장에선 뽕, 뽕, 방귀를 뀔 수가 없잖아요. 그걸 못하면 뒷날 아침 배가 뒤틀릴 정도로 아파요. 하지만 사람들은 잘 모르죠. 내 쪽에서 말하기도 어렵고요. 몸에 대한 건 남이 모르는 게 당연해요. 장애인끼리도 모르고 같이 사는 사람도 알 수가 없어요. 몸이라는 게 뼈와 관절, 근육들로 이루어져 있는데 그게 어느 정도로 손상되었는지 다른 사람들이 어떻게 알 수 있겠어요. 그러니까 관찰이 필요하고, 물어보는 게 필요하죠. 어떤 사람이 자기 몸이나 장애를 이유로 뭔가를 거절하거나 부탁할 땐 믿어줬으면 좋겠어요.

짐작과는 다른

비장애인으로 27년, 장애인으로 30년 살았어요. 변한 내 몸을 받아들이지 못한 시간이 아주 길었죠. 지금 삶에 만족해요. 비장애인으로 살았을 때는 신체적으로 자유로웠지만 오히려 나만의 세상에 갇혀 살았어요. 넓은 세상에 살았지만 그땐 세상을 몰랐어요. 장애인이 됐기 때문에 이 활동을 할 수 있는 기회가 주어졌고 덕분에 세상을 넓게 볼 수 있는 시야가 생겼어요. 이렇게 활동하는 게 재미있어요. '아, 이런 게 바로 사람이 사는 세상이구나' 생각해요. 시설에서 살다 나온 사람들은 처음엔 다 고개를 숙이고 있어요. 사람들 눈치를 보고 상대방을 똑바로 쳐다보지도 못해요. 그런 사람들이 점점 변해요. 숙였던 고개를 들기 시작해요. 점점 뜨거운 태양도 볼 수 있고 자기를 보는 다른 사람의 시선도 바라볼 수 있게 돼요. 눈빛이 달라져요. 지하철에서 누가 쳐다보든 말든 웃고 떠들어요. 그건 그 사람의 삶이 달라졌다는 거예요. 자신이 인간임을 알게 해주는 삶, 자유가 있는 삶, 최소한의 행복할 권리를 누리는 삶. 그 희열을 누구보다 내가 알죠.

나는 이상할 정도로 사람을 좋아해요. 이 사람들과 같이 장난치고 노래방 가서 막 흔들고 빡세게 투쟁하고 연애 상담하면서 사는 게 행복이지, 좋은 집에 혼자 앉아서 금가락지 끼고 비싼 밥 먹는 게 행복이 아니에요. 활동 초기에는 갈피를 못 잡고 좁은 골목길을 헤매고 다녔던 것 같은데 지금은 그 길들이 큰길로 모이고 선명해지고 있다는 느낌이에요. 다니기 편안해졌어요. 죽지 않고 살길 잘했어요. 그때 끝까지 죽으려고 노력하지 않아서 다행이에요. (두 팔로 자기를 안아주며) "너 그때 집에서 나오길 참 잘했어!" "사람들이 몸 좀 사리라고 할 때 그러지 않았던 것도 참 잘했어!" 만약 내가 머리로 계산기를 돌리고 몸을 사렸다면 지금의 이 행복을 누릴 수 있었을까? 내 손을 더 못 쓰는 상황이 생기더라도 나는 계속 싸울 것 같아요. 그러면 내 삶도 달라지고 다른 사람의 삶도 달라져요.

만약 내가 활동을 못하는 상황이 온다면 그땐, 흐응(기쁨의 콧소리), 여행 다니고 싶어요. 같이 활동하는 애인한테 나중에 우리 일 못하게 되면 여행 다니면서 살자고 했어요. 우리 차를 캠핑카로 개조해서 전국 유람을 다니고 싶어요. 커피하고 토스트를 팔면서 하루는 장사하고 하루는 여행하면서. 우리 둘 다 이 운동을 완전히 떠나진 못할 것 같아요. 누가 억울한 일 당했다거나 죽었다는 소식이 들려오면 금세 욱해서 달려가겠죠. 민중가요 소리가 저 멀리서 들려오면 그 노래가 그리워서라도 달려갈 게 뻔해요. 그래도 매일 출근하지 않아도 되는 삶이 우리에게 온다면 그렇게 살아보고 싶어요. 지금은 집에서도 새벽까지 정책적인 이야기로 토론하는데 그땐 정말 연인으로서 사는 거죠.

〰

살면서 제일 잘한 게 뭐냐고 묻는 내게 길연은 이렇게 답했다.

"살아 있는 게 제일 잘한 거야."

나는 길연에게 똑같은 형식의 질문을 계속하던 중이었다. '살면서 제일 힘든 게 뭐였나요? 살면서 가장 힘이 되는 사람은 누구였나요?' 길연이 어떤 대답을 하면 나도 그가 가리키는 쪽을 함께 바라보며 고개를 주억거리며 추임새를 넣는 식이었다. 그러던 중 살면서 제일 잘한 일이 뭐냐는 질문에 이르자 그가 아무것도 가리키지 않으면서 그 질문을 그대로 반복했고, 나는 갑자기 시선을 보낼 곳을 잃은 기분이었다. 야학을 만든 것, 갇힌 사람들의 탈출을 도운 것, 자유를 위해 함께 투쟁한 것, 사랑하는 사람을 만난 것 같은 대답쯤을 상상했던 나는 눈을 끔벅거리며 '내가 방금 무슨 질문을 한 거였더라' 하고 질문지를 내려다보았다. 내가 얼른 알아듣지 못하자 길연이 말했다.

"죽지 않고 살아 있는 거, 내가 이렇게 존재하고 있는 거, 그게 잘한 거라고."

사람은 갑자기 죽는 게 아니라 시간과 노력을 들여 천천히 죽는 것인데 힘들어서 죽고 싶었던 그 시절에 죽으려고 너무 애쓰지 않았던 게 잘한 일이라고 길연이 이어서 말했다. 타인의 긴 생애를 들으면 어떤 부분은 결국 부옇게 남는다. 나는 결국 나일 뿐이어서 그를 그답게 만든 수많은 연결과 동력들을 결코 다 알 수는 없는 것이다. 그러다 어떤 문장이나 단어를 들으면 마치 카메라 렌즈가 '삐리릭' 하며 피사체를 향해 정확히 초점을 맞출 때처럼 부옇게 남아 있던 영역이 선명해진다. 나는 이제 어떻게 길연이 길연 자신이 되었는지 알 것 같은 기분이 든다. 나라면 눈감았을 것들, 나라면 더 신중했을 것들을 그는 어떻게 그토록 가볍고 무모하게 훌쩍 뛰어넘을 수가 있는가.

그는 '살아 있다'는 걸 감각한 채로 살아가는 사람이었던 것이다. 실제로도 길연은 인터뷰 내내 '살았다'는 표현을 자주 썼다. 나는 그걸 온통 예사로 들어 넘겼다가 '살아 있는 게 제일 잘한 일'이라는 말을 들었을 때에야 그가 그 말을 나와는 완전히 다르게, 그러니까 그 자체의 온전한 의미로 쓰고 있었음을 깨달았다. 어떻게 그럴 수 있나. 어떻게 내가 죽지 않고 살아 있음을 온전히 느끼면서 살아갈 수 있나. 그런 사람이라면 나와는 비교할 수 없이 더 소중한 것과 덜 소중한 것을 더 선명하게 구분할 수 있을 것 같다. 말할 것도 없이 길연의 그 능력은 그의 질병과 장애, 16년이라는 길고 긴 유폐의 시간 속에서 길러지고 훈련되었을 것이다.

시설에서 나오고 싶어 하던 한 장애인이 '지금은 안 된다'는 길연의 말을 전해 듣고 '어쩔 수 없지 뭐' 하며 체념하던 목소리를 들은 날 밤, 길연은 잠을 이루지 못했다고 했다. 그 얘길 들었을 때 나는 길연이 '좋은 사람'이라고 생각했다. 누군가의 놀라운 행동을 '그 사람은 좋은 사람이라서'라고 쉽게 연결하는 건 그의 마음을 온전히 이해하지 못했다는 뜻이기도 하다. 길연의 이야기는 이렇게 이어졌다.

"도저히 안 되겠어. 밥을 먹어도 같이 먹고 죽을 먹어도 같이 먹자."

나는 그 말이 도저히 이해되지 않았다. '도저히'라는 말을 어떻게 그렇게 쓰지. 나라면 이렇게 말했을 것이다.

'도저히 안 되겠어. 지금 우리는 함께 살 수 없어. 이건 어쩔 수 없는 일이야.'

인터뷰를 마치고 돌아오는 길, '살았다'는 말을 주문처럼 소리 내어 반복해보았다.

"살았다, 살았다, 살았다……"

그러자 그 이상한 박길연식 연결의 비밀이 조금 풀리는 것 같았다. 나에겐 아주 작게 들려서 충분히 눈감을 수 있을 정도의 어떤 소리가 길연에겐 도저히 견딜 수 없을 만큼 커다란 절규처럼 울렸던 것이다. 그의 아기가 침대에 발이 끼여 살려달라고 악을 쓰며 엄마를 부르는 소리처럼 말이다. 말도 제대로 못하던 어린아이가 엄마는 자기를 구해줄 수 없다는 걸 알고 옆집 사는 아이의 엄마를 불렀을 때 흘렸던 피눈물을 가슴에 품고 살았던 길연에게 어쩌면 그건 구원의 순간이었을지도 모른다고 나는 생각했다. 결국 그 장애인의 손을 잡고 시설을 탈출해 나왔을 때 들려온 소리, "휴, 살았다"가 실은 길연 자신을 살렸던 것이라고. 시간은 앞으로만 흐르는 게 아니라 뒤로도 흐르고 멈춘 듯 보이지만 응축되어 어느 순간 결국 폭발하는 것이다. 우리는 타인을 구함으로써 결국 자기 자신을 구원한다.

그러나 살다 보면 힘들고 지치고 상처받는 데 집중하느라 살아 있음을 잊는다. 그럴 때마다 그가 살아 있음을 일깨워주는 건 살고 싶어 했던 이들의 죽음이었다. 자신이 급사할지도 모른다는 것을 알면서도 시설에서 나온 스물여섯의 한민희, 시설을 나가면 1년을 넘기지 못할 수도 있다는 의사의 진단에도 불구하고 단 1년이라도 인간답게 살고 싶어 했던 권오진 같은 이들이다. 시설 안에서 안전하게 살 수 있었던 이들을 꼬드겨 위험에 처하게 만든 것이 아니냐는 질문을 박길연은 스스로에게 수도 없이 했던 게 분명했다. 내가 묻지 않는데도 그가 여러 번 힘주어 대답했기 때문이다.

"후회하지 않아. 어떻게 내가 그걸 후회해."

어떻게 살고 어떻게 죽을지를 결정할 권리를 그들에게 돌려주어야 하며 설사 자신의 선택을 후회할지라도 그것 또한 그들 자신의 것이지 남이 빼앗아선 안 된다는 듯이 길연은 말했다. 다만 길연은 그들이 행복해하는 모습을 보아서 행복했고 괴로워하는 모습을 보며 가슴이 찢어졌다고 말할 뿐이었다. 어쩌면 무수히 후회했는지도 모르겠다. 그러나 다시 그 순간으로 돌아간다 해도 그는 같은 선택을 할 것이다. 후회 역시 소중한 권리니까.

"살면서 제일 잘한 게 뭐예요."

"살아 있는 게 제일 잘한 일이야."

그는 아무것도 가리키지 않은 듯했지만 실은 그 모든 것을 가리켰다. 살아서 만난 모든 사람, 살아서 한 모든 일들, 내가 사랑했고 나를 배신했던 사람들, 내가 살렸고 나를 살렸던 사람들, 지키고 싶었으나 놓쳐버린 것들, 사랑한 만큼 고통받았던 순간들, 누군가의 아픔에 위로받고 누군가의 죽음이 삶의 이유가 되며 사경을 헤매던 나날 동안 얻은 죽음의 감각이 삶의 가장 강력한 원동력이 되는 그 모든 연결들을. 그러니까 사람을 사람답게 살게 하는 그 모든 것을 말이다.

박김영희 이야기

그 누구도 아닌
자기 자신이 되기까지

영희의 집에서 세 차례 만나 이야기를 들었다. 영희는 집에 있을 땐 휠체어에서 내려와 생활하기 때문에 노트북이나 약, 리모컨처럼 그의 손 닿는 곳에 있어야 할 것들은 모두 바닥에 있었다. 책장도 화분들도 낮게 배치되어 있었다. 우리 집에선 바닥에 있는 것들이 너저분하게 보이는데 여기선 모두 알맞게 제자리에 있는 것처럼 보이는 게 신기했다. 그것들을 내려다보며 서 있으니 갑자기 내가 거인처럼 커다랗게 느껴져서 얼른 바닥에 앉았다. 책장에 꽂힌 책들도, 하얀 선반 위의 초록 식물들도, 오밀조밀한 퀼트 소품들도 앉아서 보니 한결 더 아름답고 단정한 방이었다.

그 방에서 했던 인터뷰를 떠올리면 왜인지 머리 위로 작은 새 한 마리가 날아다녔던 것처럼 느껴진다. 그의 목소리가 새 지저귀듯 시종 명랑했단 뜻이지만 어쩌면 그의 별명이 참새라는 말을 들어버린 것 때문인지도 모르겠다. 친구들은 영희가 죽으면

박김영희 일러스트. 짧은 커트 머리를 하고
짙은 남색 블라우스를 입고 있다.
배경의 왼쪽에는 찻잔에 따뜻한 커피가 담겨
있고, 오른쪽에는 동그랗고 파란 낮달이 떠 있다.

입만 동동 뜰 거라고 예언했다는데 과연 이 인터뷰는 내가 해본 가장 긴 인터뷰가 되었다. 우리는 세 번 만나 총 열 시간 정도 이야기했다. 그는 엄청나게 많은 이야기를 가진 사람이었고 그것은 그가 그만큼 세상과 마찰하면서 살아왔다는 뜻이다. 영희는 장애여성공감을 만들었고 장애인이동권연대의 공동대표를 지냈으며 한때는 진보정당의 정치인으로, 지금은 장애해방열사_단과 장애인차별금지추진연대의 대표로 활동하고 있다. 장애여성운동가로서 남성 중심적이고 비장애인 중심적인 운동사회를 가로지르며 자기만의 이야기를 만들어왔다.

2001년에 시작된 장애인 이동권 투쟁을 기록한 박종필 감독의 다큐 〈버스를 타자〉에는 국가인권위원회를 점거하고 단식농성에 들어가는 장애인들이 나오는데 맨 앞에 나선 대표들 중 유일한 여성이 영희였다. 스물세 살이었던 내가 장애인운동이라는 신세계를 접했을 2001년에도 그는 이미 그 자리에 있었다. 태어날 때부터 마이크를 쥐고 있었을 것처럼 의연하고 당차 보였던 그가 당시 마흔둘이었다는 사실을 생각하면 기분이 이상해진다. 박종필의 영상 기록 덕분에 20년이 흘러 마흔셋의 내가 마흔둘의 영희를 바라볼 수 있다. 그땐 참 커다랗고 믿음직스럽게 나이 들어 보였던 영희가 그렇게 자그맣고 앳돼 보일 수가 없고 그래서 새삼스럽게 그가 거대하게 느껴진다.

이 이야기는 그때로부터 40년 전인 1961년 강원도 동해에서 시작된다. 이것은 그 어떤 사회적 자원도 가질 수 없었던 한 여성이 어떤 사회변혁운동의 대표가 되어가는 이야기다. 새로운 세계를 만나 휩쓸리고 흔들리면서 단단하게 균형을 잡아나가는 이야기다. 수없이 많은 사람과 만나고 부딪치면서 선명해지고 고유해지는 한 사람의 이야기다. 한 번도 지도로 그려진 적 없는 세계에 태어난 사람이 미지의 땅을 탐험하면서 스스로 지도가 되는 이야기다. 한국사회라는 역사의 무대에 처음으로 등장한 장애여성들의 이야기다.

사랑받은 어린 시절

할머니 영향을 많이 받았어요. 할머니는 딸이 여섯인 집의 막내였어요. 할머니의 아버지가 목사였는데 딸 여섯을 모두 교육시켰어요. 할머니의 둘째 언니는 서울 이화여고로 유학 가서 나중에 이화여고 교장 선생님을 하셨어요. 우리 할머니는 한글도 알고 일본어도 알았어요. 6·25전쟁 때 할아버지가 돌아가셔서 혼자서 아들 셋을 키우셨어요. 남의 집 식모살이를 하고 살았어도 자긍심이 있던 분이었어요. 딸이 없다는 걸 늘 아쉬워하면서 손녀를 낳으면 이화여고 보내겠다는 높은 꿈을 갖고 계셨는데 제일 먼저 태어난 손녀가 장애인이 될 줄 누가 알았겠어요(웃음).

저는 1961년에 강원도 동해의 묵호에서 태어났어요. 1960년대 강원도는 시멘트·무연탄 수출 산업이 번성했는데 아버지는 그걸 운송하는 해운 회사에 다니셨어요. 외국 선박들이 와서 물건을 싣고 출항해 나가는 동안 그걸 준비하는 일을 하셨죠. 집에 외국인 선장들이 자주 놀러 와서 엄마가 음식을 해주셨어요. 남자들한테 기죽지 않고 살려면 여자가 똑똑해야 한다는 생각을 가진 할머니와 외국 문화를 많이 아는 아버지 아래에서 성장했어요. 1남 4녀 중 장녀예요. 삼촌들까지 있었던 대가족이었는데도 할머니 사랑을 온전히 받았어요. 할머니가 당신 어렸을 때 이야기를 많이 해줬어요. 당신 할머니한테 딸이라고 구박을 많이 받아서 자긴 절대 딸이라도 구박 안 할 거라고 다짐했대요. 이화여고 다녔던 할머니의 둘째 언니는 유관순의 친구였대요. 삼일절에 만세 불렀다고 이화여고 학생들이 몽땅 붙잡혀 갔을 때 고향으로 피신을 와서 산에 숨어 있었던 둘째 언니한테 우리 할머니가 밥을 갖다 날랐다고 했어요.

할머니는 가끔 서울 사는 언니한테 다녀왔는데 그때마다 나 주려고 소꿉 장난감을 사 오셨어요. 내가 좋은 걸 갖고 있어야 애들이 나랑 놀고 싶어 한다면서요. 애들이 장난감 보려고 맨날 놀러 왔어요. 그런데 어느 순간부터 학교에 가야 한다면서 안 오더라고요. 아, 학교라는 데는 되게 좋은 덴가보다 생각했어요. 그런데 그 좋은 데를 나는 안 보내주더라고요. 내가 학교에 가려면 누군가 나를 업어줘야 하는데 엄마는 동생들을 돌봐야 했으니까요. 그러다 여동생이 입학할 때 저도 같이 학교에 들어가게 되었어요. 할머니가 날 업어서 교실에 앉혀놓고 가면서 동생한테 언니 잘 도와주라고 신신당부했는데 학교만 가면 동생은 어디론가 사라졌어요. 그러다 "영신아" 하고 부르면 금세 또 어디선가 나타났어요. 지금 생각해보면 동생은 나를 항상 염두에 두었던 것 같아요. 동생들에게 내가 짐이 될 수 있다는 것도 그렇게 알아갔어요. 평소엔 학습지 같은 걸 받아와서 공부하다 시험 때만 학교에 갔던 건데 그것도 2학년까지밖에 못 다녔어요. 작은엄마가 돌아가셔서 할머니가 사촌 동생을 키워주러 가셨거든요.

할머니는 아침에 나를 싹 씻겨서 대문 앞 의자에 앉혀놓으셨어요. 지나가는 사람 구경하라고요. 아침에는 동네 할머니들이 손주들을 업고 와서 "영희야, 나왔나" 하고는 옆에 앉아서 이야기를 했어요. 들어보면 며느리 이야기였어요. 할머니들이 점점 많아져서 동네 소식을 다 들을 수 있었어요. 오후가 되면 이번엔 동네 며느리들이 애를 업고 와서는 시어머니 이야기를 했어요. 얘기가 끝나면 사람들은 "아휴, 어린 너한테 뭐 이런 이야기를" 하면서 돌아갔어요. 그때 알았어요. 시어머니 이야기는 며느리한테 하면 안 되고 며느리 이야기는 시어머니한테 하면 안 된다는 걸 (웃음). 아버지는 저녁을 먹을 때 언니한테 들려주라고 동생들에게 오늘 학교에서 무슨 일 있었는지 다 얘기하게 했어요. 대문은 항상 열려 있어서 동생 친구들이 동생 없을 때도 놀러 와서 이야기하다 갔어요.

내가 도망칠 곳

할머니한테서 한글을 배웠어요. 할머니가 작은아버지 댁으로 가신 후엔 별로 할 게 없어서 책을 봤어요. 한국문학·세계문학 전집을 읽었는데 러시아 문학은 왜 그렇게 어둡고 캄캄하던지.《새소년》《어깨동무》같은 잡지는 펼치면 처음부터 끝까지, 편집자 이름까지 다 봤어요. 나이가 들면서는 은근히 할 일이 많아졌어요. 강릉여고 다녔던 동네 언니가 방학 때 와서 바느질을 가르쳐줘서 동생들 바느질 숙제를 대신해줬고요. 나중엔 반공 포스터도 그리고 글짓기 숙제도 해줬어요. 계속 해주다 보니 나중엔 내가 하는 게 당연해져서 안 하면 오히려 내 잘못처럼 됐어요(웃음). 아버지는 나중에 직접 해운 회사를 운영하셨는데 사업이 잘 안 돼서 빚이 늘어났어요. 부모님 언성이 높아지면 동생들은 "에이, 신경질나!" 하면서 뛰쳐나가버리는데 나는 그러질 못하니까 방에서 책만 봤어요. 머릿속에 하나도 들어오지 않는데 눈만 책에 고정하고 있었어요. 나는 도망칠 곳이 거기밖에 없었으니까요. 무너지는 아버지도 보고 점점 좌절해가는 엄마도 보고 성장해가는 동생들도 모두 지켜봤어요. 그렇게 굉장히 오랜 시간을 보냈던 것 같아요. 스물다섯이 될 때까지.

어느 날 라디오를 듣다가 장애인들끼리 서로 편지를 주고받는 모임이 있다는 걸 알게 되었어요. 그때 저는 세계문학을 읽으면서 그들의 정신세계가 어디서부터 시작된 걸까 궁금했어요. 그러려면 성서를 공부해야겠더라고요. 모임 회장한테 편지로 그 이야기를 했더니 우편으로 천주교 교리를 공부할 수 있는 방법이 있다면서 알려줬어요. '통신 교리'였어요. 신청했더니 학습지 같은 작은 책이 왔어요. 내용을 공부한 뒤 문제지를 풀어 보내면 점수가 매겨져서 왔어요. 그렇게 몇 차례 우편이 오고 가던 중이었는데 어느 날 처음 보는 수녀님이 찾아왔어요. 모임 회장이 우리 동네 성당에 편지를 써서 나를 찾아가보라고 부탁한 거예요. 그게 인연이 되어서 신부님이 우리 집에 찾아왔고 나중엔 영세까지 받았어요.

신부님은 한 달에 한 번 우리 집에 오셨는데 그때마다 빨간 보자기에 책을 싸서 오셨어요. 그중에 천주교에서 나오는 잡지가 한 권 있었는데 거기에 내 이야기를 써서 보냈어요. 그랬더니 전국의 교도소에 있는 재소자들에게서 편지가 왔어요. 답장 쓰느라 아주 바빴어요. 나중엔 라디오에도 사연을 보냈어요. 우리 집에서 일어난 사건들, 엄마·동생들 이야기, 그리고 내 생각을 썼죠. 그러니까 밥통도 오고 보온병도 와서 엄마가 무척 좋아하셨어요 (웃음). 그때부터 쓰기 시작했어요. 사연 쓰고 답장 쓰느라 하루가 모자랄 지경이었어요.

우리 아파트에 여섯 살 된 수정이라는 아이가 있었어요. 그 애가 나한테 온 편지를 우리 집까지 항상 배달해줬어요. "수정아, 글을 알아?" 하고 물었더니 글은 모르지만 우리 집 우편함 위치는 안대요. "그럼 내가 한글 가르쳐줄게" 하고서는 한글·숫자·시계 보는 법을 알려줬어요. 며칠 뒤에 수정이 친구 태경이가 엄마 손을 붙잡고 왔어요. 그 애들한테 하루에 두 시간씩 동화책을 읽어줬어요. 점점 아이들이 많아졌어요. 미루 엄마랑 탁희 엄마가 아이들을 데려와선 자긴 선생님이었는데도 자기 아이를 가르치는 건 어렵다고 했어요. 아이들에게 책을 읽어주는 건 즐거운 일이었어요. 많진 않지만 수입도 생겼고요.

탁희는 귀엽고 미루는 예민하고 승빈이는 점잖고 태경이는
겁이 많았어요. 매일이 사건이었지만 재미있었어요. 아이들이 나
한테 꼬박꼬박 선생님 대접을 해줬어요. 그리고 엉뚱하고 솔직했
어요. 선생님은 왜 못 걷게 되었어요? 선생님은 어떻게 화장실 가
요? 그 애들이 질문할 때마다 나를 정직하게 마주할 수 있었던 것
같아요. 그런 사연을 라디오에 보냈더니 좋은 글로 뽑혀서 몇십
만 원 하는 숙녀복을 받았는데 나한텐 맞지 않더라고요. 내 몸이
세상의 기성복에 맞지 않는다는 걸 인식하게 됐죠.

처음 집을 떠난 날

'나란 존재는 뭘까. 나는 앞으로 어떻게 살아야 할까' 이런 생각에
골몰하던 때 잡지를 보다가 부산에 있는 사랑의고리라는 공동체
를 알게 되었어요. 수녀가 되고 싶지만 장애가 있어서 될 수 없는
여성들의 공동체였죠. 그곳의 언니들과 편지를 주고받기 시작했
어요. 내가 쓴 편지를 모임 할 때마다 함께 읽는다고 했어요. 어느
날 그곳의 언니 둘이 우리 집까지 나를 데리러 왔어요. 집에서만
살지 말고 나가서 한번 살아보라고, 며칠 자기들과 지내면서 경
험해보자고 했어요. 출장 간 아버지한테 전화했더니 다음에 당신
이 데려갈 테니 가지 말라고 했어요. 엄마는 자기가 다 책임지겠
다면서 다녀오라고 했어요. 그날 처음으로 집을 떠나봤어요.

한 언니는 청각장애가 있었고 한 언니는 턱에 장애가 있었어요. 언니들이 나를 업고 버스에 태우고 휠체어를 싣고 힘에 부치면 아저씨들을 붙잡아서 도움을 청했어요. 부산까지 일곱 시간을 갔어요. 도착했을 땐 밤 열한 시였는데 비가 부슬부슬 내리고 있었어요. "택시! 택시!" 하고 부르는데 아무도 우릴 안 태워줬어요. 언니들이 택시를 잡으려고 이리저리 뛰어다니는 걸 가만히 앉아 바라보면서 '흥, 내가 돈을 안 내겠다는 것도 아닌데 왜 안 태워주는 거야?' 하고 생각했어요. 아버지 말 듣고 오지 말걸, 후회했죠.

사랑의고리는 이해인 수녀님이 계시는 베네딕토수녀회 안에 있었는데 방 두 개가 딸린 조그만 집이었어요. 다음 날 사랑의선교회 수사님들이 판자촌에 봉사하러 가는데 같이 가자고 했어요. "내가 거길 어떻게 가요?" 하니까 걱정하지 말래요. 가보니 가파른 언덕이에요. 휠체어를 힘겹게 밀고 올라가다 계단을 만나면 업히기도 하면서 혼자 사는 노인·장애인을 찾아다녔죠. 수사님들이 빨래하고 청소할 때 나보고는 할머니들과 얘기를 나누라고 했어요. 그렇게 한 번 가고 두 번 가면서 친해지고 그러다 보면 누군가는 모임에도 나오기 시작한다는 걸 그때 배웠어요.

일주일쯤 지나니까 언니들이 나보고 혼자 버스를 타고 집에 가라고 했어요. 이번에도 나는 "내가 어떻게 가요?" 했어요. 언니들이 "걱정하지 마. 할 수 있어" 했어요. 언니들이 나를 버스에 태워주면서 집에 전화를 걸어줬어요. 태어나 처음으로 낯선 사람들 속에서 혼자가 되었어요. 이 안에서 무슨 일이 생기면 아무런 대처도 할 수 없겠다는 마음에 두렵기도 하고 이제 나는 어른이 되었다는 느낌에 설레기도 했어요. 동해 터미널에 도착했을 땐 동생이 기다리고 있었어요. 그 후부터 1년에 한 번씩 그렇게 부산에 다녔어요. 서너 해가 지나 1987년이 되었을 때 가족이 아예 부산으로 이사를 가게 됐어요. 아버지 사업이 망해서 야반도주하듯 간 거였어요. 엄마는 부산 외삼촌 집에 얹혀살면서 식당에 일하러 다녔고요. 그때 정말 가난이 뭔지 알았죠. 많이 힘들었지만 나는 사랑의고리에 자주 갈 수 있어서 좋았어요. 한 달에 보름은 거기에서 지내고 보름은 집에서 사는 식이었어요.

　　장애인 공동체라고 하면 대부분 관리하는 사람이 있는데 그곳은 장애여성들이 주체적으로 이끌고 결정하는 곳이었어요. 완전히 새로운 세계였죠. 어렸을 땐 스무 살까지만 살다 죽어야지 했어요. 스무 살 이후에 할 수 있는 게 없더라고요. 초등학교 다닐 적에 선생님이 아이들한테 "너는 커서 뭐가 될래?" 하고 물었던 적이 있어요. 한 명 한 명한테 물으면서 오는데 '대통령' '간호사' '교사' '현모양처' 같은 대답이 나왔어요. '나는 뭐가 된다고 하지? 앉아서 할 수 있는 게 뭐가 있을까?' 싶어 머릿속이 하얘졌어요. 그때 피아니스트가 떠올랐어요. 텔레비전에서 피아니스트가 앉아서 연주하는 걸 봤거든요. '애들이 너 피아노 배웠냐고 물어보면 뭐라고 답하지? 나는 피아노를 본 적이 없는데. 앞으로 배울 거라고 할까?' 이런 생각을 하는 사이 선생님이 내 앞까지 성큼 다가왔어요. 가슴이 콩닥콩닥 뛰었어요. 그런데 선생님이 나한텐 안 물어보더라고요. "다음에 하자꾸나" 하면서 지나가버리셨죠. 그게 잊히지가 않아요(웃음).

나 자신으로 인정받은 순간

밤마다 울었어요. 나는 낮달 같은 존재였죠. 떠 있는데 아무도 내가 거기 떠 있는지 몰랐어요. 내 의지로 할 수 있는 거라곤 사부작사부작 글 쓰고 편지 쓰는 것뿐이었어요. 스무 살 이후에 어떻게 살아야 할지 누구도 알려주지 않았고 롤모델도 존재하지 않았어요. 베란다에 앉아 창밖의 코스모스를 바라보던 날이었어요. 아, 예쁘다, 하면서 생각해요. '나는 작년에도 이걸 보고 있었는데 올해도 이러고 있네. 내년에도 그러겠지?' 밤에 누워서 동생들 이야기를 들으면서도 내 얘긴 별로 할 게 없었어요. 나는 귀만 있고 입은 없었어요. '난 앞으로 뭘 하고 살지? 할 수 있는 게 없네? 공부를 한 것도 아니고 몸으로 뭔가 할 수 있는 것도 아닌데 난 뭘 하고 살까?' 이렇게 말할 수 있는 것도 한참 뒤의 일이고 그때 나에겐 언어조차 없었어요. 내가 무엇을 느끼고 있는지, 뭐가 갑갑한지도 잘 몰랐어요.

그랬던 내게도 사랑의고리에선 해야 할 일이 생겼어요. 거기 사는 사람은 세 명이었지만 실제로는 훨씬 많은 장애여성들이 드나들었어요. 모임을 하면 한 달 동안 무슨 일이 있었는지, 무슨 생각을 하면서 보냈는지를 돌아가며 이야기했어요. 나처럼 느끼고 생각하는 사람들이 아주 많았어요. 우린 끊임없이 이야기하고 먹고 놀았어요. 자원활동 하는 비장애 청년들과 함께 노래도 부르고 집에 사는 장애인들을 불러내 크리스마스·부활절 행사도 같이 했어요. 광안리 바닷가에 가서 물놀이도 하고 1년에 한 번은 경기도에 위치한 피정센터에 모여 2박 3일간 발표회와 명상도 했어요. 사람들이 날 보고 표현하는 것이나 글 쓰는 걸 참 잘한다고 칭찬했어요. 어떤 사람을 관찰해서 그 사람에게 꼭 맞는 말이나 필요한 조언을 잘해준대요. 그때 처음으로 내가 나라는 존재로 인정받았던 것 같아요.

신부님은 우리는 모두 고유한 존재라고 말씀하셨어요. 각자 다른 나무들이 모여 아름다운 숲이 되는 것처럼 우리도 서로의 다름을 미워하지 않고 존중할 수 있어야 한다고요. 세상에 존재하는 건 다 이유가 있으니 쓸모없는 사람은 없다고요. 모두에겐 자유의지가 있으니 네가 원하는 걸 선택하면 된다고 하셨어요. 또 사람은 살면서 계속 바뀐다고, 어렸을 땐 보호받아야 하는 자식이었다면 성장해선 누군가를 보호해줘야 하는 입장이 된다고도 했어요. 인간은 환경과 조건, 나이에 따라 서 있는 그 위치가 바뀌고 그것에 따라 새롭게 자신을 정체화해야 한다는 말로 이해했어요. 그때 저는 세상을 다르게 보는 훈련을 했던 것 같아요.

1990년에 부모님과 함께 서울로 이사를 와 서울 사랑의고리에 다니면서 지냈어요. 저는 공동체에 들어가 수도하는 삶을 살아야겠다고 생각했어요. 마음 아픈 사람, 힘든 사람들이 찾아와 이야기하면 그들을 위해 기도해주면서 살겠다고요. 그런데 사랑의고리에서 여긴 장애인 수용시설이 아니라면서 나를 받아줄 수 없다고 했어요. 나는 내가 뭔가 할 수 있다고 생각했는데 그들에게 나는 그저 돌봐줘야 할 사람이었던 거예요. 거부당했다는 상처가 꽤 컸어요. '이제 어떻게 살아야 하지?' 뭔가 답을 찾았다고 생각했는데 다시 고민이 시작되었어요. 그때 장애인들의 이야기를 들어주고 상담하는 동료상담이란 걸 알게 되었어요. 언젠가 저 일을 해야겠다고 생각하면서 검정고시 공부를 시작했어요.

빗장을 여는 사람들

1995년 어느 날 한 친구가 장애우권익문제연구소라는 곳에서 전시회를 하는데 같이 가자고 했어요. 우리 집이 3층이라 나가기가 어려웠어요. 내가 거길 어떻게 가냐고 했더니 누가 데리러 온대요. 그 친구가 아주 중증이라 만나기가 쉽지 않아서 걔를 보려고 나갔어요. 박옥순이라는 사람이 데리러 와서 힘들게 나갔는데 정작 내 친구는 안 나왔더라고요. 행사는 북경세계여성대회에 다녀온 사람들이 하는 보고회였어요. 세계의 여성운동 하는 사람들이 북경에 모여 행사를 했는데 행사장에 장애인 편의시설이 안 되어 있는 문제로 장애여성들이 피켓 시위를 한 거예요. 우리나라 여성운동가들이 그 모습을 보고 깜짝 놀란 거죠. 우리나라에도 저런 운동이 필요하다는 마음으로 그들의 시위 사진을 전시한 행사였어요.

　　그때 나에겐 장애인운동도, 장애여성운동도 멀고 생소한 것이었어요. '여성 장애인? 그게 뭐야? 장애문제는 또 뭐고 그게 나랑 무슨 상관이야?' 장애인이 그렇게 사는 게 '문제'라는 인식도 없었고 그냥 내가 장애인이니까 뭔가 못한다고만 생각하면서 살아왔던 거죠. 친구가 왜 이런 데 나를 부른 건지 뻘쭘해하면서 둘러보는데 접수를 받는 곳에서 파마머리를 높게 세운 여성이 씩씩하게 경상도 사투리를 쓰면서 "저는 배복주예요. 대구에서 왔어요" 하고 인사했어요. 왜인지 나를 보는 표정이 '이렇게 중증인 장애인은 어떻게 살지?' 하는 것 같아서 나도 뭐 저런 장애인이 다 있나 하면서 그녀를 쳐다봤어요. 며칠 뒤에 박옥순에게서 연락이 왔어요. 빗장을여는사람들이라는 장애여성들의 모임이 있으니 나오라고 했어요. 나는 집밖으로 나가기가 어렵다고 했더니 자기가 데리러 오겠다면서 집요하게 나오라고 권했어요(웃음). 그렇게 빗장에 나가기 시작했어요. 박옥순이 날 업고 내려가면 집 앞에 배복주가 차를 갖고 대기하고 있었어요. 두 사람은 연구소에서 활동하는 간사였어요.

거기 가니까 다 대학 나오고 너무 잘난 사람들이었어요. 저는 운동과는 안 맞다고 생각했어요. 배운 게 있나, 가진 게 있나, 내 몸 하나 어떻게 할 수도 없는 내가 무슨 운동을 해요. 운동 같은 거 안 한다는데도 필요한 거 지원해줄 테니까 자꾸만 같이하자고 했어요. 부산에서 부산대학교 후문 쪽에 살았기 때문에 시위하는 걸 본 적이 있어요. 미사 끝나고 돌아올 때 매캐한 최루탄 냄새가 너무 심한 날은 친구와 아마데우스라는 카페에서 민트 한 잔 시켜놓고 시간이 지나길 기다렸어요. 사랑의고리 모임엔 대학 다니는 장애남성들도 놀러 왔는데 새카맣게 탄 얼굴에 충혈된 눈으로 민중이 어쩌구 민주화가 어쩌구 설파하면서 나한테도 집회에 나가야 한다고 했었어요. 너희끼리 열심히 하라고 내가 말하면 저 몽매한 민중을 보라면서 우스갯소릴 했죠. 신부님이 미사 강론 중에 사회문제에 대해 이야기하실 때도 고개를 주억거리며 듣긴 했지만 데모나 이념 같은 건 대학 다니는 남성들의 것이지 나같이 배우지 못한 사람과는 상관없는 거라고 생각했어요.

1990년대 중반에 장애인운동 내에서 여성문제가 이슈가 되기 시작했어요. 여성단체에서도 장애를 가진 여성들에게 관심을 갖기 시작했고요. 빗장은 1994년에 작은 모임으로 시작됐대요. 그런데 모임에 나가보니 이 사람들은 장애여성들이 어떻게 사는지 잘 모르더라고요. 결혼한 여성들이 시집에서 얼마나 무시당하는지, 임신했을 때 얼마나 가슴 아픈 일을 많이 당하는지, 내가 사랑의고리에서 들었던 이야기를 하면 다들 처음 듣는다는 듯이 깜짝 놀랐어요. 박옥순은 비장애 여성이었고 배복주는 장애여성이었는데 걸을 수 있었고 차를 운전해서 다녔어요. 둘 다 대학을 나온 사람들이었고요.

그 시절의 장애인운동은 대학 나온 경증장애인들이 주도했고 나 같은 중증장애인들이 운동의 주체가 된다는 생각을 전혀 못하던 때였어요. 연구소는 장애인운동단체인데도 지하에 있어서 업혀 내려가야 했고 화장실도 이용하기 어려웠어요. 그런 내가 뭘 할 수 있겠느냐고, 나는 공문도 쓸 줄 모른다고 했더니 박옥순이 저에게 회원 관리를 맡으라고 했어요. 저는 주로 사람들에게 연락하고 이야기하고 소통하는 역할을 했어요. 그러면서 제가 알고 지냈던 장애여성들을 모임으로 불러냈죠. 이동할 방법이 없어서 가톨릭 기사회에서 한 달에 한 번 이동을 지원해주셨어요.

집에서만 지내던 장애여성들이 그렇게 밖으로 나오게 되었죠.

1996년 동아시아여성대회가 우리나라에서 열렸는데 빗장 회원들이 대거 참석해서 스포트라이트를 집중적으로 받았어요. 그런데 어떤 기자가 나를 찍어서 가정폭력 당한 여성으로 기사를 쓴 거예요. 사람들은 장애여성이라고 하면 그저 폭력을 당한 대상으로만 생각했어요. 그 기사에 문제제기를 하는 과정에서 장애여성 문제가 뭔지 우리조차 제대로 정리되지 않았다는 걸 깨달았어요. 사회를 향해 무언가 말하려면 우리 자신부터 장애여성이 누구인지 말할 수 있어야 하는데 우리에겐 언어가 없었죠. 먼저 우리 안에서부터 이야기를 나누는 데 집중하자고 의견을 모았어요. 하지만 연구소에선 우리가 언론에 나가서 인터뷰도 하고 대외적으로 적극적으로 나서길 원했어요. 내실을 기하고 싶었던 빗장 회원들과 밖으로 드러나는 성과를 원했던 연구소는 삐거덕거리기 시작했어요. 연구소가 우리를 통제하고 동원하려는 느낌이 강했어요. 빗장은 회원이 80여 명 정도에다 장애여성들이 주체적으로 모임을 이끌어갔기 때문에 자치성이 강했어요. 언젠가는 독립해서 우리만의 단체를 만들자는 생각이 꿈틀대기 시작했죠.

세계의 장애여성들을 만나다

남부장애인종합복지관에서 처음으로 여성장애인대회를 개최하기로 하고 준비할 때였어요. 나는 뭘 할 수 있을까, 내가 제일 잘

하는 게 뭐지 생각하니까 전화를 거는 일이었어요. 옛날엔 동사무소에 가면 그 지역에 거주하는 장애인 명단을 받을 수 있었어요. 박옥순이 업어서 사무실에 나를 데려다 놓으면 그 명단을 보고 모든 사람에게 전화했어요. 처음 전화하면 "됐어요, 안 가요" 그러고, 두 번 전화하면 "그게 뭔데요?" 하고, 세 번 전화하면 "한 번 생각해볼게요" 그래요. 행사 당일 얼마나 올까 가슴을 졸였는데 정말 많이 모였어요. 1박 2일 일정이었는데 숙소가 부족할 정도였죠.

'장애여성과 성'을 주제로 한 프로그램이 있었는데 제가 사회를 봤어요. 그땐 우리도 뭘 잘 몰랐어요. 지금 생각하면 어이가 없는데 커다란 강당에 사람들을 모아놓고 성에 대해 이야기해보라고 한 거예요. 내가 뭘 안다고 사회를 보고(웃음). 어떤 장애남성이 마이크를 잡고는 일주일에 한 번 교회에서 비장애 여성들이 와서 목욕을 시켜주는데 자신은 그때 성을 충분히 향유한다는 거예요(헛웃음). 그때 느낀 당황스러움이 지금도 생생해요. '이게 무슨 상황이지?' 뭔가 심각한 문제라는 건 느꼈지만 설명할 언어가 없으니까 제지할 수 없었죠. 그 자리에 비장애 페미니스트 여성들이 있었거든요. 장애여성들이 뭔가를 한다니까 궁금해서 와봤는데 그 모습을 보고 다들 경악했죠. 나중에 나한테 와서 문제제기를 하는데…… 아휴, 나 어떡해……(울음 같은 웃음)

나중엔 그 비장애 페미니스트 여성들도 빗장과 함께 활동했어요. 김은정이라는 친구가 있었는데 자기를 어리게 보는 것에 반발하면서 나한테 '언니'라고 안 부르겠다는 거예요. 언니라고 부르기 시작하면 언니는 언니다워져야 하는데 자긴 그런 나이주의에 반대한다고 했어요. 알았다고 하면서도 그땐 잘 이해하지 못했어요. 나이주의가 뭐지? 이 사람이 지금 무슨 말을 하는 거지? 하루는 칠부바지를 입고 갔는데 한 장애남성이 "소아마비 장애인들은 다리가 왜소한데 영희씨는 다리가 통통하네요" 했어요. 김은정이 이건 성희롱이라면서 심각하게 문제제기를 했어요.

저는 정확하게 이해가 안 됐어요. 같은 소아마비 장애인으로서 얘기한 건데 그게 그렇게 큰 잘못인가? 그렇다고 반박할 수도 없었어요. 그 남성의 말이 듣기 좋지도 않았거든요. 나중에야 알게 됐죠. 장애에 있어선 그 남성과 공감대가 있지만 동시에 나는 여성이기 때문에 불쾌함도 느꼈다는 거, 이중적인 감정이 생긴다는 걸요. 장애여성에게는 장애와 여성이라는 교차성이 있다는 걸 느꼈지만 설명할 언어가 없었죠. 그 시절엔 야단을 많이 맞았어요(웃음). 집회 갈 때 예쁘장하게 화장하고 가면 복주가 "언니! 이건 아니거든요!"라고 했어요. 투쟁하러 갈 땐 거칠고 강한 모습으로 나가야 한다고요.

1997년에 미국 워싱턴에서 국제장애여성리더십포럼이 열렸어요. 장애여성 리더를 키워야 한다는 취지의 국제대회로 저를 포함해 13명의 한국대표단이 꾸려졌어요. 참가비도 부담스럽고 엄마가 뇌졸중으로 쓰러졌을 때이기도 해서 처음엔 못 가겠다고 했는데 사람들이 꼭 가야 한다면서 일일호프를 열어 돈을 모아주기까지 했어요. 내가 사람들과 관계를 잘 맺는다면서 단장도 맡으라고 했죠. 16시간 비행기를 타고 워싱턴 하얏트 호텔에 도착했는데 문화적 충격이 어마어마했어요. 호텔 안에 82개국에서 온 장애인들로 북적북적했어요. 처음 본 게 너무 많았어요. "우와! 자동차에 리프트가 달렸어!" "저거 봐! 전동휠체어야!" "어머, 어머머, 휠체어를 발로 운전하는 사람이 있어!" 우리는 호텔 로비에 앉아서 연신 감탄했어요. 누가 업어주지 않고 밀어주지 않아도 된다는 게 정말 인상적이었어요. 우리는 몸에 찬 보조 기구를 어떻게든 숨기려고 긴 치마를 입는데 거기 갔더니 다리에 보조 기구를 한 사람이 미니스커트를 입고 다녔어요. 팔이 절단된 여성이 누드로 찍은 사진도 있고요.

몸의 차이를 당당하게 드러내는 모습이 우리와 너무도 달랐죠. 아시아의 장애여성들은 얼마나 맞아 죽는지 얘기하고 아프리카 장애여성들은 얼마나 굶어 죽는지 얘기하는데 유럽 장애여성들은 레즈비언이 어쩌고저쩌고했어요. 한국은 우리가 얼마나 성폭력을 당하는지 이야기해야 하는데 제대로 조사된 것조차 없어서 오로지 경험에 기대야만 했어요. 그런데 레즈비언이라니, 완전 신세계죠! 그들이 하는 이야기를 다 이해할 수는 없었지만 한국에 돌아가서 앞으로 해야 할 일이 무엇인지 막연히 생각했던 것 같아요. 장애가 있는 몸을 긍정적으로 바라보기, 장애여성의 성에 대해 이야기하기, 그리고 성소수자 운동과 함께 가기 같은 것들이요. 언젠가 연구소에서 독립해 우리만의 단체를 만들 때를 대비해서 온갖 자료들로 가방을 꽉꽉 채워서 돌아왔어요. 어휴, 휠체어가 무거워서 밀리지가 않을 정도였어요.

거북이 시스터즈

독립의 시기는 생각보다 빨리 찾아왔어요. 미국 가기 전에 연구소와 빗장의 갈등이 한창 깊었는데 한국에 왔더니 연구소에서 배복주를 해고했더라고요. 복주가 빗장의 편에서 연구소와 대립했기 때문이었죠. 우리는 더 이상 연구소와 함께할 수 없다고 판단하고 연구소 대표를 찾아가 사과를 받아낸 뒤 그 길로 연구소를 나왔어요. 그때 저는 오랫동안 꿈꾸던 일을 행동에 옮길 때가 왔다고 생각했어요. 가족에게서 독립하겠다는 꿈이요. 편찮으신 엄마를 돌볼 사람이 필요해서 부모님이 남동생네로 옮겨가게 되었어요.

나는 부모님을 따라가지 않고 빗장의 동료였던 영란·순천과 같이 독립해 살기로 했어요. 두 사람 다 장애를 갖고 있었죠. 집에는 내가 결혼한다 생각하고 500만 원만 달라고 했어요. 남동생 이름으로 대출도 1000만 원 받았어요. 영란이는 자립 계획서를 써서 식구들 앞에서 발표했고 부모님이 대출을 1000만 원 받아서 주셨어요. 그렇게 전세금 2500만 원을 마련해서 고덕동에 방 두 칸짜리 반지하 집을 구했어요. 그 공간을 아지트 삼아 빗장 이후의 활동을 구상해나가기로 했죠. 1997년 8월 31일에 이사했어요. 김은정이 형광등을 달면서 "우리도 남자 없이 살 수 있다는 걸 보여줘야 돼"라고 했던 게 기억나요. 며칠 지나지 않아 복주가 짐을 싸들고 들어왔어요. 중증의 언니들 셋만 사는 게 불안했던지 자기는 내쫓아도 안 나갈 거라면서 눌러앉았어요. 그때부터 사는 게 너무너무 바빠졌어요.

　동사무소 가서 우리가 지원받을 수 있는 게 뭐가 있느냐고 물었어요. 장애인 셋이 산다니까 시설인 줄 알고 관리하는 사람이 누구냐고 묻더라고요. 그런 사람 없고 우리 스스로 산다고 했더니 혈연가족에 한해서만 지원받을 수 있다고 했어요. 그러면서 장애남성이랑 결혼을 하라더라고요. 황당하죠. 셋 중 저만 생활보호대상자여서 임대아파트를 신청할 수 있었는데, 운 좋게 당첨되더라도 가장 작은 1인용 아파트밖에 받을 수 없었어요. 성씨가 다른 셋이 함께 살 희망이 없었어요. 결국 우리 스스로 살아남아야 했어요. 직업을 가질 수 있을까 해서 여성민우회에서 하는 텔레마케터 전문 교육을 받으러 다녔어요. 처음 한 일은 전화로 인터넷 학습 프로그램을 파는 거였는데 하루 종일 전화통을 붙들고 살았어요. 한 건 성사하면 10만 원을 받는 거였죠. 나중엔 목소리만 들어도 이 사람이 금방 끊을 사람인지 아닌지 알 수 있게 되더라고요. 석 달 동안 두 건 성사했어요. 축하한다고 우리끼리 박수 쳐주면서 좋아했는데 20만 원을 받기도 전에 회사가 망해서 도망가버리는 바람에 전화 요금만 수십만 원 깨졌죠(웃음).

　나중엔 SK텔레콤 고객 정보를 관리하는 일을 했어요. 잘못 기재된 개인정보를 일일이 전화해서 확인하고 수정하는 일이었어요. 복주가 명단을 받아오면 우리 셋이 종일 전화를 돌렸어요. 수정할 때마다 1000원씩 받았어요. 낮엔 사람들이 일하느라 바쁘다면서 끊어버리기 때문에 저녁에 다시 걸어야 할 때가 많았어요. 아침에 시작해서 밤 늦게까지 줄기차게 전화를 붙들고 있어야 하는 일이었어요. 어떤 사람은 운전 중인데 졸리다면서 얘기 좀 더 하면 안 되냐고 하고 어떤 사람은 만나자고 따로 연락이 오기도 했어요. 장애여성들의 일자리가 다 그런 식이었어요. IMF로 비정규직 일자리가 확산될 때여서 재택으로 하는 이런 일들이 막 나오기 시작한 때였던 것 같아요. 당시 추천받았던 일 중에 룸살롱 여성들을 연결해주는 일이나 폰섹스를 하는 전화방 같은 것도 있었어요. 전화만 있으면 집에서도 할 수 있는 일이고 그나마 벌이가 괜찮다면서 장애여성들 사이에선 종종 이야기되더라고요. 성매매 현장에서 장애여성들의 성이 어떻게 판매되는지 그때 알았죠.

여성 그리고 장애인이라는 위치

고덕동 집에서 아홉 명이 여성주의 세미나를 시작했어요. 장애여성 여섯 명, 비장애 여성 세 명을 발기인으로 1998년엔 장애여성 공감을 창립하고 1999년부터 잡지를 만들기 시작했어요. 사무실도 따로 없었고 단체 등록을 한 것도 아니었어요. 장애여성운동이란 걸 해보자고 했지만 어떻게 시작해야 할지 막막했죠. 학연이나 지연 같은 사회적 자원이 아무것도 없고 모든 것에서 단절되어 있는 사람들이 운동을 한다는 건 어떤 걸까 고민하다 우리 자신의 언어를 만드는 것이 이 운동의 시작이라고 뜻을 모았어요.

우리도 우리가 낯설어요. 길을 갈 때 내 눈에 보이는 사람들은 모두 걸어 다녀요. 그러다 갑자기 쇼윈도에 내가 비쳤는데 나는 휠체어를 타고 있어요. 내 눈에 보이는 사람들과 유리창에 비친 나는 너무 달라요. '나도 내가 생소한데 다른 사람들에겐 얼마나 낯설까. 우린 왜 이렇게 생소한 존재가 되었을까' 생각해보는 거예요. 내 존재를 나 스스로 탐구하고 내가 경험하고 느끼는 것에 대해 직접 표현하지 않으면 나도 나를 모르고 사람들도 장애여성을 잘 모를 수밖에 없어요. 우리는 그렇게 계속 묻혀왔던 거예요. 장애여성인 우리는 누구인가에 대해 끊임없이 이야기하고 글 쓰는 훈련을 했어요.

그 집엔 많은 사람이 들락거렸어요. 사는 사람은 넷인데 살림살이는 열 명 규모였어요. 설거지하다 자꾸만 그릇을 깨먹으니까 절대로 안 깨진다는 코렐 그릇을 사야 한다면서 현대백화점 가서 비싼 밥공기를 산 게 아직도 우리 집에 있어요. 방이 두 개였는데 큰 방은 일하고 밥 먹는 공간으로 쓰고 작은 방에서 넷이 같이 잤어요. 낮엔 텔레마케터로 일하고 밤엔 세미나 하고 글 썼어요. 밤에 자려고 누워서 내일은 뭘 할지 의논하다가 복주랑 순천이가 베개 싸움을 하면 영란이가 말리다가 둘을 다시 패고……그 시절엔 사는 게 너무너무 정신없이 바빠서 시간이 어떻게 가는 줄도 몰랐네요.

하루 종일 통신사 고객 관리 업무에 쫓기다 보면 돈 30만 원을 벌려고 이 일을 계속하는 게 맞을지, 본격적으로 운동을 해야 할지 마음속에서 갈등이 일었어요. 그즈음 사건 하나가 터졌어요. 2000년 강릉 음촌리에서 지적장애여성이 초등학교 6학년 때부터 7년간 동네 남자들에게 성폭력을 당한 사건이었죠. 그 여성이 결혼해 다른 동네로 갔는데 석 달 만에 출산을 해서 쫓겨났어요. 알고 봤더니 피해자는 몇 차례 낙태를 했었고 심지어 결혼 후에도 고향의 남성들이 그녀를 불러내 계속 성폭력을 저질러왔더라고요. 동네 사람들과 여성단체가 고발해서 세상에 알려졌어요.

김은정이 서울과 강릉을 오가며 대응하다가 나중엔 토론회도 열었어요. 장애여성에 대한 성폭력 문제를 최초로 공론화한 거였어요. 알려지지 않았을 뿐 이런 문제가 너무 많았죠. 도박하는 남성들 사이에서 장애여성과 섹스를 하면 재수가 좋다는 속설이 돌아서 시장에서 장사하던 여성이 갑자기 끌려가서 당하는 경우도 있었고요. 폭력을 당한 장애여성이 피신할 곳이 없으면 우리 집으로 데리고 와 지내게 하기도 했어요. 그 가족이 쫓아오면 집 문을 닫고 버텼어요. 여기서 밝힐 수 없는 일들이 진짜 많았어요. 장애여성을 전문으로 하는 성폭력 상담소가 없었기 때문에 대응하는 데 어려움이 많았어요.

동료들 모두 열심히 참여했지만 이 활동만 하겠다고 총대를 메는 사람은 없었어요. 저는 조바심이 났어요. 독립해서 자유롭게 사는 것도 좋았지만 뭔가 의미 있는 걸 만들고 싶었거든요. 나보다 똑똑한 동료들이 결심해주면 좋겠지만 언제까지 기다릴 수만은 없었어요. 일을 그만두고 이 운동에 집중해보기로 결심했어요. 사람들이 준비될 때까지 내가 먼저 시작하겠다고 말하고는 한국성폭력상담소에서 하는 상담원 양성 교육을 신청했어요. 2주간 아침 아홉 시부터 오후 여섯 시까지 하는 교육이었고 장소는 합정동이었어요. 고덕동에서 자동차로 한 시간 거리였죠. 가끔 내가 생각해도 나 자신이 대책 없이 용감할 때가 있는데 그때가 바로 그런 때였어요. 교육장은 2층이었는데 엘리베이터도 없고 장애인 화장실도 없었어요. 내가 온다면 최대한 지원하겠다는 얘기를 실무자한테 듣긴 했지만 매일 거기까지 가는 게 제일 큰 문제였죠. 한벗장애인이동봉사대 이사님께 전화해서 비장하고 간곡하게 말했어요. "도와주세요. 믿을 데가 여기밖에 없습니다."

이사님이 한번 해보자면서 아침엔 당신이 차를 갖고 와 이동시켜주시고 저녁엔 다른 봉사자들을 연결해주셨어요. 사람을 못 구한 날엔 당신이 하던 일 다 제쳐두고 쫓아와주셨어요. 아침에 2층 교육장까지 사람들이 들어 올려줘서 책상 앞에 앉으면 교육이 끝날 때까지 그 자리에 그대로 있어야 했어요. 다른 사람들은 나가서 점심 먹는데 저는 도시락을 싸서 다녔고 종일 화장실도 못 갔어요. 2주를 하루도 빠짐없이 다녔는데 정식 수료증도 받지 못했죠. 대학을 졸업하고 관련 단체에서 3년 이상 근무한 사람에게만 수료증을 주는 거였더라고요. 저는 종이 색깔이 다른 조건부 수료증을 받았어요. 상담소에서 장애여성운동의 당사자인 내가 이 교육을 받는 게 중요하다고 판단했기 때문에 자격이 안 되어도 기회를 주었던 거죠.

교육은 너무너무 좋았어요. 강의를 마친 강사들이 하나같이 실무자한테 휠체어 탄 눈 큰 여성이 누구냐고 물었대요. 내가 눈을 너무 반짝이면서 들어서 굉장히 눈에 띄었대요. 대체 어떻기에 그러나 궁금해서 실무자들이 일부러 들어와 나를 볼 정도였다고 나중에 들었어요. 여성주의에 대한 교육이었는데 그때 배운 것이 이후 운동하는 데 기반이 되었던 것 같아요. 오랜 세월 여성은 어때야 한다는 억압적 관습이나 규정이 있었고 아무도 거기에 문제를 제기하지 않았다는 것을 알았어요. 폭력의 배경에 대해 알았다고나 할까, 나에게 향하던 이름 붙일 수 없었던 시선들이 어디에 기반하는지 알게 되었어요.

어렸을 때 동네 할머니가 "인물이 아깝다. 처녀귀신은 면해야 할 텐데" 하는 말씀을 여러 번 하셨어요. 여자라면 꼭 결혼을 해야만 하고 아내로서의 의무가 있고 아이를 낳아야 하는데 내 몸은 장애가 있으니 그걸 못할 거라는 뜻이었죠. 장애여성들은 무성적 존재로 여겨지면서도 동시에 여성이라는 이유로 더 무시당하고 차별받아요. 사람들이 나를 '박영희'로 보는 게 아니라 여성 그리고 장애인으로만 인식하고 반말하고 무시해왔다는 걸 알게 된 거죠. 사람들이 나에게 함부로 내뱉었던 말들을 떠올리며 '아, 그 말이 그런 뜻이었구나', 세미나 할 때 여성주의자들이 했던 말들이 하나의 맥락으로 꿰어지면서 '아, 그런 뜻이었구나' 뒤늦게 고개를 끄덕였어요.

억압된 천사에서 자유로운 마녀로

어느 날 성당에서 알고 지내던 분이 갑자기 2000만 원이 생겼다면서 후원을 하겠다고 했어요. 사람들이 편하게 드나들 공간이 있으면 좋겠다고 늘 꿈처럼 말해왔던 터라 그 돈을 받아 사무실을 내면 어떻겠냐고 동료들한테 말했어요. 의견이 분분했어요. 사무실을 내면 상근자가 있어야 하고 상근자를 두면 월급을 줘야 하고 그러다 보면 돈을 받을 수 있는 사업을 계속 만들어야 하는데 그러다 사업에 매몰되면 순수하게 운동에만 집중하지 못하게 된다는 거였어요. 제도에 묶이지 않고 연구만 하자는 사람도 있었고 조직의 방향도 뚜렷하지 않은데 사무실부터 얻는 게 맞느냐고 우려하는 목소리도 있었어요.

연구하고 담론을 만드는 일에 더 집중하자는 말에 왠지 모를 답답함을 느꼈어요. '사람을 만나지 않으면서 어떻게 연구를 하지? 담론이라는 게 대체 뭐지?' 저는 사람들과 이야기하면서 다른 사람이 그 문제에 대해 어떻게 바라보고 느끼는지 터득하는 스타일이었어요. 운동을 하려면 어쨌든 사람을 만나야 된다고 생각했어요. 사람들이 모이는 곳이 현장이고 담론도 거기서 나오는 거라고, 정책 같은 건 전문가들이 아름답게 포장할 수 있을지 몰라도 구체적인 내용은 우리가 만들어야 한다고 생각했어요.

결국 해보자는 쪽으로 의견이 모아졌어요. 월세를 두 달 이상 못 내면 무조건 접는다는 각서를 쓰면서 비장하게 결의했죠. 2000년에 장애여성공감 사무실을 열고 제가 첫 상근자가 되었어요. 동료들이 10만 원씩 내서 내 활동비도 하고 잡지도 만들고 한 달에 한 번 모임도 했어요. 출근해서 혼자 덩그러니 있다가 전화 오면 받고 업무 일지 쓰는 생활을 한동안 했어요. 변변한 가구도 없어서 텅 빈 사무실에 울려 퍼지는 내 목소리만 들으면서 지냈죠. 그러다 대체 이렇게 출근만 하면 안 되지 않나, 겨우 한 달에 한 번 모임 하자고 단체를 만들었나 하는 생각이 들었어요. 동료들도 답답했던지 두 사람이 직장을 그만두고 합류했어요. 제대로 시작해볼까? 안 되면 할 수 없고! 천군만마가 따로 없었죠. 그때부터 여기저기 공모사업에 신청서를 냈는데 내는 족족 선정됐어요(웃음).

서울시에서 장애여성 성폭력상담소 사업 공고가 나와서 신청했을 때였어요. 알고 보니 서울시가 어떤 산부인과에 그 사업을 주기로 이미 이야기를 하고 있었는데 갑자기 우리가 나타나서 당황했더라고요. 장애여성이 겪는 성폭력 문제를 오로지 의료적 관점으로만 보고 그 사업을 병원에 주려는 게 너무 답답했어요. 최종 심사는 현장 방문이었는데 오전엔 산부인과, 오후엔 우리를 방문하는 일정이었어요. 장애여성의 눈으로 직접 그 산부인과를 봐야겠다면서 그 산부인과에 찾아갔어요. 담판을 짓겠다는 마음이었죠. 혹시라도 늦을까봐 지하철 셔터 열리기를 기다려 출발했어요.

지하철을 세 번 갈아타고 영등포의 병원 문 앞에 도착했더니 웬 남자가 서 있었어요. 병원이 3층이어서 나를 업고 올라가려고 기다리고 있었대요. 어이가 없어서 공무원들을 다 불러 모았어요. 내가 성폭력을 당한 장애여성이라면 몸에 남자의 손이 닿는 것도 참을 수가 없는데 3층까지 안겨서 올라가라는 것이 말이 되냐고 눈에 힘을 주고 말했어요. 그러고선 나를 전동휠체어에 탄 채로 들고 올리라고 했죠. 간호사들이 나를 옮기느라 신고 있던 하이힐을 벗고 낑낑댔고 지나가는 시민들도 붙잡고 도움을 청해야 했어요. 당황해서 어쩔 줄 모르고 있는 공무원들한테 지금 이 모습 다 사진 찍으라고 내가 성질을 냈죠(웃음).

올라갔더니 진찰실 의자에도 안아서 올려야 하고 상담실도 좁았어요. 심지어 화장실은 다시 1층으로 내려가야 했어요. 의사에게 내가 물었어요. "성폭력을 당해서 질에 상처가 생기면 소변이 자주 마려울 수 있는데 화장실이 이러면 어떻게 해요?" 의사 선생님이 아무 말씀도 못하셨어요. 3층까지 들린 채로 오르내리느라 새로 산 전동휠체어가 다 부서지고 깨졌어요. 상담하러 왔다가 이 지경이 되어야 하느냐고 물으니까 공무원도 할 말이 없었죠. 오후에 우리 사무실로 왔을 땐 다들 지쳐 있었어요(웃음). 여기선 엘리베이터 타고 와서 화장실도 편하게 갈 수 있고 물도 편하게 마실 수 있었어요. 물 한잔 편히 못 마시는 상담소가 비싼 의료 기구로 가득 찬들 무슨 소용인가요.

그렇게 공감은 성폭력 상담소를 운영하게 됐어요. 그 시절이 참 좋았어요. 우리는 글쓰기, 연극, 세미나 같은 활동들을 하면서 장애여성들이 목소리를 내고 자기의 언어를 만들어갈 수 있는 문화운동을 펼쳤어요. 장애여성들이 한자리에 모여서 캠프를 하고 "억압된 천사에서 자유로운 마녀로"라고 적힌 플래카드를 펼쳐 들고 단체사진을 찍었을 때 우리가 정말로 이런 걸 하는구나 싶어 감격스러웠죠. 그런 날이 올 줄 몰랐거든요. 돈 버는 일 그만하고 활동에 전념하겠다고 말했을 때, 사무실을 내면 어떻겠냐고 물었을 때, 동료들이 항상 물었어요. "언니, 할 수 있어? 정말 할 거야?" 그 말에 대답하기가 참 힘들었어요. 자신이 없었거든요. "난 못해. 내가 어떻게 해. 할 수 있는 사람이 생기겠지. 복주가 준비되고 똑똑한 사람들이 만들어지면 난 그만둘 거야." 항상 그렇게 말했던 것 같아요.

사랑의고리에서 거부당하고 이 길이 아니면 나한테 무슨 길이 있을까 생각하며 지낼 때 빗장을 만났고 내가 할 수 있는 일이니까 열심히 전화 거는 일을 했고 그렇게 회원들을 만나다 보니 어느덧 그 중심에 내가 있게 됐어요. "언니 할 수 있어? 정말 할 거야?"라는 질문에 대해 "혼자서는 못해, 하지만 함께하면 할 수 있지 않을까?"라고 답하기까지 오랜 시간이 걸렸어요. 사랑의고리에서 거부당했던 상처가 나를 그렇게 움직이게 했던 것 같아요. 나도 무언가 이루는 사람이고 싶었어요.

여성운동과 이동권 투쟁 사이에서

2001년에 장애인 이동권 투쟁이 시작되었어요. 사람들이 우르르 차도로 나가기에 그 대열에 끼었다가 경찰들과 몸싸움을 벌이는 과정에서 휠체어가 뒤로 발라당 넘어져버렸어요. 주로 세미나 하고 글 쓰는 운동을 해왔던 제게 투쟁은 무척 강렬한 경험이었어요. 사람들이 네 몸 하나도 제대로 수습할 수 없으면서 거길 왜 가느냐고 걱정했지만 이동권이 정말 필요한 사람이 난데 내가 안 나가면 누가 하나 싶었어요. 얼마 후 장애인이동권연대로부터 공동대표를 제안받았어요. 그 직전에 장애여성공감 내부에 갈등이 있었어요. 저로서는 운동을 그만둬야겠다고 생각했을 만큼 힘들고 괴로웠어요. 공감 문 닫는 거 아니냐면서 회원들이 걱정할 정도였죠. 공동대표를 제안받은 시기는 그 사태를 수습하고 다시 마음을 다잡고 있을 때였어요. 이동권연대 대표를 수락했던 건 공감 회원들에게 힘을 주고 공감이 건재하다는 걸 보여줘야 한다는 조직의 대표로서 절박함 같은 게 있어서였던 것 같아요. 복주가 "언니, 거기 가면 막 몸싸움할 수도 있어. 그래도 할 거야?" 하고 물었어요. 나는 대답했어요. "응, 할 거야."

처음엔 이동권연대 분위기가 편치 않았어요. 회의하러 가려면 지하철 동대문역사문화공원역에서 갈아타야 했는데 그 역에 악명 높은 리프트 구간이 있어요. 전동휠체어를 탄 채로 리프트 위에 오르면 리프트가 덜덜거리기도 하고 고장이 나서 갑자기 공중에서 멈춰서기도 했어요. 떨어지면 죽을 수도 있으니까 전날 밤부터 너무 괴로웠어요. 마음속으로 '가야 돼, 가야 돼, 해야 돼, 해야 돼' 수도 없이 되뇌었어요. 나는 그 두려움을 견디면서도 정시에 도착하려고 가까스로 노력하는데 가보니까 많은 장애 남성들이 대수롭지 않게 지각을 하더라고요. 자가용을 타고 다니는 사람들이었어요. 쉬는 시간엔 자기들끼리 담배를 피우러 나가더니 들어올 땐 뭔가가 결정되어 있었어요. 버스 점거 같은 걸 할 때 경찰들이 연행을 하네 마네 치열하고 어수선한 분위기인데 누가 이 상황에 대해 설명해주지도 않았어요. 박경석 대표나 남성 비장애인 활동가들이 "지금부터 싸워야 합니다!" 하면 아무 의문

없이 싸워야 하나보다 해야 했어요. 공동대표라고 세워놓고서 모든 정보는 박경석 대표에게 집중되어 있었어요. 슬금슬금 화가 나기 시작하더라고요.

장애여성공감에선 누군가 문제제기를 하면 이미 결정된 것도 엎고 다시 논의한다는 원칙이 있었어요. 이동권연대에서 이런 일이 있었다고 하면 공감 동료들이 언니가 힘들게 갔는데 왜 남자들끼리 결정하냐, 어디서 난 결정이냐, 하면서 따지는 분위기였어요. 내가 느낀 불쾌함이 이상한 게 아니라는 걸 깨닫고는 다음번 이동권연대 회의에 가서 질문했어요. "그 말은 무슨 뜻이에요? 왜 그렇게 해요? 꼭 그렇게 해야 해요?" 그랬더니 황당하다는 표정으로 바빠 죽겠는데 뭐 그런 걸 따지냐는 분위기였어요. "그 안건 분명히 지난번에 결정 못하고 넘어갔는데 왜 이번 회의에선 이미 결정되어 있죠? 누가 결정했나요?" 이런 걸 따지니까 사람들이 싫어하는 게 눈에 보였어요. "아휴, 박김영희 대표님 무서워서 아무 말도 못하겠네" 했어요. 눈치 보는 척하면서 사실은 눈치를 주는 거죠.

저는 회의를 질질 끄는 사람이 되어 있었어요. 하지만 정말로 회의를 지연시키는 건 지각하는 남성들이었어요. 한번은 지하철 막차를 타기 위해 회의 도중에 나오면서, 회의가 늦어진 것은 지각한 사람들의 책임이고 내가 떠난 이후 회의에서 결정될 것들에 대해 나는 동의한 바가 없다고 말하고 나와버렸어요. 당시엔 장애인콜택시가 도입되기 전이어서 나는 막차를 놓치면 집에 갈 방법이 없는데 자가용 있는 사람들은 회의가 늘어지든 말든 느긋

했어요. 저의 이동은 항상 아슬아슬하고 위태로웠어요. 동대문역
사문화공원역의 리프트는 수시로 고장 났어요. 리프트가 중간에
멈춰 꼼짝도 안 하는 상태에서 승강장으로 막차가 들어오면 한
쪽에선 역무원들이 나를 업고 내려가고 한쪽에선 열차를 못 가게
잡고 있기도 했어요(웃음).

　여성운동 문화와 이동권 투쟁의 문화는 그렇게 충돌했어요.
하지만 누울 자리 보고 발 뻗는다고 내게 페미니스트 조직의 대
표라는 일정 정도의 권력이 있었고 또 내 말을 들어주려는 사람
들이 있다는 걸 알았기 때문에 그렇게 할 수 있었던 것 같아요. 차
츰 사람들의 태도가 달라졌고 저 역시 이동권연대 안에서 자리를
잡아갔어요. 아이러니하게도 그때부턴 장애여성공감 내부에서
문제제기를 받았어요. 이동권 투쟁의 방식은 남성 중심적이어서
힘없는 여성과 소수자의 목소리를 빼앗는데 공감의 대표가 왜 그
운동에 앞장서고 있느냐는 거였어요. 이동권연대가 커지면서 대
표로서 마이크 잡는 일이 많아지니까 내가 힘이나 권력을 지향하
는 것처럼 보인다고도 했어요. 그런 말 들으면 솔직히 기분이 상
하죠. 저로선 참 힘들었어요. 두 운동 사이에 샌드위치처럼 끼어
서 균형을 잡아나가기 위해 애를 써야 했어요.

그렇게 대표가 된다

2002년 5호선 발산역에서 리프트를 타던 장애인이 떨어져 사망

하는 사건이 발생했어요. 이동권연대는 서울시에 사과를 요구하면서 국가인권위원회를 점거했죠. 우리가 위원장실을 점거하니까 최영애 인권위 사무총장이 장애인들이 여기를 왜 왔느냐고 했어요. 그분은 내가 성폭력상담원 교육받을 당시 한국성폭력상담소 소장이었어요. 그동안 우리가 아무리 외쳐도 아무도 안 들어줬다고, 더 이상 갈 데가 없어서 여기에 왔다고, 여기가 끝이라고 생각하고 왔다고 말했어요. 최영애씨가 아무 말도 하지 않고 나갔어요. 기자회견을 한 후 박경석 대표는 단식에 들어갔어요. 다음 날 몸살이 나서 이틀을 앓은 뒤 인권위로 갔어요. 이틀을 굶은 박경석 대표가 혼자 기운 없이 앉아 있는데 얼굴이 너무 창백했어요. 실무를 책임지는 활동가는 보이지 않았어요. 당시 이동권연대는 집행 체계가 제대로 갖춰져 있지 않았어요. 모든 걸 주도하던 대표가 단식에 들어가서 꼭 죽을 것처럼 앉아 있는데 공동대표인 나는 뭘 해야 할지 몰라서 막막했죠. 점거농성도 단식농성도 모두 처음이었고 어떻게 하는 건지 아무도 가르쳐준 적이 없었어요.

그날 시청 앞에서 기자회견을 했는데 민주화실천가족운동협의회 어머니들이 오셨어요. 한 어머님이 마이크를 잡고 시청에 쳐들어가자고 먼저 나서면서 나보고 따라오라고 했어요. 시청으로 들어간 어머님들이 장애인들 다 굶어 죽는데 시장 안 나오고 뭐하냐면서 고래고래 소리를 지르셨어요. 할머니처럼 머리가 하얀 어머님들이 그러니까 막 눈물이 나는 거예요. 너무 막막하고 뭘 어떻게 해야 할지 몰랐죠. 발언을 하려고 마이크를 잡았는데 눈물이 나서 한참 말을 못하고 가만히 있었어요. 너무 슬펐어요 (눈시울 붉어짐). 사람들이 나보고 "우린 뭘 해야 돼요?" 하고 묻는데 나도 몰랐어요. 지금이야 이렇게 말하지만 그땐 마이크를 잡았는데도 할 말을 몰라서 한참을 가만히 있었어요. 법을 만든다고 하긴 하는데 너무 막연하고, 1000만 명 서명을 받는다고 지하철역에 가서 열심히 서명을 받는데도 도대체 막막하고, 가는 곳마다 공무원들은 장애인 이동권은 한국 현실엔 안 맞는다면서 선심 쓰듯 셔틀버스나 몇 대 줄 테니 그만하라고 하고, 그 와중에 사람들은 시위하다 계속 연행되고…… 그렇게 열심히 했는데 결국 법을 만들려면 단식까지 해야 하는 거구나. 그런데 단식농성이란 것도 처음이니 어찌나 막막하던지……

끝나고 민가협 어머니들이 날 따로 불러서 말씀하셨어요. "이런 거 할 때는 무조건 대통령 만나자, 서울시장 나와라 해야 돼, 그래야지 그 밑엣놈이라도 나와. 과장, 부장 요런 것들 만나봤자 아무짝에도 소용없어. 싸울 땐 무조건 대가리를 보자고 하면서 머리를 처박아야 돼. 무식한 놈한텐 아무도 못 당해." 그러면서 대표가 정신을 단단히 차려야 한다고 말씀하고 가셨어요. 그 말 듣고 힘을 내서 사무국장한테 박경석 대표가 저러고 있는데 우리 뭐라도 해야 하지 않느냐고, 할 수 있는 게 뭔지 빨리 찾아보자고 했어요. 뭐든 해보자고, 맨 앞에 나서야 하는 게 있으면 내가 하겠다고 했어요. 그러고 나서 얼마 뒤 1호선 시청역 선로를 대대적으로 점거했어요. 결국 서울시가 사과했고 박경석 대표는 39일 만에 단식을 풀었죠.

장애여성공감에선 박경석 대표는 언론사에서 뽑은 올해의 인물이 되고 모든 스포트라이트를 받는데 나는 여성이라 그 뒤치다꺼리를 하는 것 아니냐고 했어요. 그런데 그건 여성이라서가 아니라 대표들 각자의 역할이었다고 생각해요. 박경석 대표가 주목받으려고 그런 게 아니라 이 운동을 성공시키기 위해 어쩔 수 없이 맡았던 역할이 있었어요. 공무원들과 면담할 때 박경석 대표가 협상을 한다면 저는 원칙적으로 화를 내는 역할을 맡았어요. 또 다른 공동대표였던 최용기 대표는 활동지원서비스를 받는 사람이라 아침 일찍 움직일 수가 없으니 새벽에 차 타고 나가야하는 건 내가 맡았어요. 두 대표는 욕창이 있어서 외박을 못하니까 열흘 넘는 전국 순회 일정은 모두 제가 했어요.

우린 그렇게 다른 역할을 수행했죠. 물론 힘이나 속도를 추구하는 남성 중심적 장애인운동에서 분명 목소리를 내기 어려운 사람들이 있어요. 잘 들리지 않는 목소리에 귀 기울이고 우리의 언어와 문화를 만들어가는 건 너무 중요한 일이에요. 공감은 힘으로 싸우는 게 아니라 관계와 문화를 바꿔나가는 운동을 지향했어요. 하지만 이 몸이 이동할 수 없다면 아무리 좋은 문화를 가졌다 해도 확장되기 어려운 것도 사실이죠. 제도의 변화를 포기할 수 없는 이유예요. 남성 중심적 운동에서 모든 걸 다 실현해낼 순 없지만 그 안에서 다양한 목소리를 보태 균열을 내고 좀 더 평등한 관계를 실현하기 위해 노력하는 것도 중요한 일일 거예요. 내가 여성이기 때문에 더 잘 보는 것이 분명히 있고요.

용산에서 도로 점거 시위를 하다가 전원 연행된 적이 있어요. 상황을 수습하기 위해 대열 바깥에서 지켜보고 있었는데 경찰이 장애인만 연행하고 휠체어는 길거리에 그냥 놔두고 갔어요. 휠체어도 싣고 가야 하고 연행자들이 여러 경찰서로 분산될 때 휠체어가 그 주인에게 정확히 전달되어야 한다고 경찰에게 말했는데 아무도 내 말을 안 들었어요. 나중에야 트럭이 와서 싣고 가는데 휠체어 주인의 이름을 일일이 일러주면서 이름을 써 붙여 가라고 말했는데도 들은 척도 안하고 가버렸어요. 혼자 벽보고 외치는 것 같았죠.

　술도 못 마시는데 너무 열받아서 그날 소주 한 병 마셨잖아요. 그런 날은 밤에 잠이 안 와요. 연행된 사람들이 화장실에 가야 할 때 경찰들이 제대로 지원해주려나? 혹시 모욕적인 일을 당하지 않으려나? 경찰들은 거의 남성이니까 남성들이라면 크게 걱정하지 않을 만한 일도 여성은 그럴 수가 없어요. 그런 것까지 다 생각하면 대체 뭘 할 수 있냐고 하면 할 말이 없어요. 왜냐하면 그 말도 맞으니까요. 그러니까 그 위험을 감수하면서까지 하는 거죠. 장애인들이 도로 위를 기어가거나 자신의 몸을 던지는 데엔 분명 모욕적이고 수치스러운 면이 있어요. 여성운동 하는 사람들이 물어요. 운동을 왜 그렇게 하냐고. 그럼 저는 대답해요. 그것밖에 할 수 없어서 그렇게 한다고.

　가진 게 없는 사람들이 생존을 위한 최후의 보루로 쓸 수 있는 건 자기의 몸이니까요. 경찰에게 사지가 들려지고 내동댕이쳐지는 게 굉장히 자존심 상하지만 그게 우리가 쓸 수 있는 마지막 수단이에요. 청소년들이나 여성들이 가진 것 없이 집을 나왔을 때 마지막엔 자기 몸을 수단화할 수밖에 없는 것과 마찬가지로 그게 우리의 투쟁이에요. 백 번 천 번 말해도 듣질 않는데 도로를 막고 버스라도 점거하니까 듣잖아요. 좀 우아한 방식으로 하면 안 되냐고 하지만 버스를 못 탄다는 말을, 지하철을 못 탄다는 말을 어떻게 해야 우아할까요. 토론을 하려고 해도 주거니 받거니가 되어야 하는데 우린 줄 게 없어요. 가진 게 없으면 협상의 대상으로 쳐주지도 않고요.

공감 활동가들이 나한테 장애여성단체 대표가 그러면 안 된다고 얘기할 때마다 물었어요. "장애여성 리더는 어떤 모습이어야 해?" 저는 한 번도 본 적이 없어요. 내가 상상하는 리더는 사람들을 품고 나아갈 방향을 제시하고 통찰력도 있어야 할 것 같은데 나보고 그런 사람이 되라고 하면 나는 못해요. 경험도 없고 능력도 없어요. 그렇지만 앞장서서 열심히 하라면 그건 할 수 있어요. 저는 계속 질문했어요. "장애여성 리더는 남성들과는 달라야 한다는데 구체적으로 어떻게 달라야 해? 나는 잘 모르겠는데 이게 맞아?" 그러면 잘 모른다는 소리도 하지 말래요. 대표가 자꾸 모른다고 하면 사람들은 불안감을 느낀대요. 또 여성 스스로 자신을 낮추는 거 같아 보기 싫다고도 해요. 나는 모르는 걸 모른다고 말도 못하나?(웃음) 모르는 건 모르겠어요.

운동 역시 결국 경험을 많이 한 사람을 중심으로 돌아가고 그러면 경험을 쌓을 기회가 없는 사람들이 할 수 있는 일이 제한적일 수밖에 없어요. 그것을 인정하고 천천히 함께 가야 하는데 이게 말이 쉽지 굉장히 어려운 일이에요. 사랑의고리·장애여성공감·장애인이동권연대의 시간을 돌아보면 나는 아무런 인적·물적 자원이 없는 상태였는데도 내가 목소리를 낼 때마다 '너 참 잘한다' '네 얘기가 맞아' '네 목소리를 우리가 들으려 하고 있어' 하면서 지지해주는 사람들을 만났어요. 그래서 자신을 갖고 내 목소리를 낼 수 있게 되었고 경험을 쌓을 수 있었던 거 같아요.

정치라는 소용돌이

2007년 즈음 민주노동당에서 비례대표 1번을 장애여성으로 할당한다는 이야기가 들려왔어요. 민주노동당은 지지율이 높았기 때문에 그 당의 비례 1번이 된다는 건 국회의원이 된다는 뜻이었어요. 박경석 대표가 어느 날 "대표님, 정치 한번 해보시죠?" 했을 때 당연히 장난인 줄 알고 "시켜줘봐요. 내가 잘하지!" 그랬어요. 그런데 그게 장난이 아니었던 거예요. 얼마 안 있어서 민주노동당 장애인위원회에서 제안을 받았어요. 박경석 대표는 앞으로 거대한 장애인시설 권력과 싸우려면 우리에게도 국회의원이 있어야 한다고 말했어요. "말도 안 돼요! 제가 무슨 국회의원이에요?" 하니까 "왜 안 돼요? 장향숙 의원도 하잖아요" 했어요. 장향숙씨는 여성장애인연대 대표를 지냈던 분인데 열린우리당 비례대표로 국회의원을 하고 있었어요. "나 말고 다른 사람이 하면 되잖아요" 하니까 "누가 있습니까?" 그래요. 이 사람 저 사람한테 다 얘기해봤는데 아무도 안 하겠다고 그랬대요.

우리에겐 국회의원이 필요하고 지금 바로 그 기회가 왔고 우리 중엔 그 역할을 할 사람이 너밖에 없다…… 뭐 그런 상황이었죠. 점점 내가 결의해야 하는 상황이 되었어요. 가장 압박이 되었던 건 할 사람이 없다는 말이었어요. 이것이 또 나에게 주어진 역할인가? 장애여성공감 대표가 된 것도 하고 싶어서라기보단 내게 주어진 역할이라고 생각하고 받아들였던 거였어요. 하지만 그래도 정치인데 이렇게 모르고 시작해도 될까? 그곳에서 내가 무슨 얘기를 할 수 있을까? 고민하고 또 고민했는데도 답을 내릴 수가 없었어요. 정치에 대해 아는 게 전혀 없었으니까요. 우리 중에 경험자도 없었으니까 물어볼 곳도 없었어요. 결국 하기로 했죠. 박경석 대표는 뭔가를 제안할 때 꼭 농담처럼 말하는 스타일이에요. 나는 정치할 만한 재목이 아니라고 하니까 걱정 말라면서 "어디 혼자 합니까?" 하셨어요. 그런데 가보니까 혼자더라고요.

정당에 가입하면서 장애여성공감 대표도, 장애인이동권연대 공동대표도 그만뒀어요. 두 단체 모두 대중운동 조직이었고 여러 정당과 연결되어 있었기 때문에 특정 정당의 후보를 공식적으로 지지할 수 없었어요. 민주노동당 비례 1번으로 가게 되니까 친하게 지냈던 사회당 사람들이 사회당이 이동권 투쟁을 더 열심히 했는데 왜 민주노동당 비례로 가느냐고 상처받고 서운해하셨어요. 미안해서 할 말이 없었어요. 그렇게 들어간 민주노동당엔 아는 사람이 없었어요. 그야말로 '독고다이'가 되었죠. 정당에 들어가보니 내부에서 활동해온 사람이 있는데 왜 바깥에서 사람을 데려왔는지, 왜 장애남성이 아니라 꼭 장애여성이어야 하는지,

이미 말들이 많았더라고요. 지지받기보단 차가운 시선을 더 많이 받았어요. 그런 분위기 속에서 이름을 알리고 기여도를 높이기 위해 성평등위원회·여성위원회에 부지런히 얼굴 내밀고 인사하고 강연을 다녔어요.

그런데 얼마 안 가서 당이 깨지는 상황이 되었어요. 당 안에 여러 분파가 있더라고요. 전당대회를 갔는데 패싸움이 날 수도 있으니 최대한 입구 쪽에 있으라고 했어요. 대회를 하는데 사람들이 정말로 막 욕하고 소리를 질렀어요. 깜짝 놀랐죠. 장애인운동 할 땐 그러면 큰일 나는 줄 알았는데 정당이라는 건 이런 거구나 싶었어요. 저에게 정치를 제안했던 건 심상정씨·노회찬씨 측이었는데 그분들은 탈당한다고 발표했어요. 당원들이 울고불고 난리였어요. 탈당하면서 나한테 당에 남을 것인지 자기들을 따라 나갈 것인지 물었어요. 당이 쪼개지고 민주노동당에 계속 남더라도 비례 1번으로 나를 추천하기로 했던 기존 입장이 번복되진 않을 거라고 했어요. 하지만 공식화된 게 아니었고 상황이 무척 혼란스러워서 백 퍼센트 장담할 순 없다고 했어요. 함께 탈당하자고도 하지 않으셨어요. 그들의 미래도 불투명하긴 마찬가지였거든요. 새로 정당이 만들어질지 아닐지도 모르고 만들어지더라도 국회의원이 얼마나 나올지 모르는 상황이었어요.

내가 아는 사람들은 모두 탈당한다고 했어요. 이번에도 사람들은 나더러 알아서 판단하라고 했어요. 너무 당혹스러웠어요. 기왕 국회의원이 되려고 나선 거면 민주노동당에 남아 있는 게 맞다는 사람도 있었고 장애인운동을 지지해주던 사람들을 따라 탈당하는 게 맞다는 사람도 있었어요. 고민 끝에 결국 탈당해서 새로운 정당으로 가기로 했어요. 어떻게 판단해야 할지 전혀 모르는 상황에서 오직 옆에 있는 사람들을 믿고 가는 수밖에 없었어요. 지금 생각해보면 그런 중요한 판단은 장애인운동 동료들이 함께해줬어야 했던 것 같아요. 나의 정치 활동이 우리 운동의 필요에 의해서였다면 동지들이 함께 고민해서 이쪽으로 가라고 판단해줬어야 하는 게 아닐까. 그런데 그렇게 방향을 제시해주는 사람이 아무도 없었어요.

탈당한 사람들은 진보신당을 창당했고 저는 공동대표가 되었어요. 그리고 2008년 총선에서 비례대표 1번으로 전국을 다니며 선거운동을 했죠. 장애인운동 동지들이 리프트 달린 봉고차를 한 대 연결해주셨고 장애여성공감에서 일하시던 분이 운전과 활동지원을 맡아주셨어요. 비례대표는 지역구 후보들이 선거 유세할 때 옆에서 발언도 하고 같이 손도 흔들어줘야 해요. 저로선 진짜 적응이 안 되는 상황이었죠. 반겨주는 사람도 없는데 그렇다고 안 갈 수도 없고 유세 차량 위에 올라갈 수 없으니 덩그러니 아래에 있었어요. 재래시장을 다니면서 명함을 나눠주는데 명함을 주려고 해도 손이 닿아야 줄 수 있는 거더라고요. 장애인은 유세하는 것도 어려워요. 정말 애를 쓰며 선거운동을 했는데 정당 득표율이 조금 모자랐어요. 3퍼센트가 되어야 비례대표 1번이 국회의원이 되는데 0.6퍼센트가 부족했죠. 그 선거에서 민주노동당 비례대표 1번으로 출마했던 장애여성 곽정숙씨는 국회의원이 되었어요.

비장애인들이 사는 세상

다음 선거를 바라보며 계속 정치 활동을 해나갔어요. 한번은 진보신당 대표단이 5·18 묘역에 참배하러 간 적이 있어요. 열 시 행사였는데 저는 여덟 시쯤 먼저 도착해 있었어요. 대표단은 보통 같은 차로 이동하는데 저는 그 차를 탈 수 없으니 따로 가야 했죠. 늦지 않으려고 늘 긴장했어요. 미리 도착해서 휠체어가 접근할 수 있는지 확인해야 했거든요. 5·18 구묘역은 휠체어 접근이 어려워서 결국 저만 덩그러니 남고 다른 대표들끼리 갔어요. 행사나 모임 장소에 휠체어가 접근할 수 있는지 직접 전화를 걸어서 확인해야 했어요. 세상이 이렇다는 걸 뼈저리게 깨닫는 순간들이 많았죠. 전엔 나를 필요로 하고 내가 갈 수 있는 곳만 갔었다면 이젠 내가 필요 없는 곳, 내가 갈 수 없는 곳에도 어떻게든 가서 내 자리를 찾아야 했어요.

스트레스를 많이 받아서 매일 설사를 했어요. 가장 힘들었던 건 정치적인 판단에 따라 발언해야 하는 상황이었어요. 대표단 회의나 상근자 회의에서 의견을 내야 할 때 경험이 적고 잘 모르니까 무슨 말을 해야 하는지 항상 자신이 없었어요. 노동자들이 농성하는 곳으로 발언하러 갈 때면 비서한테 묻기도 하고 자료를 받아서 열심히 읽기도 했어요. 하지만 제가 전혀 경험하지 못한 세상이잖아요. 지금이라면 젠더 관점으로 발언할 수도 있겠지만 그때만 하더라도 모든 게 노동자 중심일 때였어요. 그들에게 나는 그냥 장애인일 뿐이잖아요(웃음). 도착하면 처음엔 '어머, 장애인이 여기 웬일이야' 하는 얼굴로 쳐다봐요. 진보신당 부대표라고 인사하고 발언하면 그때부터 보는 눈이 좀 달라져요. 서울에서 대표단 왔다고 지역 당원들이 마련해둔 식당이나 숙소에 가보면 다 계단이에요. 당원들도 당황스럽고 나도 당황스럽죠. 부대표니까 너그러운 모습을 보이려고 하지만 장애인운동 하는 사람으로서는 괴롭죠. 존재감에 대한 고민을 많이 했어요. 진보 정치를 지향한다는 사람들의 세계 속에도 장애인은 없어요. 하지만 사람들로 하여금 그런 사실을 깨닫게 해주는 게 내 역할이니까 한편으론 내 존재가 무겁고 중요했던 곳이기도 했던 것 같아요.

비장애인들의 세계를 많이 경험했어요. 용산참사, 미국산 쇠고기 수입 반대 촛불시위, 대학교 청소 노동자들 농성하는 곳…… 많이 쫓아다녔어요. 한겨울에 울산 미포조선소에 갔던 적이 있어요. 노동자가 크레인에 올라가서 농성하고 있었는데 그때 노동 현장의 무서움을 알았어요. 용역들이 쳐들어와서 사람들을 마구 때리고 자동차를 불태우고 피투성이가 된 사람들이 실려 가는데, 세상에, 너무 무서웠어요. 평택 쌍용자동차 노조를 경찰특공대가 테러 진압하듯이 지붕 위에서 때려잡았을 때도 거기에 있었어요. 용역들이 쳐들어온다고 나를 먼저 피신시키는데, 아아, 우리 장애인들이 투쟁하는 것과는 차원이 다르게 진짜 무섭더라고요.

재미있는 것도 많이 봤어요. 노동자대회나 전당대회 같은 큰 행사에서 각 당의 정치인들은 카메라에 조금이라도 더 나와야 하니까 어떻게든 앞자리를 차지하려고 서로 밀치고 몸싸움을 해요.

비서들이 새벽같이 와서 자리를 사수하다가 대표가 오면 비켜주는데 그걸 못하면 문책을 당해요. 권력이라는 게 참 재미있는 거구나 생각하면서 두 번째 자리쯤에서 그 모습을 지켜봐요. 조직의 대표가 된다는 건 어딜 가나 맨 앞에 서고 대접을 받는다는 뜻인데 거기 익숙해지면 벗어나기가 참 힘들겠단 생각도 했어요. 저도 대접을 잘 받았는데 부대표라서 대우해준 것인지 '장애인 우선'이라 그랬던 건지 확실치 않지만요(웃음).

한번은 당직자 한 분이 아파서 입원했어요. 음료수를 사서 찾아갔더니 전혀 예상치 못했다는 듯이 너무 고마워했어요. 대표라서 권위를 가져야 한다는 생각은 전혀 없었고 상근자들과 격의 없이 지냈어요. 대표들과 상근자들이 회의를 하는 날이었는데, "안녕하세요!" 하면서 크게 인사하면서 들어갔어요. 그런데 내가 인사할 땐 편안하게 인사를 받던 사람들이 다른 대표들이 등장하니까 쩔쩔매는 거예요. '뭐지? 날 무시하나?' 어떤 분한테 그 얘기를 했더니 내가 사람들과 친해지려고 되게 애쓰는 것처럼 보인다는 거예요. 똑같은 행동도 권력 있는 사람에겐 겸손함이지만 권력 없는 장애인에겐 비굴함으로 보인다는 거, 겸손도 권력에서 나온다는 걸 그때 알았어요. 평등한 문화를 만드는 게 내 역할이라고 생각했는데 평등조차 권력을 가져야 만들 수 있는 거라는 생각이 들었어요.

박김영희가 쇼윈도를 통해 휠체어 탄 자신의 모습을 보고 있다.
그 뒤로는 걸어가고 있는 사람들, 나무와 빌딩이 보인다.

다시 활동가의 길로

2011년 심상정씨·노회찬씨가 진보신당에서 다시 탈당했어요. 진보신당 탈당파와 민주노동당·국민참여당이 통합해서 통합진보당을 만들었어요. 저도 탈당해 통합진보당으로 갔죠. 2012년에 다시 총선이 다가왔는데 통합진보당에선 장애인 비례대표 할당이 7번이었어요. 당시 정당 지지율로 봤을 때 당선될 수도 있고 안 될 수도 있는 아슬아슬한 번호였어요. 그런데 그마저도 당내 경선에서 이겨야 받을 수 있었죠. 나로서는 어떻게든 그 번호를 받아야 했어요. 경선에는 장애여성 후보가 저 말고 한 분 더 나왔어요. 투표가 끝나고 뚜껑을 열었더니 그 후보가 700표, 제가 400표 정도였어요. 큰 차이였죠. 활동 이력은 제가 더 많았는데 특정 정파가 그 후보를 밀어준 거예요. 이건 아니다 싶었어요. 그때 정나미가 뚝 떨어지더라고요.

더 이상 애정을 가지면 내가 너무 지칠 것 같아서 정리할 때가 왔다고 생각했어요. 정당이 깨졌다가 각자 갈 길 가다가 또 깨지고 다시 합쳐지는 그 소용돌이 속에서 뭐가 진보이고 뭐가 보수인지 하나도 모르겠더라고요. 부대표니까 탈당하면 안 된다는 사람, 지지도가 안 나오니까 탈당해서 다른 진보 세력과 합쳐서 지지도를 올려야 한다는 사람…… 내 의지와 전혀 상관없이 휩쓸려갔던 것 같아요. 장애인운동의 성과를 법 제정으로 이어가기 위해 나선 길이었는데 내게 정치 운도 없었고 우리의 운동도 너무 약했어요. 나의 지지 기반이 되어주고 뒤에서 힘을 실어줬어야 하는데 그냥 내가 원해서 간 것처럼 되어버렸던 거죠. 결국 나한테 권력 욕심이 없었고 그게 정치인으로서 매우 치명적 문제였다는 자책만 남았어요.

그만두고 나서 6개월 동안 회복의 시간을 보냈어요. 장애여성공감에서 다시 와서 일하는 게 어떠냐고 했는데 안 가겠다고 했어요. 그사이에 공감도 나도 각자의 이력을 만들어왔는데 다시 돌아가는 건 아닌 것 같았어요. 쉬면서 퀼트를 했어요. 바느질을 하니까 마음이 좀 정리되더라고요. '내가 지금 어디에 있지? 여기까지 어떻게 왔더라? 뭐가 달라졌지? 앞으로 어떻게 해야 할까?' 퀼트를 완성한 뒤에 다시 보면 바느질의 고르기로 생각이나 감정이 보여요. 여기 바느질이 비뚤어진 걸 보니 이걸 할 때 분노가 있었구나(웃음). 정치를 했던 시간을 되돌아보니 재미있기도 했고 배운 것도 많았어요. 장애인운동이라는 울타리 안에만 있었다면 절대 경험할 수 없는 세계였죠. 많은 기회가 주어졌고 시야도 넓어졌어요. 받은 것도 얻은 것도 굉장히 많은데 그만큼 능력을 펼치지 못한 게 아쉬워요.

1984년인가 장애인시설에 들어가려고 했던 적이 있어요. 가족들이 나중에 나에게 시설에 가라고 할 때가 오면 상처가 될 거 같아서 그때까지 기다리지 말고 내가 먼저 찾아서 가고 싶었던 거죠. 편지를 주고받던 친구가 시설에 산다고 해서 가봤어요. 정해진 시간에 자고 일어나고 밥 먹고 하루 종일 TV만 보는데 너무 지루해 보였어요. 여기서 살면 너무 괴롭겠다 싶어서 안 가기로 했어요. 몇 년이 지나서 일을 할 수 있는 시설이 있다고 해서 연락을 했어요. 나는 화장실도 혼자 못 간다고 했더니 자기들이 다 해줄 테니 걱정하지 말고 입소하라고 했어요. 진짜 들어가 살 생각이어서 미리 이불이랑 옷도 보내뒀어요. 동생과 함께 기차 타고 갔는데 허허벌판에 비닐하우스 두 동이 덩그러니 있었어요. 하우스 안에 평상을 놓고 그 위에서 장애인들이 가전제품을 조립하고 있었어요. 거기서 먹고 자고 일도 한대요. 원장은 장애남성이고 거주인들은 모두 혼자 화장실 정도는 다닐 수 있는 경증장애인들이었어요. 내가 제일 중증이었죠.

남동생은 나를 여기 두고 갈 순 없다면서 집으로 돌아가자고 했고, 다리를 저는 한 여성은 자기가 도와주겠다면서 여기 있으라고 했어요. 한참 고민하다 집으로 돌아가기로 했어요. 기차를 타고 집으로 돌아오는데 기차가 터널 속으로 들어가니까 유리창에 내 얼굴이 비쳤어요. 스스로에게 물었죠. '나는 어떻게 살지?' 터널이 끝나서 바깥이 밝아지면 내가 사라졌다가 터널로 들어가면 다시 내가 나타났어요. 어두워야만 내가 보였죠. 인생에서 힘들 때가 찾아오면 터널을 지나던 그 순간을 생각해요. 힘들 때 나를 바라보면 내가 보인다는 것을 잊지 않으면서 살아왔어요.

어느 날 박경석 대표가 전화해서는 "장애인차별금지추진연대에서 일해볼래요? 대표는 아니고 사무국장인데 하실래요?" 했어요. 박옥순이 하던 일인데 지쳐서 그만두게 되었다고요. 1995년에 저를 업어서 빗장으로 데려갔던 그 박옥순이요. 잘할 수 있을지 모르겠지만 한번 해보겠다고 했어요. 대표든 아니든 전혀 중요하지 않았어요. 새롭게 다시 출발할 수 있을 것 같았어요.

누군가의 삶을 지원하는 일

장애인차별금지추진연대는 2007년에 제정된 장애인차별금지법이 제대로 이행되는지 모니터링하고 장애인의 권리가 침해되는 사건이나 차별이 발생할 때 그걸 구제하거나 시정을 요구하고 관련 법을 개정해나가는 활동을 해요. 지하철 승강장 전광판에 안내 문구가 글자로 나오는 거, 버스정류장의 전광판에 몇 번 버스가 들어오는지 안내되는 거, 버스 안에서 다음 역을 알려주는 안내 문구가 나오는 게 다 우리가 청각장애인들과 함께 진정해서 변화시킨 것들이에요. 예전엔 모두 음성으로만 안내되었죠.

단체에 들어와 처음 맡았던 일은 장애인들이 보험 가입을 거부당하거나 차별받는 걸 모니터링하는 사업이었어요. 이전에 저는 대표로서 주로 외부 활동을 해왔지 사업보고서를 쓰거나 예산을 관리하는 실무적인 일은 하지 않았어요. 사무국장으로 들어왔으니 그런 일을 해야 하는데 제가 할 수 있는 게 별로 없었어요. 보고서를 쓸 수 있길 하나, 모니터링 한 걸 정리할 수가 있나. 비장애 활동가가 하는 걸 빤히 바라보고만 있어야 하는 게 참 답답하고 괴로웠어요. 비장애인 활동가는 일을 너무 많이 해서 손목이랑 손가락이 아픈데도 밤새워 일하는데 나는 컴퓨터 앞에 앉아만 있지 썩 도움이 안 됐어요. 열등감을 많이 느꼈죠. 그런 시간을 꽤 보냈어요. 활동가에게 "내가 할 수 있는 거 시켜줘"라고 말하는 것도 꽤 힘이 드는 일이에요. 용기 내 말했더니 동료들이 교수들한테 전화해서 자문을 부탁해달라거나 장애인 부모들한테

설문조사를 부탁해달라고 했어요. 최선을 다해 전화를 돌렸어요. 이전에 쌓아온 관계들이 모두 자원이 되었죠. 그러면서 실무도 조금씩 배우고 자리를 잡아갔어요. 그러다 또 대표가 되었죠.

우리 단체는 권리를 옹호하는 활동을 해요. 누군가 권리를 침해당했을 때 공익변호사들을 연결해서 법률 지원을 해요. 성폭력상담소 같은 걸 생각하시면 돼요. 개인의 삶에 구체적으로 필요한 걸 지원하는 일이라서 새로워요. 40대 중반의 노숙하는 발달장애여성이 방화 범죄를 저질러서 구속된 사건이 있었어요. 그 여성이 동냥해서 받은 동전을 박카스 박스에 모아 편의점에 갔어요. 지폐로 바꿔달라고 했더니 주인이 더럽다고 쫓아낸 거예요. 그분이 너무 화가 나서 편의점 앞에 박스를 모아놓고 불을 지른 게 CCTV에 다 찍혔어요. 알아보니 전과 4범이었어요. 우리는 이 사건을 장애여성의 문제로 보고 지원하기로 했어요. 재판받는 과정에서 자신을 제대로 변호하기도 어려웠을 것이고, 화를 표현하는 방식을 그것밖에 배우지 못했다면 바꾸도록 해야 하니까요.

이전의 범죄에 대해 재조사를 했는데 두 건 정도는 이 여성이 했다고 볼 수 없는데 누명을 쓴 거였어요. 아버지를 찾아가 형량이 커지지 않도록 돕겠다고 했더니 오히려 의아해하면서 자기들을 왜 도와주려느냐고 물었어요. 40여 년 동안 딸을 건사하면서 여기저기 도움을 청해봤지만 다 어렵다고만 했고 도와주겠다고 찾아오는 사람은 한 번도 없었대요. 구속된 장애여성을 면회하러 갔더니 집에 있으면 심심하고 복지관도 재미없다고 자유롭게 돌아다니고 싶다고 했어요. 우리가 계속 얘기했어요. "화날 때

불을 지르면 안 돼요. 큰일 나요. 화나면 욕을 하든지 그냥 화를 내요." 그녀가 알았다고 했어요. 결국 집행유예로 나왔고 공감에서 하는 프로그램에 참여할 수 있도록 연결했어요.

그녀에게서 종종 전화가 와요. 집에 있다가 심심하면 노숙하던 친구들을 만나러 나가기도 하면서 지내고 있나봐요. 그녀를 만나면서 알게 됐어요. 안전을 위해 집에만 있으라고 하는 건 결코 그녀의 행복을 위한 게 아니라는 걸요. 노숙 생활이지만 나름대로는 자유롭고 재미있는 거예요. 바깥에 친구도 있고 길에서 사는 방법도 터득했어요. 나 만나면 항상 "5000원만 주세요" 하는데 만 원 주면 "만 원 말고 5000원 주세요, 5000원 주면 나 맛있는 거 먹을게요" 해요. 그녀한테 계속 말하죠. "아프면 병원 가는 거 알죠? 노숙인을 위한 병원 있으니 꼭 가세요. 누가 혹시 때리면 맞지 말고 피하고 자주 목욕해요. 전동휠체어 충전시키는 거 잊지 말아요." 그러면 그녀는 알았다고 해요.

장애인 차별 사건이 발생했을 때 그 문제를 바라보는 시선·관점에 따라 어떻게 지원하고 해결할지가 달라져요. 장애여성공감에서 활동하면서 문화·차별·여성주의에 대한 경험을 쌓았고 장애인이동권연대 활동을 하면서는 다양한 장애인운동을 만났어요. 장애해방열사_단 활동을 하면서 장애인운동의 역사를 알았고 정치 활동을 하면서 짧았지만 강렬하게 비장애인 중심의 세상을 경험했죠. 그 모든 게 지금 활동하는 데 바탕이 돼요.

산다는 것은 얼마나 아슬아슬한가

2018년 10월인가 감기가 심하게 걸렸는데 잘 낫지 않았어요. 이번 기자회견 끝내고 병원에 가야지, 다음 집회 마치고 가야지, 계속 미루면서 약만 사다 먹었어요. 토요일이 되어서 아무래도 오늘은 병원에 가야겠다 생각하면서 점심을 먹고 있었는데 화장실에 가고 싶었어요. 화장실에 가려고 하는데 갑자기 숨이 넘어갈 듯이 차오르면서 소변이 나와버리는 거예요. 아주 짧은 사이였는데 활동지원사분이 봤을 때 벌써 내가 숨을 못 쉬어서 입술이 새까매져서는 뒤로 넘어갔대요. 그다음엔 꿈결처럼 누군가 '옷을 찢어라' '호스를 끼워라' 하는 소리를 들었던 것 같아요. 깨어나보니 병원 응급실이었어요. 몸이 너무 아픈데 낯선 사람들이 내려다보고 있었어요. 의사는 내가 숨을 못 쉬어서 인공호흡기를 했다고 말했어요. 어제 당신의 호흡이 잠시 멈췄고 몇 초만 늦었어도 죽을 수 있었는데 참 천행이라고요.

동생들이 들어와서 울고불고 난리가 났어요. 이게 뭐지⋯⋯ 내가 지금 살아 있는 건가⋯⋯ 혀가 말려 들어가면 안 된다고 혀를 눌러놓았고 양쪽 손은 묶여 있었어요. 기도에 관을 삽입해서 그 관으로 숨을 쉬었어요. 석션으로 가래를 뽑아내는데 할 때마다 너무 아팠어요. 제때 가래를 빼주지 않으면 가래가 코를 막아서 숨을 쉴 수 없으니까 또 죽을 것 같았어요. 너무 고통스러운데 나도 모르게 어딘가로 빨려 들어가는 것처럼 정신을 잃으면 간호사가 와서 "박영희씨 정신 차려요" 하면서 계속 깨웠어요. 며칠 후 일반 병실로 옮겼는데 의사가 나한테 어지럽지 않냐고 물었어요. 괜찮다고 했더니 깜짝 놀라더라고요. 보통 사람들은 몸속 이산화탄소 수치가 30 정도인데 나는 70이고 그건 거의 연탄가스 중독 수준이래요.

고산지대 사람들이 산소 없이 사는 데 몸이 적응되어 있는 것처럼 내 몸도 그런 것 같다고 했어요. 이산화탄소가 쌓이면 머리가 몽롱하고 정신이 혼미하다가 지난번처럼 혼절해서 곧장 혼수상태로 들어간대요. 갑자기 그렇게 되면 산소를 공급해야 하니까 목에 구멍을 뚫어야 된다고 했어요. 그런데 그러면 말을 못하게 된대요. 너무 무서운 말이었어요. '이 장애에 말까지 못하면 나는 뭘 하고 살 수 있지?' 선뜻 답이 내려지지 않아서 생각을 좀 해보겠다고 했더니 의사가 죽을 수도 있는데 목에 구멍 뚫는 게 뭐그리 대수냐고 답답해했어요. 그래도 할 수 있는 데까지 해보고 싶었어요.

호흡기 치료를 받는 근육장애 친구들에게 물었더니 세브란스 병원을 추천해줬어요. 찾아갔더니 그곳 의사 선생님이 목을 뚫지 않고 기계를 이용해서 재활치료를 해보자고 했어요. 그 후 기계를 대여해서 매일 집에서 호흡기 치료를 하면서 지내고 있어요. 대여비가 한 달에 100만 원인데 기초생활보장 수급자라 무료로 지원받아요. 밤 열한 시부터 아침 일곱 시까지 잠을 자는 시간 동안 호흡기를 코에 끼고 자요. 내 폐가 스스로 호흡을 잘 못하니까 기계가 인공적으로 바람을 훅 넣으면 나도 모르게 숨을 쉬는 거예요. 코에 바람이 훅 들어오면 눈이 건조해지고 입이 말라요.

잠을 편히 잘 수 없으니까 몸이 아주 고되죠. 그 일 이후로 순식간에 몸이 혹 꺾여서 내려앉은 느낌이 들었어요. 나가서 일정 한번 소화하고 들어오면 '아, 힘들다' 하면서 죽은 듯이 잠을 자요. 활동을 많이 줄였어요. 가늘게 오래 하자고, 이게 또 운명이라면 받아들여야겠다고 생각했죠.

저는 대체로 건강했어요. 아무리 피곤해도 자고 일어나면 거뜬해졌거든요. 그런 일이 일어날 거라곤 전혀 예상치 못했어요. 응급실에서 눈을 뜨고 창밖으로 하늘을 바라보면서 생각했어요. '어제 나한테 죽음이란 게 왔던 거구나. 죽는다는 게 순식간이구나. 산다는 게 진짜 허무하구나.' 퇴원해서 집에 왔더니 세상이 다르게 보였어요. 죽음이라는 게 다녀간 순간 나는 전혀 떠날 준비가 안 되어 있었다는 걸 깨달았어요. 그전엔 기를 쓰고 뭔가를 해야 한다고, 만들어야 한다고 생각했어요. 죽어도 출근해서 죽어야 하고, 죽어도 농성장에서 죽어야 하고, 죽어도 기자회견 하고 죽어야 하고.

이젠 좀 달라졌어요. 뭘 만들었는지가 중요한 게 아니라 어떻게 느꼈느냐가 중요해졌어요. 죽을 수 있다는 걸 안 후부턴 한 발 뒤로 물러서 '뭐가 더 중요하지?' 질문하게 되었어요. 일을 많이 줄였지만 꼭 하고 싶은 일은 사람들을 만나러 다니면서 그들로부터 새롭게 발견하고 배우는 것, 그리고 힘들어하는 활동가들에게 힘이 되어주는 거예요. 여유를 갖고 사람들을 만나서 이야기를 들어주고 싶어요. 어떤 활동가가 돈을 조금씩 모아뒀다가 죽을 때 가난한 활동가들한테 남겨주고 갈 거라고 하던데 나는 뭔가 남기려고 애쓰지 말고 충분히 삶을 살아야겠다고 생각하게 됐어요. 먹을 수 있을 때 먹고 행복할 수 있을 때 부지런히 행복해서 그 행복을 동료들과 나누면서 살아야겠다고요.

유쾌하고 까칠하고 이율배반적인

사랑의고리에서 세상에 필요 없는 존재는 없다는 것을 배웠어요. 살면서 거부당하고 배제될 때마다 그때를 기억했어요. 나는 고유하고 그 고유함으로 분명 필요할 때가 있을 거라고요. 인생이라는 게 다 자기 존재를 확인해나가는 과정인데 그게 안 될 때가 참 괴로운 것 같아요. 어렸을 때 동생들의 숙제를 열심히 해줬던 건 생각해보면 나도 뭔가를 하는 사람이라는 걸 보여주고 싶어서였던 것 같아요. "언니가 해줘서 너무 좋아" 하는 소릴 들으면 나도 쓸모가 있는 사람이라고 생각할 수 있잖아요. 내가 존재한다는 걸 나 스스로 확인하는 과정이면서 동시에 가족들에게 인정받고 싶었던 거예요.

하지만 그건 내 것이 아니었죠. 아무리 잘해도 박영희로서 인정받는 게 아니잖아요. 내 존재가 참을 수 없이 가벼웠어요. 오랫동안 '나는 뭐지? 왜 살지? 어떻게 살지?'라는 고민을 하면서 살았어요. 그래서 "네가 필요해"라는 말을 들으면 거절을 못하는 게 내 약점이죠(웃음). 정치할 때도 그랬고 이동권 투쟁할 때도 그랬고 내가 필요한 곳이면 어디든 간다는 마음으로 살았어요. 참 정신없이 달려왔어요. 거절 못해서 한 일이 나를 괴롭게 한 적도 있지만 살아보니까 온전히 나쁘기만 한 일은 없더라고요. 많이 배웠고 좋은 경험들이었어요.

어느 날 한 여성운동가가 나에게 말했어요. "운동에 자신을 온전히 던지면 많이 외로운데 어쩌려고 그렇게까지 하세요?" 가끔 그 말을 생각해요. 추운 겨울날 거리에서 하루 종일 아무것도 못 먹고 경찰과 대치하다 새벽녘에 사람 한 명 없는 거리를 달려 혼자 집으로 돌아올 때면 '나는 왜 이렇게 사는 걸까' 하는 생각이 들었어요. 힘들고 외로울 때가 많았죠. 하지만 지금 내가 뭔가 하지 않으면 나 같은 장애인들이 이 사회에서 살아갈 방법이 없어요. 이런 현실을 조금이라도 바꾸려면 내 모든 것을 쏟아야 할 만큼 나는 가진 것이 적은 사람이죠. 우리가 살기 위해 세상이 바뀌어야 하고 세상을 바꾸는 일에 외로움이 수반되는 것이라면 받아들여야겠죠. 상처받을까 두려워서 사랑을 하지 않을 수는 없듯이요. 되돌아보니 운동과 연애를 했다는 생각이 드네요.

장애인 리더들, 특히 장애여성 리더들에게 내 경험과 이야기가 도움이 됐으면 좋겠어요. 나에겐 선배나 롤모델이 없었거든요. 그럼에도 항상 누군가 배후에서 나를 조종하고 있을 거라고 의심하는 눈초리를 받으며 살았어요. 그 사이에서 이게 맞을까, 저게 맞을까 스스로에게 계속 질문할 수밖에 없었죠. 비장애인과 함께 운동하면서 어떻게 자존감을 지킬 것인가, 빠르게 돌아가는 운동 안에서 어떻게 자기 중심을 잡을 것인가 하는 문제는 참 어려워요. 자립생활운동이 활발해지면서 중증장애인 대표들이 많이 생겨났지만 좋은 리더가 어떤 모습인지에 대한 고민은 부족했던 것 같아요. 그러다 보니 대표가 권력적으로 변해가거나 '바지사장'처럼 되어가기도 하죠.

중증장애인들이 좋은 리더로 성장하기 위한 환경을 만들어주는 게 이 운동의 중요한 과제라고 생각해요. 기회를 준다는 의미로 "사업계획서 한번 써봐" 하고 그냥 던지는 게 아니라 1장엔 뭐가 들어가는지 2장엔 뭐가 들어가는지, 표지라는 게 있어야 하는데 그건 어떻게 만드는 것인지, 세세하게 차근차근 가르쳐줘야 해요. 내가 처음 회의록 쓰는 걸 배울 땐 한글 문서에 '회의록' 글자를 쓰고 엔터 세 번 누르고 날짜, 시간, 참석자를 순서대로 써야 한다는 것부터 배웠어요. 복주는 나를 이렇게 가르쳤죠. "우리가 오늘 무엇에 대해 논의했지? 오늘 결정된 게 뭔지 정확하게 아는 게 중요해. 말로 한번 해봐. 그래, 그걸 한 줄로 써봐. 자꾸 하다 보면 늘 거야, 언니."

저는 중증장애인들에게 남들이 잘하는 거 말고 네가 잘하는 걸 하라고 늘 말해요. 주변에서도 그들을 그렇게 북돋워주면 좋겠어요. 나는 전화 거는 걸 제일 잘했어요. 그리고 사람들의 이야기를 계속 들었어요. 그것이 차곡차곡 쌓여 성장의 바탕이 되었죠. 중증장애인들이 너무 거리의 투쟁 현장에만 나가서 소모되는 느낌이라는 하소연을 많이 듣는데, 그것이 소모가 아니라 성장의 바탕이 될 수 있도록 우리가 잘 만들어나갔으면 좋겠어요. 그리고 우리가 우리의 언어를 많이 만들어냈으면 좋겠어요. 장애인이 비장애인처럼 살려는 게 장애인운동이 아니잖아요.

나는 장애인으로 살아서 불행했다기보단 비장애인과 비교 당할 때, 장애가 부정적인 것으로 여겨질 때 불행했어요. 이렇게 말하면서도 TV에서 〈세계테마기행〉 같은 프로그램을 보면 '와, 너무 멋있다. 저긴 두 발로만 갈 수 있구나. 다음 생엔 비장애인으로 태어나서 저길 한번 가봐야겠네' 하고 생각해요. 이율배반적인 순간이 많죠(웃음). 하지만 나는 앉아서 세상을 바라보고 느리게 움직이니까 두 발로 빠르게 달리는 사람들이 보지 못하는 걸 봐요. 이번 생에는 그렇게 바라볼 때만 발견할 수 있는 것들에 대해서, 나의 여행에 대해서, 유쾌하고 까칠하고 주체적이고 이율배반적인 장애여성들의 이야기를 전하고 싶어요.

시종일관 유쾌하게 이야기하던 영희의 눈시울이 딱 한 번 붉어진 적이 있었다. 2002년 장애인이동권연대가 국가인권위원회를 점거하고 박경석 대표가 단식농성에 들어갔을 때였다. 영희는 창백한 얼굴로 기운 없이 앉아 있는 박경석을 농성장에 남겨둔 채 기자회견을 하기 위해 시청으로 이동했다. 사람들이 공동대표인 영희에게 물었다. "우리는 뭘 해야 돼요?" 영희도 그것을 몰라 답답했다. 투쟁의 당사자들이 우왕좌왕 어쩔 줄 몰라 하는 사이, 민주화실천가족운동협의회에서 연대하러 온 머리 하얀 어머니들이 노련하게 시청 안으로 밀고 들어갔다. 자식 잃고 십수 년을 안 가본 데 없이 쫓아다녔을 그들이 시청 벽에다 대고 장애인들 다 죽는데 시장은 안 나오고 뭐하냐고 고래고래 소리를 질렀다.

"그 모습을 지켜보면서도 뭘 해야 할지 모르겠더라고요."

이 말을 할 때까지만 해도 영희는 '그땐 그랬지' 하는 식으로 여유 있게 웃고 있었다.

"내 차례가 되어서 마이크를 잡았는데 눈물이 막 났어요. 너무 슬퍼서. 무슨 말을 해야 할지 몰라서. 한참 동안 말을 못하고 울기만 했어요."

영희의 이야기가 거기서 갑자기 끊어졌다. 방 안에 짧은 정적이 흘렀던 그 순간 그의 눈에서 눈물이 차올랐다. 무려 20년의 시간을 뚫고 온 눈물이었다. 젊은 영희의 무용담을 흥미진진하게 웃으며 듣고 있던 나는 몹시 당황했다. 그, 그, 그게 그렇게 슬픈 이야기인 줄 몰랐기 때문이었다. 방금 무엇이 지나갔지? 내가 무엇을 놓쳤지? 나는 아주 무방비한 상태로 어떤 절절한 고통의 얼굴과 맞닥뜨린 기분이었다. 그의 이야기가 다시 이어졌지만 나는 여전히 그 감정이 무엇인지 잘 이해하지 못했고, 너무나 이해하고 싶어서 물었다.

"아까 왜 우신 거예요?"

"옛날 생각하니까 눈물이 나네요."

"그때 어떤 마음이셨는데요?"

"어떻게 해야 할지 모르는 마음."

"무서우셨어요?"

"아니요. 막막했어요."

영희가 어깨에 떨어진 빗방울을 툭툭 털어내듯 가볍게 고개를 저으며 대답했다. 무서운 건 하나도 무섭지 않았다는 듯이. 세상에서 가장 무서운 건 막막함이라는 듯이.

"사람들이 나한테 자꾸 물었어요. "우리는 뭘 해야 돼요?" 그런데 나도 뭘 어떻게 해야 할지 모르니까. 법을 만든다고 하는데 너무 막연하고, 점거농성도 단식농성도 처음인데 아무도 가르쳐주는 사람은 없고."

그것은 내가 경험한 적 없는, 정말로 알지 못하는 슬픔이었다. '우리가 무엇을 해야 할지' 몰랐다는 그 막막함이 20년이나 몸에 각인되어 있을 만큼의 격정적인 슬픔이었다는 게 신기하다 못해 신비했다. 내가 모르는 슬픔이었기 때문에 나는 영희가 더 대단하게 느껴졌다. 슬픔이 하는 일을 잘 알기 때문이다. '그런 순간에 고통을 느끼는 사람이어서 저 사람은 대표가 되었구나' 하고 나는 생각했다. 그것은 영희가 '무엇을 해야 할지'에 대한 답을 아는 사람인 것보다 더 믿음직스러웠고 왜인지 가슴이 뭉클했다. 나는 그 슬픔이 영희의 생애를 이해하는 열쇠라는 것을 예감했다. 그 열쇠를 쥐고 그의 삶을 다시 읽으니 놀랍게도 이전에는 들리지 않았던 말들이 또렷하게 들리기 시작했다.

영희가 잠깐 학교에 다녔던 시절 선생님이 학생 한 명 한 명에게 물었다.

"너는 커서 무엇이 될래?"

아이들이 저마다의 꿈을 말할 때 영희의 머릿속이 하얘졌다. 나는 무엇이 된다고 하지? 앉아서 할 수 있는 일이 뭐지? 영희는

TV에서 본 피아니스트가 떠올랐다. 피아니스트가 된다고 해야지. 그런데 애들이 너 피아노 배웠냐고 물어보면 뭐라고 하지? 영희는 피아노를 구경해본 적도 없었다. 앞으로 배울 거라고 말할까? 그러는 사이 선생님이 영희 앞까지 성큼 다가왔다. 커다란 눈을 동그랗게 뜨고 선생님을 올려다보는 영희의 작은 가슴이 콩콩뛰었다. 선생님은 이렇게 말했다.

"다음에 하자꾸나."

환갑의 영희가 어린 영희의 마음을 어찌나 생생하고 실감나게 표현하던지 마치 구연동화를 듣듯이 빠져서 듣고 있었는데 동화는 느닷없이 이렇게 끝나버렸다.

"스무 살까지만 살고 죽으려고 했어요. 아무리 생각해도 스무 살 이후엔 뭘 하고 살지 방법이 없었거든요."

나는 작게 한숨을 쉬었다. 그때 끝난 줄 알았던 이야기가 갑자기 경쾌해졌다.

"그런데 죽을래도 방법이 없는 거예요. 어떻게 죽어? 약을 먹어? 누가 약을 사다 줘? 물에 빠져 죽나? 물까진 어떻게 가?"

마치 랩을 하듯 라임까지 딱딱 맞는 것이 스스로도 재미있다는 듯 영희가 깔깔깔깔 웃었다. 나는 이 얘기가 웃긴 얘긴지 슬픈 얘긴지 종잡을 수 없었다. 그가 방금까지 들려준 유년 시절 이야기엔 명랑하고 우애 깊은 가족들이 가득했기 때문이었다. 저녁이 되어 밥상에 둘러앉으면 아버지는 집에서만 지내는 영희를 위해 동생들에게 학교에서 있었던 일을 들려주도록 했고, 영희는 숙제하기 싫어하는 동생들을 위해 그림을 그리고 글을 쓰고 바느질을 하느라 하루가 짧았다고 했다. 아무리 중증의 장애를 가졌어도 사랑과 지지를 듬뿍 받고 자라면 영희처럼 훌륭한 사람이 되나보다 생각하던 중이었는데 영희는 이렇게 말했다.

"밤마다 울었어요. 어떻게 살아야 할지 방법을 모르겠더라고요. 아무도 안 가르쳐주니까."

살아 있는 인간에게 그보다 더한 고통이 또 있냐는 듯 영희는 벌써 몇 번째 그 '방법이 없다' 소리를 반복하고 있었지만 비장애인으로 살아온 나는 그게 무슨 뜻인지 전혀 알아듣지 못한 채 이렇게 물었다.

"낮엔 동생들의 숙제를 그렇게 열심히 해주던 다정한 언니가 밤만 되면 죽고 싶어서 울었다고요?"

나는 영희의 동생도 아니면서 그 말이 믿어지지 않았다. 영희가 대답했다.

"그건 내 것이 아니잖아요. 나는 그렇게라도 해서 나의 존재와 나의 쓸모를 인정받고 싶었던 것 같아요."

그 말이 뜨겁고도 서늘해서 가슴이 찌르르했다. 나는 그 후에도 오래오래 그 말을 곱씹다가 알게 되었다. 방법이 없었다고 자꾸자꾸 말하는 그가 얼마나 필사적으로 방법을 찾는 사람이었는지를. 모든 어린이들에겐 숙제가 있었지만 영희에겐 없었다. 그래서 영희는 동생들의 숙제를 했다. 그것은 어린 영희가 살기 위해 찾은 생존의 방법이었다. 하지만 아무리 열심히 해도 내 것이 아니었던 숙제는 영희를 얼마나 불안하고 슬프게 만들었을까. 동생들이 커서 더 이상 숙제를 받아오지 않을 때가 되면 영희 자신의 쓸모도 존재 이유도 사라지기 때문이었다. 스무 살은 그렇게 성큼성큼 다가오고 있었다. 자기 몫의 숙제를 받지 못한다면 영희는 물거품처럼 사라질지도 몰랐다.

만약 선생님이 영희에게 "너는 커서 무엇이 될래?"라고 묻고, "저는 피아니스트가 될 거예요"라고 영희가 대답하고, "아니, 그건 불가능할걸! 너는 피아노를 본 적도 없잖아!" 하고 누군가 영희를 무시했다면 나는 그의 슬픔을 더 빨리, 더 선명하게, 그러나 잘못 이해했을 것이다. 영희는 이렇게 말했다.

"나는 낮달 같은 존재였어요. 사람들은 내가 거기 있는 줄도 몰랐죠. 나는 사람들을 지켜보기만 하는 존재였어요. 귀만 있고 입은 없었어요. 난 뭐지? 난 뭘 하고 살지? 나에겐 언어조차 없어서 뭐가 갑갑한지도 잘 몰랐어요."

처음에 나는 영희가 "너는 커서 무엇이 될래?"라는 질문과 그 질문이 불러올지 모르는 어떤 파국을 두려워했던 거라고 생각했다. 하지만 그것은 이 이야기를, 영희를, 완전히 잘못 이해한 것임을 깨달았다. 선생님이 성큼성큼 다가오는 긴장 속에서도 영희는 빠르게 답을 생각해냈고 이어질 친구들의 질문에 대처할 방법까지 준비해두었다. 그러나 질문은 영희 앞에서 멈췄다. 영희를 슬프게 한 것은 질문의 가혹함이 아니라 모든 학생들에게 빠짐없이 던져지던 그것이 영희의 눈앞에서 한순간에 사라져버려서 자신이 영영 대답할 방법을 잃어버렸다는 사실이었다. 영희의 인생을 읽으면 읽을수록 나는 이것이 너무나 주체적인 존재의 고통에 관한 이야기임을 깨달았다.

내가 마흔둘의 영희가 마이크를 잡고 울먹이던 장면으로 다시 돌아왔을 때는 이 장면이 완전히 다르게 보였다. 그의 존재는 선명하고 또렷해져 모두가 영희를 바라보고 있었다. "우린 뭘 해야 해요?" 하고 질문하는 간절한 눈빛들 앞에서 영희는 참을 수 없이 무거운 존재감을 느꼈고 엉엉 울고 말았다. 이것은 빛나는 역전의 순간이다. 수만 명의 서명을 받고 온갖 시위의 방법을 다 써보았는데도 결국 장벽 앞이었다.

나는 영희가 어쩔 수 없이 벽을 만날 수밖에 없는 사람이었다고 생각했다. 모든 방법을 다 쓴 사람이 결국 도착하는 곳은 방법이 없는 곳일 테니까. 영희는 최선을 다해 거기까지 왔다. 그리고 자신처럼 안간힘을 써서 거기까지 온 사람들 앞에 앉아 있었다. 기어이 벽 앞에 도착해 그 막막함을 확인하고 눈물 흘리던 영희를 위로한 것은 죽은 자식의 싸움을 자신의 숙제로 삼은, 살아갈 방법도 죽을 방법도 없어 속절없이 늙은 어머니들이었다. 그들을 의지해 눈물을 거둔 영희가 사람들에게 했다는 말이 나는 눈물 나게 좋았다.

"뭐라도, 뭐라도 해요, 우리. 앞에 나서야 하는 일이 있다면 내가 할게요."

영희는 자라서 장애여성단체를 만들었고 진보정당의 정치인이 되었으며 중증장애인이 주체가 되는 사회변혁운동의 대표가 되었다. 영희는 너무 일찍 온 존재여서 가는 곳마다 벽이거나 벼랑이었지만 살아갈 방법도 죽을 방법도 없는 그곳에서 줄곧 맨 앞자리의 막막한 슬픔을 견뎌냈다. 그 힘은 어디에서 온 것이냐고 내가 물었을 때 영희는 자신에게 아주 소중했던 공동체였던 사랑의고리로부터 거부당했던 상처가, 쓸모없는 존재라는 낙인이, 자기로 하여금 무언가 의미 있는 것을 만들도록 계속 추동했다고 대답했다. 나는 가슴이 뭉클했다. 그것들이 영희에게 자기 몫의 숙제가 생긴 순간처럼 느껴졌다. 이제 영희는 세상에 없는 방법을 찾아 헤매지 않고 '만들기' 시작한다. 단체를 만들고 저상버스를 만들고 승강기를 만들고 법과 제도를 만들고, 그리고 자기의 언어를 만들었다. 어떤 선택은 결실을 맺고 어떤 선택은 그렇지 못했대도 온전히 나쁘기만 한 선택은 없었다. 상처도 좌절도 모두 '내 것'이고 시행착오를 겪을 때마다 영희는 고유하고 선명해졌으니까. 영희는 자라서 그 누구도 아닌 영희 자신이 되었으니까.

박명애 이야기

내 삶을 내 손에
움켜쥐고

1954년생 박명애는 대구 질라라비장애인야학의 교장이자 대구 장애인차별철폐연대의 공동대표다. 근사한 은발에 다정하고 억센 경상도 사투리를 쓰는 노장 활동가가 무대에서 사람들을 선동하는 모습을 나는 정말로 사랑한다. 중증장애인으로 살며 싸운다는 것에 대해 박명애처럼 잘 말할 수 있는 사람은 없을 것이다. 가수가 노래 한 곡에 영혼을 담아 부르듯이 그는 짧은 연설 안에 자신의 인생을 담아 온몸으로 말한다. "평생 집에서만 지내다 마흔일곱에 야학을 만나 세상에 눈을 떴고 쉰셋에 세상과의 싸움을 시작했다"로 출발해 "동지 여러분, 더 이상 참지 말고 투쟁으로 세상을 바꿉시다!"로 끝나는 그의 열렬한 '투쟁 찬가'는 들어도 들어도 들을 때마다 뭉클한, 내가 정말 사랑하는 노래다.

　더러는 처음 듣는 노래도 있는데 이런 것이다.

　"우리는 밥을 많이 먹으면 화장실을 많이 갈까봐 마음을 졸

박명애 일러스트. 짧은 은발 머리를 하고
검정색 도트 무늬가 큼지막하게 찍힌 스카프를
두르고 있다. 배경의 오른쪽 위에는 붉은 빛의
화사한 꽃이 피어 있다.

입니다. 서울에 투쟁하러 올 때면 며칠 전부터 물도 적게 먹고 밥도 적게 먹습니다. 그럴 때마다 어찌나 물도 더 먹고 싶고 밥도 더 먹고 싶어지는지요. 지난번 단식농성 후에 이렇게 죽는 건가 싶을 만큼 몸이 안 좋았지만 용기를 냈습니다. 오늘 이 자리에 오려고 가기 싫은 병원도 몇 번이나 가면서 몸을 만들었습니다. 우리가 말하지 않으면 사람들은 세상이 잘 돌아가는 줄 압니다. 보건복지부 장관은 장애등급제가 폐지되어서 장애인의 삶의 질이 달라졌다고 말합니다. 우리가 두 눈 부릅뜨고 밥을 굶어가면서 몸 바쳐 투쟁하고 있는데 우리의 삶이 나아졌다니 정말 분노스럽지 않습니까!"

무대 아래 수많은 장애인들이 열화와 같은 박수로 환호했다. 다른 몸을 가진 동지들이 그런 투쟁을 하고 있다는 걸 처음 들은 나는 마음이 숙연해졌다가 점점 뜨거워졌다. 그는 사람의 마음을 움직이는 것이 무엇인지 너무 잘 아는 정말 탁월하고 영민한 선동가다. 꾸밈없고 솔직하게 자신을 드러내는 것이 바로 그 힘이다. 글을 쓰기 시작하면서 나는 그것이 얼마나 어려운 일인지 알게 되었다. 무대에서 꾸밈없기란 잘 꾸미는 것만큼이나 애써야 하는 일이고 수많은 사람들 앞에서 솔직하기란 그들 모두를 속이는 것만큼이나 부끄럽고 용기가 필요한 일인 것이다.

무대 위의 명애가 펄떡펄떡 살아 있는 저잣거리 아녀자 같은 사람이라면 무대 아래 명애는 점잖고 기품 있는 사대부가의 마님 같은 사람이다. 명애를 만나기 위해 대구에 있는 질라라비장애인야학으로 찾아갔을 때는 마침 점심시간이었다. 식당 배식구의 한

컨에 명애가 해왔다는 송편 한 상자가 놓여 있었다. 식판을 들고 무표정한 얼굴로 착착착 배식구를 통과한 사람들은 명애가 해온 떡을 받아든 뒤엔 하나같이 웃는 얼굴이 되어 명애에게 외치듯 말했다.

"대표님, 잘 먹을게요!"

젊은 활동가들에게 깍듯하게 존대를 하는 명애는 번번이 수줍어하며 예, 예, 대답했다. 떡을 돌릴 만한 경사가 있느냐고 내가 물었더니 명애가 아니라고 했다. "그럼 웬 떡이에요?" 하고 묻자 송편을 오물거리면서 명애가 무심하게 대답했다.

"이 집이 떡을 되~게 맛있게 하거든요."

되게 놀라운 사실을 안 것처럼 나는 머리를 주억거렸다. "아!" 단지 맛있다는 이유로 돌려진 송편에선 고소하고 다정한 맛이 났다.

두 번째 만났을 때 우리는 장애인콜택시를 타고 이동했다. 명애가 아주 기쁜 소식을 전하듯 눈을 반짝이며 말했다.

"평소엔 콜택시 대기 시간이 억수로 긴데 오늘은 서울에서 반가운 손님이 오셨다고 빨리 잡혔네요."

그리고 기사님에게는 이렇게 말했다.

"서울에서 반가운 손님이 오셨다고 기사님도 반가운 분이 연결됐네요."

서울 손님과 대구 기사님은 명애를 사이에 두고 어색하게 웃으며 인사를 나눴다. 목적지는 명애가 사는 동네의 카페였는데 도착하자마자 명애는 활동지원사에게 부탁해 얼른 커피를 사서 기사님에게 건넸다. 기사님이 싱글벙글 웃으며 "잘 먹을게요, 대표님!" 하고선 출발했다. 카페에 들어서니 이번엔 사장님이 자상하게 웃고 있었다. 나도 단골 카페가 있지만 사장님이 나를 보고 저렇게 웃는 건 본 적이 없다. 그 이유가 뭔지는 금세 알 수 있었다. 명애가 사장님을 보며 수줍게 말하고 있었다.

"서울에서 반가운 손님이 왔어요."

박씨라도 물고 와야 할 것 같은 기분으로 화장실에 다녀오니 중년의 세 여자가 카페 앞 노란 은행나무 아래에서 바람에 후드득후드득 떨어지는 은행나무 잎을 맞으며 여고생들처럼 깔깔대고 있었다. 명애와 명애의 활동지원사님과 카페 사장님이었다.

'저렇게 즐거울 일인가.'

대구 사람들은 다 기분이 좋거나 모두 명애를 좋아하는 게 분명했다. 사이 좋은 여자들 사이에 끼어 함께 깔깔 웃으면서도 다정함 치사량 한도 초과로 벌써 피곤해진 기분이었다. 그때 근방에 비행장이 있는지 갑자기 요란한 굉음이 들려왔다. 명애가 말했다.

"서울에서 반가운 손님이 왔다고 비행기가 떴네요."

나는 기력이 달리려는 중이었는데 명애가 내 눈치를 스윽 살피더니 말했다.

"내가 뜨지 말라 캤는데!"

그러고는 자기가 한 말이 자기도 웃겨 죽겠다는 듯이 크크크크 웃었다. 그 표정이 너무 개구지고 사랑스러워서 나도 크크크크 웃었다. 자꾸자꾸 반갑다고 말하는 건 명애인데, 명애 옆에 서 있으니 세상이 온통 명애를 반가워하는 것처럼 보였다.

그의 집으로 가기 위해 단정하게 조성된 산책길로 들어섰다. 되~게 예쁜 길이 있다면서 명애가 꼭 보여주고 싶다던 길이었다. 산책을 좋아하시냐고 물으니 명애가 말했다.

"집에서 텔레비전만 보고 살던 시절에 마라톤 중계를 제일 좋아했어요. 선수들 옆으로 지나가는 풍경을 보는 게 좋아서 끝날 때까지 보고 있었어요."

마라톤 중계가 가진 예상치 못한 기능에 허를 찔린 나는 걸음을 멈추고 명애를 바라봤다.

'이렇게 열렬히 세상을 사랑하는 사람이 어떻게 집에서만 47년을 살았을까. 그건 대체 무슨 뜻일까.'

※

엄마와의 기억

1954년 경남 진주에서 태어났어요. 엄마가 스물두 살에 나를 낳으셨어요. 첫돌이 다가오는 어느 날 엄마가 친정에 제사 지내러 날 업고 가셨는데 외할머니가 모처럼 친정에 온 딸에게 시집살이 고될 텐데 하루만 더 자고 가라고 붙드셨대요. 시어머니·시동생·시누이가 한집에 살았던 터에 저까지 낳았으니 시집살이가 많이 힘드셨을 거예요. 그렇게 하룻밤 더 친정에 머물렀는데 그날 밤 내가 병이 났어요. 갑작스럽게 열이 오르면서 경기를 하고 목을 못 가누고 혀가 굳어지더래요. 그 밤에 달려가서 침을 맞았는데도 나아지질 않았대요.

뒷날 엄마가 나를 업고 진주 집으로 돌아올 땐 죽은 것처럼 아기가 축 처져 있었대요. 손 흔들며 기차 타고 간 아이가 그렇게 돌아왔으니 시집에선 난리가 났겠죠. 이대로 죽나 싶었는데 사흘만에 깨어났대요. 안 그래도 시집살이가 힘들었는데 나까지 그렇게 되니까 엄마는 더 힘들어지셨어요. 아버지는 당신이 안 보는데서 내가 그렇게 되어 돌아왔으니 기가 막히셨겠죠. 애를 잘 돌보지 못했다고 평생 엄마 탓을 했어요. 장애 있는 자식을 부끄러워하던 시대니까 주변에 수군거리고 흉보는 사람들도 많았겠죠. 원래는 되게 밝은 성격이셨다는데 내가 아는 엄마는 말씀이 참 없으셨어요.

엄마는 나를 업고 진주 남강 다리를 넘어 침을 맞으러 다녔대요. 논개가 적장을 껴안고 빠져 죽었다는 강, 난봉꾼 남편을 둔 아내가 목을 맸다는 〈진주난봉가〉가 흐르는 그 강이었어요. 여름에 비가 와서 황토물이 세차게 흘러가는 걸 내려다보면 그냥 뛰어들고 싶었던 적이 한두 번이 아니었대요. 그런데 등뒤로 돌아보면 내가 까만 눈망울을 반짝이면서 쳐다보고 있어서 차마 그러질 못하겠더라고 엄마가 한번씩 말씀하셨어요. 그렇게 집에 오면 어린 동생들이 집을 온통 난장판을 만들어놓았더라고, 양손에 아이들 손을 잡은 엄마가 참 부러웠다고 했어요. 동생들은 나 때문에 엄마 등에 얼마 업혀보지도 못했죠.

몇 년 뒤 우리 가족은 분가해 나왔어요. 엄마는 가정주부셨고 아버지는 비닐우산 공장을 하셨어요. 처음엔 장애가 더 심했다가 네다섯 살 즈음에 혼자 일어나 앉았어요. 오줌을 누는 건 엄마가 요강에 앉혀줘야 했는데 가끔 엄마가 없을 때 오줌을 참는 게 참 괴로웠어요. 요강에 스스로 올라갈 수만 있으면 엄마가 없어도 괜찮을 것 같아서 혼자 연습을 했던 기억이 나요. 벽 모서리에 요강을 딱 붙여서 밀리지 않게 한 다음 그 위로 올라가려고 아주 용을 썼어요. 몇 번 하니까 성공했는데 올라간 다음엔 내려오는 게 겁났어요. 굴러떨어질까봐 신경을 잔뜩 써서 톡 튀어 내려왔어요. 그때부턴 혼자 하게 되었죠.

어느 날 동네 아줌마가 "명애도 학교 가라고 통지서가 나왔네" 했어요. 동생이 셋이나 있어서 엄마가 나를 업고 학교에 따라다닐 형편이 아니었겠죠. 데려다주기만 하면 되는 것이 아니라 화장실 볼일도 봐줘야 했으니까요. 엄마가 "니는 학교 가지 말고 집에서 엄마랑 놀자" 했어요. 그 소리에 '아, 나는 그냥 집에서 노는 건가보다' 했어요. '나는 왜 학교에 못 가? 나도 갈 수 있게 해줘!' 그런 말을 했던 기억은 없어요. 그냥 엄마랑 집에 있는 게 좋았어요. 학교에 가고 싶다는 생각도 안 했어요. 안 믿을 수도 있겠지만 정말로 그랬어요. 그게 배움을 포기하는 것인 줄도 모르고 그냥 받아들인 거죠.

못 찾겠다 꾀꼬리

마루가 있는 집에 살 땐 마루까지 나오고 방만 있는 집에 살 땐 방에만 있었어요. 엄마가 이따금 극장에 데려가고 동네에 약장사가 오면 할머니 등에 업혀 구경도 했지만 흔한 일은 아니었어요. 예닐곱 살 때 할머니한테 업혀서 나가면 애들이 따라오면서 놀렸어요. 다 큰 게 업혀 다닌다면서 내 장애를 들먹이면서 병신이라느니 앉은뱅이라느니. 내가 절룩거리면서 가는 것도 아니고 할머니 등에 업혀 가는데도 그랬어요. 그래서 주로 방에 있었죠. 그 시절엔 한집에 여러 가구가 세 들어 살았는데 우리 집엔 여섯 세대가 살았어요. 그 식구들만 해도 많았고 아이들도 많았죠. 내가 못 나가니까 동생들이 자기 친구들을 집으로 데려왔어요. 심심해서 못 살겠다는 생각은 안 해봤어요. 오히려 그 시절이 좋은 추억으로 남아 있어요. 눈이 오면 엄마가 그릇에 눈을 소복하게 떠줘서 그게 물이 되는 걸 지켜봤고, 가을엔 아버지가 국화를 사다 주시면서 힘들게 밖으로 나갈 필요 없다고 하셨어요.

　　나는 아버지를 닮았대요. 성격은 급한데 인정은 많은 분이었어요. 멀리 다녀오는 날이면 날 주려고 뭐라도 챙겨와 내 손에 쥐여주셨어요. 가끔 동생이나 친구들이 나를 업고 나갈 때가 있었는데 아버지는 그걸 아주 싫어하셨어요. 다칠 수도 있고 다른 사람을 힘들게 한다고요. 나는 업혀서라도 나가는 게 좋고 친구 집에도 가보고 싶었어요. 하지만 아버지가 나를 나무라는 게 아니라 엄마한테 화를 내니까 자연스럽게 나가자는 말을 하지 않게 되었어요. 아버지는 꼭 나가야 한다면 옷도 단정하게 갖춰 입고 자가용을 타야 한다고 생각하는 사람이었어요. 흙 묻지 않게, 다치지 않게, 당신이 그 길을 다 닦아줘야 한다고요. 어쩌다 한번씩 술을 드시면 "나 죽을 때 엄마랑 셋이 같이 가자" 하셨어요. 당신이 없으면 엄마가 혼자서는 나를 키울 수 없다고 생각하셨나봐요. 어린 마음에도 그 말이 참 듣기 싫었어요. 세 사람이 한날한시에 죽는 게 어떻게 가능한가 싶고, 나도 아버지만큼 살 수 있는데 왜 내가 아버지와 같이 죽어야 되는지도 모르겠고. 하지만 한 번도 입 밖으로 내진 못했어요. 나는 모든 걸 듣고만 있었어요. 원하는 게 있어도 내가 안 먹으면 되지, 내가 안 하면 되지, 그냥 내가 참으면 되지, 생각했어요.

엄마가 가끔 바람 쐬라고 골목에 나를 앉혀놓고 갈 때가 있었어요. 그러면 뜻하지 않은 일들이 일어났어요. 그 시절엔 한센병을 가진 사람들이 구걸을 다녔어요. 그분들은 조그마한 애가 앉아 있으니까 귀엽다고 다가왔는데 나는 그분들 얼굴이 다른 사람들하고 좀 다르니까 무서웠어요. 다른 애들 같았으면 "엄마!" 하고 집으로 달려갈 텐데 나는 그러지 못하니까 '엄마가 언제 오나' 하는 생각뿐이었죠. 집 앞에 개천이 있었는데 봄이면 땅에서 오만 가지 풀들이 올라왔어요. 엄마가 나를 앉혀놓고 잠깐 집에 갔다 오는 동안 그것들 보면서 좀 놀다 보면 문득 혼자 있다는 게 또 무서워졌어요. 집에서 친구들이랑 놀다가도 어린아이들은 지루하면 금방 가버리잖아요. 그러면 나 혼자 남아요. 조용필 노래 중에 〈못 찾겠다 꾀꼬리〉라는 노래가 있어요. 석양이 질 무렵에 숨바꼭질을 하던 친구들이 모두 가버리고 술래인 아이 혼자 남아서 친구들을 부르는 노래인데, 그걸 들으면 혼자 있어도 괜찮은 척, 안 무서운 척, 안 심심한 척했던 어린 시절의 내가 떠올라요.

친구들이 중학교에 들어가니까 학교 도서관에서 책을 빌려다 줬어요. 다 읽고 돌려주면 친구들이 "이야~ 니 책 참 빨리 읽는다!" 하는 그 소리가 듣기 좋아서 밤을 새워 읽었어요. 순정소설도 좋아했고 《바람과 함께 사라지다》도 봤고 박경리의 소설도 좋아했어요. 옆집 언니는 미용 기술을 갖고 있어서 손님들이 집으로 찾아와 머리를 했어요. 손님 중에 교통사고로 다리를 절던 아가씨가 있었는데 종종 나한테 책을 갖다주며 나를 들여다봤어요. 그 시절의 이웃들이 다 좋았어요. 열여덟 살 즈음 그 미용 하는 언니하고 펜팔을 했어요. 언니가 스무 살이 넘어야 재미있는 편지가 온다면서 내 나이를 스무 살로 속여서 쓰자고 했어요. 그렇게 했더니 나이가 많은 사람들에게서 답장이 오는데 편지 속의 나도 나이가 많은 가짜니까 꼭 소설을 읽는 것 같기도 하고 남의 편지를 훔쳐보는 것 같기도 했죠.

열여덟 살에 대구로 이사를 왔어요. 그나마 있던 이웃과 친구는 없어졌지만 텔레비전과 전화가 생겨서 심심하지 않았어요. 텔레비전을 보다가 궁금한 사람들이 나오면 전화를 걸었어요. 한번은 꽃을 잘 키워서 소문난 사람이 출연했어요. 우리 엄마도 꽃을 키우셨는데 그게 참 어려운 일이라고 하셨거든요. 궁금한 게 있으면 전화하라기에 전화했어요. 꽃을 어떻게 그렇게 예쁘게 키우셨냐고 묻고는 나는 몸이 불편해서 집에 있다고 내 얘기도 했어요. 그렇게 텔레비전에 궁금한 사람이 나오면 전화를 걸어 대인관계를 했죠. 나는 나가서 살아본 경험이 아예 없었기 때문에 나가서 뭔가를 하고 싶다는 생각 자체를 안 했어요. 나가는 건 오히려 두려운 일이었죠.

현실을 비관하지 않고 긍정적이었는데 스물다섯 살 즈음 감기처럼 짧은 우울증이 찾아왔어요. 아버지가 사업이 안 될 때마다 엄마에게 화를 내셨어요. 엄마는 힘들다고 하소연하거나 자식들한테 화를 푸는 사람이 아니었어요. 그랬던 엄마가 어느 날 내 요강을 비우면서 "언제까지 이렇게 비워주면서 살아야 될랑가……" 하는데 그 넋두리가 내 가슴에 오래 남았어요. 엄마의 한숨이 나의 한숨이 되었죠.

처음으로 '나는 언제까지 이렇게 살아야 하는 건가' 하는 생각이 들었어요. 장애인시설이라는 게 있다는 걸 알았다면 전화해서 물어봤을 거예요. 몰랐기 때문에 그렇게 집에서 계속 사는 건 줄 알았고 엄마가 돌아가시면 어떡해야 하나 걱정이 되었어요. 제가 스물여덟 살 때 남동생이 결혼해서 올케가 우리 집으로 들어왔어요. 우리 식구끼리 살 때와 또 다르더라고요. 마음이 편치 않았어요. 계속 이렇게 살아야 하나 답답하고 걱정스러웠을 무렵에 한 남자를 만났어요.

불도저에 몸을 싣고

저는 한국SGI불교회라는 종교를 갖고 있어요. 가족 중에 엄마와 저만 그 종교를 갖고 있었는데 남동생이 제대하니까 엄마가 교단에 포교를 부탁했어요. 동생에게 포교하러 온 우리 아저씨를 그렇게 처음 만났어요. 몇 차례 다녀가고는 아무 일 없이 세월이 흘렀는데 그분이 엄마한테 느닷없이 나를 사귀어볼 수 없느냐고 했대요. 엄마가 놀러 오라고 해서 다시 만나게 되었죠. 그분은 방위 산업체에서 근무했는데 퇴근하면 일주일에 한 번씩 나를 만나러 왔어요. 그런 게 연애인지 아닌지도 모르면서 만났어요. 아저씨가 말하면 겨우 대답이나 하는 정도였지 대화라고 할 것도 별로 없었어요. 그렇게 1년쯤 흘렀을까. 우리 아저씨가 엄마한테 결혼 이야기를 꺼냈나봐요.

꿈에서도 결혼이나 독립을 생각해본 적이 없었어요. 30년을 그렇게 살면서도 그 삶이 바뀌었으면 좋겠다고 생각해본 적 없었는데 막상 결혼하자는 사람이 나타나니까 그때까지 아무 불만 아니었던 것들이 불만으로 변하면서 집을 떠나고 싶어졌어요. 결혼이라는 게 핑크빛으로 보여서가 아니라 왜인지 지금과는 다르게 살 수 있을 것 같았거든요. 내 몸에 자신이 없어서 "예, 결혼합시다"라고 한 번도 제대로 소리 내어 말하지 못했지만 마음속으론 결혼이 하고 싶었어요. 아버지는 반대했어요. 당신이 나를 책임져야 한다고 생각하셨던 것 같아요. 동생들도 그냥 자기들이랑 같이 살자고 했어요. 고모와 큰엄마는 그래도 결혼은 해봐야 한다고 하시고 엄마는 하면 좋겠지만 내가 아무것도 못하는데 어떻게 살겠냐고 하셨어요.

장애인 언니들 서너 명을 알고 지냈는데 그 언니들이 결혼하면 상처만 입는다면서 내 결혼을 기를 쓰고 반대했어요(웃음). 걸어 다니는 경증장애인들이었는데 동네 수예점에 모여 뜨개질도 하고 교회도 함께 다니는 사람들이었어요. 내가 수긍을 잘 안 하니까 1박 2일 교회 행사에 데려가서 집중적으로 설득할 정도였어요. 그 언니들이 여수 애양병원에 가면 장애를 낫게 하는 수술을 받을 수 있다면서 결혼하지 말고 수술을 하라고 했어요. 그 말을 듣고 그 병원에 갔어요.

의사가 내 다리는 수술한다고 나아지지 않는다면서 대신 척추측만이 심해지는 걸 지연시킬 수 있게 철심을 박는 수술을 하자고 했어요. 날짜까지 잡고 돌아왔는데 가만히 생각해보니까 너무 무섭더라고요. 아는 언니도 철심을 박았다가 너무 아파서 결국 제거했다는 말을 듣고는 겁이 나서 수술을 안 받았어요. 남편은 내가 수술해서 나아지면 자기와 결혼 안 할 것 같아서 병원에 갈 때부터 마음이 안 좋았대요. 그런데 나는 수술해서 나아지면 결혼해도 함께 살기가 더 낫지 않을까 싶었던 거예요. 결국 수술 안 하고 결혼했죠. 그 언니들이 나를 되게 나무랐어요(웃음).

남편은 불도저 같은 사람이었어요. 내가 강하지 못하니까 남편처럼 강한 사람이 좋았어요. 뭔가 바뀌었으면 좋겠는데 하루아침에 아버지한테 막 대들면서 나가겠다고 말할 용기도 없었고 집이 시끄러워지면 고생하는 건 엄마였어요. 선뜻 나서기 어려운 핑계가 많았는데 남편이 밀어붙여서 아버지 허락을 받아냈어요. 여러 사람 앞에서 뭔가 하는 게 부끄러워서 결혼식을 꼭 해야 하나 싶었는데 남편이 그래야 한다고 했어요. 결혼을 앞두고 휠체어를 처음 샀어요. 남편이 신혼여행도 꼭 가야 한다고 해서 부산으로 갔어요. 부모 형제가 아닌 사람과 집을 떠난다는 건 생각지도 못한 일이었어요. 동생들이 자가용을 빌려와 우리를 부산에 데려다주고 떠난 후엔 우리 둘이 택시를 타고 다녔죠. 용두산 공원도 가고 국제시장도 갔어요. 업혀서 택시를 타고 내리고 화장실 가는 것도 큰 문제였는데, 남편이 오래 알았던 사람처럼 어렵지 않았어요. 내가 원해서 한 결혼이라 고생스럽지도 않았죠. 그게 나의 첫 독립이에요. 주변 사람들의 걱정과 달리 전혀 무섭지 않았어요. 세상을 완전히 몰랐으니까요.

연탄보일러와 세상 구경

친정집 위층에 방이 있어서 부모님이 거기서 살라고 했는데 그러기 싫었어요. 대신 친정 가까이에 전셋집을 구했어요. 독립해 나오니까 현관문부터 걱정이었어요. 문고리가 내 손에 닿지 않으니까 내가 안에 있어도 잠그거나 열 수가 없었거든요. 남편이 출근할 때 밖에서 잠그고 나갔어요. 손님이 찾아오면 엄마가 와서 열어줬고요. 결혼 반대했던 그 언니들이 놀러 와서는 이래서 우리가 결혼을 못하게 말렸던 거라며 네가 집 지키는 강아지냐고 했어요. 그런데 나는 어차피 혼자 나갈 수도 없었고 또 평생을 그렇게 살았기 때문에 그런 생활이 불편하지 않았어요.

내가 정말로 불편했던 건 연탄보일러였어요. 남편이 퇴근할 때쯤 되면 연탄보일러의 불이 꺼지거나 간당간당하게 꺼지기 직전이었어요. 하루 종일 일하고 돌아오면 남편도 쉬고 싶을 텐데, 그 시간에 와서 불 피우려고 애쓰는 걸 보면 저런 것 정도는 내가 할 수 있으면 좋을 텐데 하는 생각에 마음이 무거웠어요. 어렸을 때부터 엄마 혼자 동동거리는 걸 보면서도 도와주지 못하니까 자꾸자꾸 용기가 꺾였는데 결혼해서도 나는 못하는 게 참 많다는 걸 확인해야 하는 게 괴로웠죠.

시가에서는 결혼을 반대하지 않았어요. 나는 부모님한테 결혼하고 싶다고 한 번도 제대로 말해보지 못했는데 남편은 자기 가족들한테 이 결혼에 반대하지 못하도록 다 만들어놨더라고요. 남편은 고등학교까지 졸업했는데 어려운 가정형편 때문에 돈을 벌면서 공부했다고 했어요. 특별한 기술이 있었던 게 아니라서 이 일 저 일 닥치는 대로 했던 것 같아요. 활동적이고 가정적인 사람이었어요. 술 먹고 늦게 들어오는 일도 없었어요. 퇴근해 집에 오면 한시도 쉬지 않고 바람 쐬자면서 나를 데리고 나갔어요. 우리 집이 4층이었는데 한 손으론 나를 업고 한 손에는 휠체어를 들고 계단을 내려갔어요. 대구 시내를 샅샅이 돌아다녔어요. 수성못에도 가고 포장마차도 가고 놀이공원도 갔어요. 텔레비전에서 늘 보던 세상이니까 특별히 낯설지 않고 재미있었어요.

아버지는 내가 업혀서 나가는 걸 싫어하니까 돈이나 벌 것이지 그런 일에 시간 쓴다고 사위를 탐탁지 않아 했어요. 그러든지 말든지 남편은 나를 데리고 나갔어요. 종교 활동도 열심히 해서 신도들과 같이 어울려 야영도 하고요. 우린 자동차가 없어서 남편이 짐도 지고 나를 밀기도 하고 업기도 해야 하는 강행군이었을 텐데도 힘든 내색 하나 없었어요. 친정 식구들은 무뚝뚝하고 말이 없었는데 남편은 많이 달랐어요. 아버지는 화를 잘 내는 사람이라 엄마가 뭐가 부탁하길 어려워했거든요. 나는 남편이 아니면 아무것도 못하니까 이것저것 부탁할 수밖에 없었는데 그럴 때마다 전혀 싫어하지 않고 농담까지 하면서 즐겁게 하는 게 신기할 정도였어요. 밖에서 있었던 얘기도 지칠 줄 모르고 신나게 떠들어서 어떨 때는 내가 "그렇게 말을 많이 하면 머리 안 아파요?" 할 정도였어요.

엄마 도움 없이 우리 힘으로 살림을 꾸렸어요. 싱크대가 높아서 쓸 수 없으니까 쌀은 욕실에서 씻고 밥 안치는 건 남편이 했죠. 그릇이나 버너를 내려달라고 해서 고등어 굽고 콩나물 무치고 파김치, 정구지(부추) 김치도 만들었어요. 별당 아씨처럼 곱게 커서 엄마와 살 땐 전혀 안 해본 일이었죠(웃음). 결혼한 지 얼마 지나지 않아 시어머니와 같이 살게 됐어요. 우리 집에 방 있으니 같이 살자고 제가 먼저 말했어요. 나를 며느리로 생각하면 친부모님이라도 답답할 테니 몸 불편한 딸이라고 생각하면서 같이 계시면 좋겠다고 말씀드리니까 어머니가 되게 고마워하셨어요. 그때부턴 어머니가 밥을 하셨어요. 제가 어머니를 모신 게 아니라 어머니가 나를 모신 거예요(웃음). 그런데 같이 산 지 6개월 만에 어머니가 간경화 진단을 받았어요. 내가 갖고 있던 금목걸이를 팔아서 약을 해드렸는데 열흘 만에 돌아가셨어요. 좋은 분이었으니 좋은 곳으로 가셨을 거예요. 나를 모셔주시던 분이 가셔서 나는 좀 어려워졌죠(웃음).

기쁨을 모르고 산 시절

결혼하고 3년쯤 됐을 때 남편이 배 타는 일을 해봐야겠다고 했어요. 미국도 가고 유럽도 가는 배인데 3년 동안 안 돌아온다고요. 반대했는데 더 이상 못 말리겠더라고요. 남편 없이 혼자선 살 수 없어서 친정으로 다시 들어갔어요. 그런데 남편이 탄 배가 태풍을 만나서 계획보다 빨리 돌아오는 바람에 부모님·남편과 함께 친정에서 살게 되었죠. 1987년에 친정에 들어가서 1988년에 아들을 낳았어요. 세 번인가 유산을 해서 못 낳을 줄 알았는데 그 아이는 무사히 태어났어요. 애를 낳고 일주일 만에 퇴원해서 오니까 엄마가 세 살까지는 당신이 키워주겠다고 했어요. 나중에 애가 엄마 방에 알아서 갈 수 있을 때까지라면서요. 낮엔 같이 놀다가 밤에 씻기는 건 할머니가 하고 잘 때도 할머니가 데리고 잤어요. 세 살이 되니까 희한하게도 진짜 애가 우유병을 딱 쥐고 엄마 방으로 오더라고요(웃음).

　1990년에는 딸아이를 낳았어요. 하나를 키우는 것도 힘들어서 둘째는 안 낳을 생각이었어요. 엄마로서 무언가 못해주는 마음이 너무 힘들었거든요. 내가 한 살 때 갑자기 열이 나면서 장애를 갖게 되었으니 어머니는 손자 열나는 게 참 무서웠을 거 같아요. 늦은 밤 애가 열이 나면 남편과 어머니가 애를 업고 나갔어요. 한의원이나 동네 침술원에 갔겠죠. 어디로 갔는지 나는 몰라요. 핸드폰도 없었으니 연락할 방법도 없고 올 때까지 마음 졸이며 기도하는 것밖에 할 수 있는 게 없었어요. 애가 아픈데 병원에도 따라가지 못하는 게 참 괴로웠어요. 둘째가 생겼을 때 유산시키면 좋겠다고 했는데 남편은 아들 둘에 딸 하나는 있어야 한다는 고리타분한 생각을 갖고 있었어요. 둘째는 진짜로 유산을 못 시켜서 낳은 거예요. 임신이 안 되게 하는 수술이 있다는 걸 몰랐어요. 알았다면 첫째 낳고 바로 했을 거예요. 그래도 둘째 가졌을 때 사람들이 "하나만 낳고 말지" 하는 소리는 서운하더라고요. 둘째 정도는 다 낳는 건데, 내가 장애인이니까 저런다 싶었죠. 어떻게든 잘 키워야 한다는 걱정이 앞서서 아이를 낳고도 좋은 줄도 몰랐어요.

우리 애들은 유치원도 자기가 알아서 가방 메고 갔어요. 아침 먹으면 엄마는 상을 치우고 내가 준비시켜서 내보내면 아이가 인사하고 나갔어요. 나중에 세상에 나와서 휠체어 타고 길을 가다 보니까 유치원 버스를 기다리는 엄마와 아이가 많더군요. 버스 올 때까지 둘이 나란히 이야기하면서 기다리다가 버스 도착하면 선생님이 데리고 올라타더라고요. 우리 애는 혼자 길에서 기다리고 있었겠죠. 그땐 내 눈에 안 보이니 몰랐지만 지나고 보니 그런 것도 참 미안해요.

첫째가 입학할 무렵에 남편의 사업이 잘못됐어요. 그 뒤로 남편은 10년 가까이 외지에 살면서 공사 현장 같은 데서 일하고 가끔씩만 집에 왔어요. 아이가 입학했는데 내가 따라다니면서 이런 건 해도 되고 저런 건 조심해야 한다는 걸 알려줄 수 없고, 비가 갑자기 쏟아져도 우산을 갖다줄 수 없었어요. 내가 챙겨줄 수 없으니까 절대로 회장 선거할 때 손들지 말라고 했는데 떡하니 부회장을 맡아온 적이 있었어요. 회장 엄마한테 전화가 와서 "소풍을 가면 엄마들이 선생님 목욕 보내드리는 돈을 모아야 됩니다" 하더라고요. 그런 거 있을 때마다 돈 보내주는 것밖에 못했어요. 다시는 못하게 했어요. 애들이 더 클 수 있었는데 내가 못 크게 만들었어요.

둘째가 4학년이 될 때까지 친정에 살았어요. 더 일찍 분가해 나왔다면 애들과의 추억이 많았을 텐데 남편 없이 혼자서 아이들을 키울 자신이 없었어요. 결혼 전에는 '나는 왜 이런 것도 못할까, 나는 왜 이것밖에 안 될까' 그런 생각을 별로 안 했어요. 그냥 사는 날까지 이렇게 사는 거라고 여겼죠. 그런데 아이들 키우면서 내가 할 수 있는 게 너무 없다는 걸 절실하게 깨달았어요. 이렇게 사는 게 맞는 건가 많이 괴로웠어요. 그런 마음을 이야기할 사람이 없어서 더 힘들었는데 어느 날 텔레비전을 보다가 생명의전화라는 걸 알게 됐어요. 전화를 걸어 누군지도 모르는 분한테 이야기를 털어놓았죠. 그 뒤로 그분과 몇 차례 더 통화했어요. 이름은 잊었는데 그분이 내 얘기를 듣더니 엄마가 긍정적이니 아이들도 괜찮을 거라고 말해줬어요. 위로가 필요했던 것 같아요.

택시비를 움켜쥐고

어느 날 아는 언니가 장애인야학이 생겼다면서 한번 다녀보라고 했어요. 그땐 누가 그런 말을 꺼내기만 해도 대번에 "나는 못 가지"라는 말이 튀어나올 때였어요. 우리 집에 계단이 다섯 개 있어서 나가려면 누가 업어주어야 했는데 그땐 남편도 없었어요. 얘기 들었던 건 5월인데 엄두가 나지 않아서 몇 개월 동안 생각만 했어요. 11월이 되었을 때 그 학교를 한 번이라도 가보고 싶다는 마음이 들었어요. 나는 다녀본 적이 없는 그 '학교'라는 곳이 어떤 곳인지 궁금했거든요.

어떻게 갈까 방법을 궁리하다 비장애인들이 타는 콜택시가 생각났어요. 택시 회사에 전화해서 사정을 얘기했는데 기사님이 집에 들어와서 업고 나가는 건 해줄 수 없다고 했어요. 여기저기 전화를 돌렸는데 다 안 된다고 했어요. 그러다가 사랑실은교통봉사대라는 곳을 알게 됐어요. 회사의 수익금 중 일부를 심장병 어린이들을 돕는 데 기부하는 곳이었어요. 전화를 받은 아가씨가 "기다려보세요" 하더니 자기들끼리 이야기를 했어요. 조마조마하면서 기다렸는데 잠시 후 "도와주신다고 하네요" 했어요. 너무 기뻤어요. 기사님이 집에서 나를 업고 나와서 택시에 태우고 야학에 데려다주셨어요. 야학이 2층에 있어서 나를 업어주시고 휠체어도 올려주셨는데 지금 생각해도 너무 고마워요.

나를 면담한 야학 선생님은 며칠 후에 연락 주겠다고 했어요. 내가 너무 중증이라 집에 가 있으라고 해놓고 연락이 안 올까봐 걱정이 됐죠. 처음 야학에 갈 때는 학교가 어떻게 생겼나 보고 만 와야겠다는 마음 정도였는데 막상 가서 보니 또 가고 싶어졌 어요. 그런데 얼른 연락이 안 왔어요. 내가 먼저 전화를 걸어 "아 무래도 제가 너무 중증장애인이라 좀 어렵겠죠?" 하니까 "아닙니 다. 내일쯤 전화드리려고 했습니다" 그러더라고요. 걱정 말고 오 라고 했어요. 그렇게 질라라비장애인야학을 다니기 시작했어요. 그때가 내 나이 마흔일곱이었고 우리 딸이 초등학교 4학년이었 어요.

일주일에 세 번 검정고시 수업이 있었는데 야학 가는 일이 나의 가장 신나는 일이 되었어요. 국어·영어·수학을 배우는 것도 좋았지만 더 큰 배움은 세상을 알게 된 거였어요. 선생님들이 말 하는 모든 것들이 쏙쏙 들어왔어요. 내가 학교에 다니지 못한 것 이 절대 당연한 일이 아니라는 것도 학교에서 배웠죠. 예전엔 뉴 스에서 데모하는 걸 보면 나라에 돈이 없어서 그러는 걸 어째 저 러나 생각했는데 그게 아니라는 걸 깨달았어요. 어쩌면 이렇게 세상을 모르고 살아왔을까 싶은 생각이 들 때는 가슴을 치고 싶 었어요.

교통봉사대에서 계속 저를 학교에 데려다주셨어요. 그때 제 콜 번호가 '180번 아줌마'였어요. 딸이 학교 마치면 야학에 와서 내 휠체어를 밀어줬어요. 수업 마치면 선생님들이 낡은 봉고차 로 학생들을 집집마다 데려다줬어요. 두 선생님이 짝을 지어 한 사람은 운전하고 한 사람은 학생들을 태우고 내리는 식이었어요. 우리 집이 학교에서 제일 가까워서 내가 맨 처음으로 내려야 했는데 그게 아쉬워서 우리 학생들이 어디 사는지 알고 싶다고 나를 제일 마지막에 내려달라고 부탁했어요. 밤마다 대구 시내를 다 돌고 집에 왔죠. 그날의 운행을 마치면 선생님들끼리 술도 한 잔씩 하는데, 그러고 집에 돌아가면 새벽 두 시쯤 된다고 했어요.

야학 선생님들은 정말 헌신적으로 우리를 가르쳤어요. 그 선생님들이 너무너무 좋았어요. 그런 사람들을 만나본 적이 없었어요. 스물한두 살쯤 됐거나 군대 갔다 왔으면 스물네 살 정도였어요. 그렇게 어린 사람들이 어떻게 이런 일을 할 수 있을까, 너무 신기하고 정말 너-어-무 좋아했어요. 말로 다 못할 정도로 그렇게 좋았어요. 학생들에게 보여줬던 모습이 존경스러워서 나는 그분들을 끔찍이 어른으로 생각했어요. 집에서는 엄마가 해주는 밥도 안 먹으려고 할 나이의 사람들이 우리한테는 저녁밥까지 해 먹여가면서 공부를 가르쳐줬으니까요. 그때 저는 아침에 애들 학교 보내고 나면 혼자서는 밥 생각이 별로 없어서 종일 안 먹을 때가 많았어요. 그런데 그 선생님들이 해주는 저녁밥은 그렇게 맛있을 수가 없었어요. 된장국이라고 해봤자 된장 풀고 두부 썰어 넣은 수준이었을 텐데도 나한테는 너무너무 좋은 밥으로 느껴졌어요.

집에서 야학까지 콜택시 요금이 2200원 나왔는데 3000원을 내고 양심상 거스름돈을 받을 수가 없었어요. 일주일이면 9000원이 필요했어요. 아이들 가르치면서 그 돈 쓰는 게 쉽지 않았지만 주먹을 움켜쥐듯이 택시비를 꼭 준비해뒀어요. 얼마 뒤 친정에서 분가해 나왔는데 택시비가 한 번에 7000원으로 껑충 뛰었더라고요. 그만둬야 하나 심각하게 고민했는데 어떤 사람이 KBS 〈사랑의 리퀘스트〉에 사연을 보내보라고 하더라고요. 그랬더니 전동휠체어를 주셨어요. 그때부턴 전동휠체어를 타고 야학에 다니기 시작했어요. 학교까지 두 시간 걸렸어요. 곧장 가면 그보단 빨랐을 텐데 길가에 가게며 꽃이며 구경하며 가느라 오래 걸렸죠 (웃음). 나 혼자 다닐 수 있어서 너무 좋았어요. 바람에 머리가 날리는 것도 좋았고 비 올 때 우산 쓰고 가는 것도 너무 좋았어요.

하루도 빠지고 싶지 않았어요. 내가 밖에 나가는 걸 싫어하셨던 아버지도 학교 가는 것에 대해선 뭐라 못하셨어요. 호주에 사는 동생이 집에 온 적이 있어요. 학교 갈 시간이 되어서 내가 가야 한다고 하니까 동생이 자기도 왔는데 오늘은 학교 가지 말라고 했어요. 자기들은 학교 다닐 때 집에 손님 왔다고 결석한 적 없으면서 우리 학교에 대해선 저렇게 말할까 싶어서 그렇게 서운할 수가 없었어요. 저 나이에 무슨 학교냐는 생각인 건지, 장애인들이 심심하니까 모여서 시간을 보낸다고 생각하는 건지. 동생이 멀리서 온 건 맞지만 그래도 학교는 가고 싶다고 가고 손님 왔다고 안 가는 그런 데가 아니지 않느냐고 내가 발끈했어요. 지금은 동생이 그런 소리 안 해요.

"저 싸움을 내가 해야 한다"

야학에 갔더니 류재욱이라는 분이 학생회장을 하고 있었어요. 하루는 재욱씨가 자립을 했다면서 집으로 사람들을 초대했어요. 그분은 손을 못 쓰셔서 혼자서는 밥을 먹기도 힘든 중증장애인이었어요. 집들이를 한다기에 살림을 해주는 사람이 있나보다 생각했는데 가보니까 야학 선생님들이 상을 차려주고 음료수를 따라주더라고요. '선생님을 시켜서 집들이를 하다니 정신이 있는 사람인가' 생각했죠(웃음). 거기서 그분의 사연을 듣게 되었어요. 댐 건설로 고향 마을이 수몰되면서 도시로 나와서 살게 되었는데 어머니가 시장에 일하러 나가면 종일 혼자 있어야 했대요. 어머니가 연로해지니까 이렇게 대책 없이 살다간 시설에 들어가게 되겠더라면서 어떻게든 살 궁리를 하려고 임대아파트를 얻어 자립하셨대요.

야학 교사들이 이따금 집에 찾아가 도와주었는데 교사들이 밥을 비벼놓고 가면 재욱씨가 나중에 혼자 먹는다고 했어요. 짜장면을 배달시켜서 배달원에게 비벼달라고 부탁해서 먹기도 하는데 재욱씨 손이 불편하니까 40분이 걸렸다던가. 야학에서 자원봉사자를 연결해주긴 했지만 전혀 충분하지 않았겠죠. 어느 날 어떤 중학생이 재욱씨의 휠체어를 밀고 왔기에 누구냐고 물었더니 방금 길에서 만났다고 했어요. 지나가는 사람한테 휠체어 밀어달라고 부탁해서 지하철역까지 이동하고, 거기서 또 지나가는 학생에게 부탁해서 야학까지 이동한다고 했어요. 용기가 참 대단하죠. 아마 그분도 나처럼 야학을 만나 그런 용기를 얻으셨던 것 같아요.

야학에 갔더니 싹 다 내가 도와줘야 하는 사람들이었어요(웃음). 학교에 가면 그분들 밥을 떠먹여줄 수 있어 좋았어요. 내 밥도 먹으면서 남도 먹여줘야 하니까 처음엔 이건 내 숟가락, 이건 재욱씨 숟가락, 하면서 구분을 했는데 먹다 보면 어느샌가 내가 재욱씨 숟가락으로 먹고 있어요(웃음). 밥을 같이 먹을 수 있어서 야학이 정말 좋았어요. 나도 할 일이 있구나, 나도 쓸모가 있구나, 하는 경험을 처음 했죠. 야학 다니기 전엔 나중에 국문학을 전공해서 작가가 되겠다는 우아한 꿈을 꿨는데 어렵게 사는 사람들을 만나면서부터 더 이상 그런 포시러운 꿈은 안 꾸게 됐어요.

재욱씨는 문을 안 잠그고 산다고 했어요. 누가 와서 도와줘야 살아갈 수 있는데 문을 잠가놓으면 자기가 안에서 열어줄 수 없어서 그런대요. 난 여자라서 그런지 그분이 문 안 잠그고 산다는 게 그렇게 신경 쓰일 수가 없었어요. 아침마다 전화해서 잘 잤는지, 살아 있는지 안부를 물었죠. 남들보다 빨리 신용카드를 만들어 생활하셨는데 누가 그걸 알고 훔치러 오면 어떡하나, 이 카드 때문에 이 사람이 죽는 일이 생기면 어떡하나 걱정되어서 그 집에 갈 때마다 카드를 휴지로 둘둘 말아서 장판 밑에 숨겨주었어요(웃음). 내가 도와줄 수 있는 게 그런 것밖에 없었어요.

야학에선 문화체험이란 걸 했어요. 교사들이 학생들의 집에 가서 휠체어를 밀고 지하철로 이동해서 목적지까지 갔어요. 가는 길에 보도블록이 얼마나 엉망인지, 편의시설 환경이 얼마나 형편없는지 함께 느끼는 거죠. 극장이나 경기장에 가기도 하고 월드컵이 한창일 때는 빨간 옷 챙겨 입고 거리 응원도 했어요. 한번은 아주 큰 사건이 있었어요. 한국시리즈 야구 경기를 보러 대구 야구장에 갔는데 엘리베이터가 없고 리프트만 있었어요. 리프트 한 대로 여러 명이 관중석까지 올라가려니까 처음 올라간 학생은 1회 초부터 보고 나중에 도착한 사람은 4회 말부터 보게 되는 그런 상황이었어요. 어렵게 올라가도 화장실에 가려면 다시 내려와야 했는데 설상가상 장애인 화장실도 없어서 바닥에 신문지를 깔아서 볼일을 보고 컵라면 용기에 소변을 보는 일이 벌어진 거예요.

우리가 엄청 분노해서 야구장 앞에서 편의시설 설치를 요구하는 집회를 했어요. 나중에 야구장 측에서 바꿨다고 해서 가보니 또 리프트였어요. 대구대학교 학생들과 연합해서 그 리프트를 아예 고장 내버리자면서 리프트를 계속 타는 시위를 했어요. 한 사람이 타고 올라갔다 내려오면 다음 사람이 타고 올라갔다 내려오길 반복했어요. 그랬더니 진짜 고장 나버렸어요(웃음). 그 후 엘리베이터로 바뀌었죠. 그런 모습을 보면서 내가 많이 깨졌어요. 선생님들이 가는 곳마다 싸우는 모습을 보면서 '아! 저렇게 싸워서 바꿔야 하는구나!' 생각했죠. 뭔가를 하면 바꿀 수 있다는 걸 알아버렸어요. 그때 학생들은 용기가 없어서 교사들 뒤에서 아무 말도 못하고 있었지만 분노를 그냥 잠재워선 안 된다는 걸 배웠던 것 같아요. 선생님들은 당사자가 아니니까 저렇게 안 싸워도 될 사람들이잖아요. 그런 분들이 우리를 위해 열심히 나서 싸우는 걸 보면서 저 싸움은 내가 해야 한다고 생각했어요.

2년쯤 한창 재미있게 학교에 다니고 있었는데 어느 날 선생님이 이제 그만 나오라고 했어요. 학교 형편도 좋지 않고 다른 장애인에게도 기회를 줘야 한다면서 학교 규정이 그렇다고 했죠.

집에 와서 곰곰이 생각해봤어요. 이렇게 그만두면 옛날처럼 집에만 갇혀 살 게 뻔했어요. 도저히 그때로 돌아갈 순 없었어요. 다음 날 선생님들에게 말했어요. "선생님들은 유치원에서부터 대학·대학원까지 다녔으면서 왜 나보고는 2년 했으니 이제 집으로 가라고 합니까?" 선생님들도 할 말이 없었는지 그 뒤로 그 규정은 없어졌어요(웃음). 우리가 갈 수 있는 곳은 야학밖에 없는데 언젠가는 졸업해야 하니까 졸업 후에도 장애인이 밖으로 나올 수 있는 사회를 만들어야겠다고 이 젊고 패기 넘치는 선생님들과 같이 있을 때 무엇이든 해야 한다고 생각했어요. 세상을 바꾸려면 뭘 어떻게 해야 하는지 전혀 몰랐는데도 그런 마음이 움텄어요.

야학 학생회장이 되었을 때 학생들을 조직해서 '전동사모'(전동휠체어를 사랑하는 사람들의 모임)라는 팀을 만들었어요. 선생님들 없이 장애인인 우리가 직접 나서서 행동하자고 모인 거예요. 문화체험 활동을 통해 선생님들에게 배운 걸 실천하고 싶었어요. 좁은 길을 넓히라고 민원을 넣는다거나 가게에 장애인 편의시설을 갖추도록 요구하는 활동을 했어요. 장애인은 두세 명만 되어도 식당에서 눈치를 줘서 들어갈 수가 없었거든요. 우리를 받아주는 딱 몇 군데의 식당에만 갈 수 있었죠. 우리도 계모임도 할 수 있고 단체로 여행도 가야 한다고, 맨날 가는 식당 말고 먹고 싶은 거 먹으러 갈 수 있어야 한다고, 기상도 드높게 7월 17일 제헌절에 발대식을 했어요. 예산이나 행정, 법이니 정치니 그런 거 하나도 모르면서 일단 바꿔야 한다는 생각만으로, '왜 우리만 못 다니게 해?!' 그런 마음으로요(웃음).

장애인의 출입을 막는 각종 계단과 턱이 어지럽게 펼쳐져 있다. 비장한 표정을 하고
휠체어에 탄 채 한가운데 있는 박명애가 그 턱과 벽을 부수며 등장하는 듯하다.
보라색 모자를 쓴 그는 어깨에 분홍 가방을 걸치고 있다. 그의 오른쪽 옆에는 그의 등장을
반기는 듯한 신장개업 인형이 손을 흔들며 웃고 있어 전체적으로 그로테스크한 느낌이 난다.

전동사모 초대 대장은 재욱씨가 맡았어요. 우리는 재욱씨가 아침이든 점심이든 밥 먹고 싶을 때 밥 먹는 사회를 만들어야 한다면서 시청으로 찾아갔어요. 공무원에게 다짜고짜 이분이 혼자 살고 있는데 밥이라도 먹을 수 있게 누굴 보내줄 수 없느냐고, 도움받을 방법이 없느냐고 물었어요. 면담 약속 같은 걸 잡고 간 게 아니라 그냥 무작정 찾아간 거예요. 대구시 예산이 얼마이고 장애인복지예산이 얼마인지, 장애인이 몇 명인지, 그런 생각은 전혀 못했어요. 내가 볼 땐 우리 동네에 그런 사람이 재욱씨 한 사람 뿐이잖아요(웃음). 재욱씨는 언어장애가 있어서 말로 떠드는 건 나 같은 사람이 했어요. 내 것을 해달라는 게 아니라 다른 사람을 위해 말하는 거니까 그리 어렵지 않았어요.

시청 공무원들이 커피를 타주면서 정중하게 대해줬어요. 그러면서 자기들이 지금 어떤 제도를 준비하고 있는데 그것만 시행되면 장애인도 밥 먹고 살 수 있는 세상이 될 거라고 했죠. 지금 생각해보면 그게 노인장기요양보험 제도였던 것 같아요. 그땐 장애인 활동지원서비스라는 게 있다는 걸 우리도, 공무원도 몰랐을 때였거든요. 그분이 "조금만 기다려주십시오" 하기에 '아, 기다리면 곧 되는구나' 안심하면서 돌아왔어요(웃음). 촌스러운 옷 맞춰 입고 격식도 체계도 없이 순진했어도 내 마음에 있던 말을 할 수 있어서 좋았어요. 한번 하니까 다음엔 더 잘 말하게 됐어요. 그래서 내가 야학을 그렇게 좋아했는지도 몰라요. 40년 동안 집에서 가족과 살면서 나를 위해선 단 한 마디도 못하던 사람이 밖에 나와선 할 수 있었으니까요. 야학 이야기만 하면 지금도 소름이 돋을 정도로 좋아요.

아스팔트 위를 기어가는 사람들

장애인 이동권 투쟁을 기록한 다큐 〈버스를 타자〉를 보면서 우리도 저렇게 싸우면 좋겠다고 생각했어요. 투쟁을 이끄는 박경석 노들야학 교장 선생님처럼 우리 중에도 저렇게 총대 맬 사람이 있었으면 했어요. 질라라비야학 교장 선생님은 대학 교수였어요. 명예 교장이라고 해서 일상적으로 우리와 같이 생활하진 않으셨어요. 야학 선생님 중에 장애인이 한 분 계셨는데 그분한테 "대구의 박경석이 되어주세요. 그럼 내가 열심히 도와줄게요" 하니까 그분이 웃으면서 "졸업하고 직접 하시면 되잖아요" 했어요. 깜짝 놀라서 웃으며 그랬죠. "선생님은 대학 나왔지만 나는 ABCD도 모르는데 내가 어떻게 그런 일을 해요!"

  질라라비야학은 장애인지역공동체의 부설기관인데, 2006년에 대구장애인지역공동체 대표를 뽑는 선거가 있었어요. 어느 날 활동가가 나에게 대표를 해보면 어떻겠냐고 했어요. 야학 다니는 동안 세상을 바꿔야겠다는 마음은 품고 살았지만 대표가 될 수 있다는 생각은 꿈에도 해본 적이 없었어요. 그분이 나에게 "대표가 되어서 꿈꾸던 그 일을 하시라" 했어요. 농담인 줄 알았는데 진지하시더라고요. 펄쩍 뛰면서 "안 돼요. 나는 아무것도 못해요. 손에 힘이 없어서 결재 도장도 못 찍는다고요" 했어요. 아버지가 사업하실 때 집에서 도장 찍는 것을 많이 봤거든요. 땀 흘려 일하는 건 내 눈으로 본 적이 없으니까 다른 건 걱정도 안 하고 오직 도장 못 찍는 게 제일 걱정이었어요(웃음).

그런데 그분이 저를 한 달 넘게 설득했어요. 나는 대표를 할 준비가 되지 않았다고 했더니 그러시더라고요. "완벽하게 준비된 그런 때는 오지 않습니다. 대표를 하면서 준비하시면 됩니다. 대표는 그렇게 되는 겁니다." 그 말이 좋았나봐요. 어느 날 길을 가는데 소방차가 사이렌을 막 울리면서 지나가는 걸 봤어요. 소방관들이 달리는 차 안에서 방화복을 입고 장화를 신고 모자를 쓰고 있었어요. '아, 저 위험한 현장으로 가면서 자기 목숨을 지켜줄 옷 한 벌 제대로 못 갖춰 입고 출발했구나. 달려가는 저 촉박한 상황에서 하나씩 준비하는구나. 저렇게 사람을 구하는 거구나. 그렇다면 나도 대표를 맡아도 되지 않을까. 지금은 아무것도 못하지만 대표를 하면서 뭔가 할 수 있는 사람이 되어가도록 노력하면 되지 않을까.' 그런 생각을 했어요. 장애인에 대해 말하려면 장애인이 나서서 해야지 남이 해주길 기다리고만 있을 순 없다고, 한번 해보자고 마음먹었죠. 그렇게 대구장애인지역공동체 대표가 되었어요.

그 후 대구의 지역 단체들이 연대하는 회의에 나갔어요. 그런 회의를 처음 해보니까 오가는 말들이 너무 어려워서 귀에 잘 들어오지 않았어요. 그날도 회의 내용을 귀담아듣지 못하고 있었죠. 회의가 끝날 무렵 서울에 가야 하는데 누가 갈 수 있는지 손들어보라고 했어요. 나는 화장실 문제 때문에 멀리 갈 생각은 아예 못하던 사람이었어요. 며칠 후 시내의 식당에서 늦은 점심을 먹고 있는데 텔레비전 뉴스에 장애인들이 나온 걸 봤어요. 사람들이 휠체어도 없이 아스팔트 도로 위를 꼭 자기 집 방바닥처럼 앉아 있었어요. '저게 뭐하는 거지?' 유심히 바라보는데 저번 회의가 딱 떠올랐어요.

그게 활동지원서비스 제도화를 요구하는 시위였는데 중증장애인들이 서울 한강대교를 기어서 노들섬까지 가는 투쟁이었어요. 하루 종일 도로를 점거하는 바람에 난리가 났더라고요. 기어가는 게 되게 힘든 일이거든요. 그땐 활동지원서비스가 뭔지 잘 몰랐는데도 저 사람들 많이 춥고 힘들겠다고 생각하니까 같이 못 간 게 되게 미안했어요. 나중에 서울에서 전국장애인차별철폐연대 활동가가 와서 그 제도에 대해 설명해줬어요. 일본이나 유럽에선 30~40년 전부터 장애인의 일상 활동을 지원하는 활동지원서비스 제도가 시행되었다는 걸 알았을 때 이 나라가 내 인생을 이렇게 만들었다는 생각이 들어 정말 억울했어요. 아이를 낳고도 마음에 근심이 가득해서 기쁜 줄도 몰랐는데 그 제도가 있었다면 나도 좀 당당할 수 있었을 거잖아요. 지금이라도 정부가 우리에게 미안해하면서 제도를 만들어줘도 모자랄 판인데 현실은 전혀 그렇지 않다고 했어요.

한 달 뒤 대구에서도 활동지원서비스 제도화를 요구하는 농성을 한다고 했어요. 몇 날 며칠 농성에 들어간다고 각 단체에서 이불 몇 개 가져오라는 말들이 오갔어요. 좀 무서웠어요. 서울 사람들이 투쟁하는 거 보니까 다칠 수도 있고 경찰에 연행될 수도 있겠더라고요. 어쩌면 오랫동안 집에 못 돌아올 수도 있다는 생각에 딸을 시켜서 엉망진창인 집을 정리했어요. 딸에겐 일주일 동안 집에 안 들어온다고 말했어요. 몸싸움을 하려면 핸드백은 불편할 것 같아서 어깨에 메는 튼튼한 가방도 하나 사뒀죠. 그렇게 짐을 챙겨 가방을 둘러메고 집을 나왔어요. 그날이 2006년 5월 18일이었어요.

뒷모습이 부끄럽지 않게

첫날 싸움이 아주 격렬했어요. 시청 안으로 밀고 들어가려다 경찰에게 붙잡혀서 몸부림을 쳤어요. 동네 부끄러운 줄도 모르고 이판사판으로 싸웠죠. 그렇게 몸으로 싸운 건 처음이었는데 자연스럽게 되더라고요. 전동사모 회원들과 민원실에 찾아갔을 때는 공무원들이 친절하게 응대해주더니 "국장 나와라!" 소리를 치니까 태도가 완전히 달랐어요. 그날 저녁 국장이 나타났는데 '나왔다, 어쩔래?' 하는 식으로 우리를 우습게 보더군요. 속이 아주 뒤집어졌어요.

5월인데도 밤이 되면 찬바람이 너무 세차게 불어서 이불을 돌로 눌러놓고 자야 할 정도였어요. 노숙은 처음이었는데 잘 잤어요(웃음). 해 뜨자마자 휠체어에 타서 하루 종일 싸우고 집회하고 바쁘게 움직이다 새벽 한두 시가 되어야 누울 수 있었죠. 너무 피곤해서 별 볼 틈도 없이 바로 곯아떨어졌어요. 몸은 점점 지쳐

가는데 대구시 공무원들은 정문을 딱 닫아걸고 뒷문으로 출퇴근하면서 꼼짝하지 않았어요. 결국 우리는 삭발 투쟁을 하기로 했어요. 그 전날 밤 잠을 이루지 못했어요. 엄마가 치매로 고생하고 계셨는데 그즈음 돌아가실 수도 있다고 생각하던 때였거든요. 나때문에 마음고생이 심해서 치매가 일찍 온 게 아닌가 너무 죄송했는데 삭발하고 농성할 때 혹시 돌아가시면 그 모습으로 장례식장을 지켜야 할 수도 있다고 생각하니 마음이 착잡했어요.

우리가 삭발까지 하면서 악착같이 싸우는 걸 보고 시청에서 이 사람들 웬만해선 안 물러서겠다고 생각했는지 우리를 전부들어다 시청 건너편 주차장으로 쫓아냈어요. 장애인들에겐 농성할 때 전동휠체어를 충전할 전기와 화장실이 제일 중요해요. 그거 내놓으라고 또 붙어서 사람들이 땅에 나뒹굴고 한바탕 난리가났어요. 그랬더니 전기와 화장실을 쓰게 해주더라고요. 고생스러워도 재미있었어요. 나중엔 냉장고와 가스레인지를 갖다 놓고 비오면 부침개도 부쳐 먹었어요. 농성을 43일간 했는데 집엔 한 번도 가지 않았어요. 내가 자리를 비우면 지구가 망할 것 같았거든요(웃음). 사람들에게도 집에 가지 말라고 했어요. 여기 있으면 사람 구경이라도 하지 집에 가봤자 벽 보는 것밖에 더 하냐고요. 엄마가 하도 집에 안 들어오니까 딸내미가 농성장으로 찾아왔어요. 하루 이틀 그러다 나중엔 아예 가방 싸들고 와서 농성장에서 자고 아침에 학교 갔어요. 친구들도 데려와서 밥 먹여줘야 하는 장애인들의 활동지원도 하고요. 딸에게 "너 커서 데이트할 때 되면 엄마는 활동지원사의 도움을 받으면서 살 거야. 너도 친구들처럼 마음껏 데이트하고 놀 수 있는 세상을 엄마가 만들 거야" 그랬는데 정말로 그렇게 되었죠.

마흔일곱에 야학을 통해 세상 밖으로 나왔고 5년 뒤 갑작스럽게 대표가 되었어요. 그리고 진짜 투쟁다운 투쟁을 시작했죠. 내 나이 쉰셋이었어요. 활동지원서비스 투쟁은 전장연과 손잡고 한 것이었는데 대구장애인지역공동체 안의 어떤 사람들은 그 투쟁을 달가워하지 않았어요. 어느 날 대학 교수인 우리 야학 교장 선생님이 전화해서는 그만하고 집에 가라고 했어요. 내가 그렇게 뻔뻔한 사람이 아닌데 알겠다고 대답하고는 계속했어요. 어떻게 그랬나 모르겠어요(웃음). 대표 선거에서 날 추천했던 분도 나를 만나자고 하더니 이제 그만하면 됐으니 철수하라고 했어요. 내가 말했죠. "해결된 게 아무것도 없는데 그만하는 게 어디 있습니까? 시청에서 약속한 게 없는데 이대로 철수하면 장애인들이 와서 난리 한번 친 거밖에 더 됩니까? 안 그래도 시청 쪽에선 저놈들 저러다 말겠지 하면서 우리를 무시하는데 그 사람들 생각대로 해주란 말입니까?" 그럼 언제까지 할 거냐는 물음에 제가 "장애인들 꼴값 떤다는 말은 안 들어야죠. 나는 내 뒷모습이 부끄럽지 않을 때 돌아올 겁니다"라고 받아쳤죠. 그분들은 노선을 달리해서 나중에 다른 단체로 분리해 나가셨어요.

6월 29일 대구시가 결국 활동지원서비스를 제도화하겠다는 약속을 공표했어요. 참말로 열심히 싸워서 항복을 받아낸 거죠. 다음 해엔 보건복지부에서 전국적으로 활동지원서비스 사업을 시행하겠다고 발표했는데 문제가 많았어요. 한 달에 받을 수 있는 서비스 시간이 형편없이 적은 데다 성인만 이용할 수 있고 기초생활수급자가 아닌 사람은 큰 비용을 내야 했죠. 그걸 막으려고 서울로 올라갔어요. 이번에도 딸에게 "엄마 일주일 동안 안 들어온다" 하고는 집을 나왔어요. "맨날 일주일이래!" 하면서 딸이 입을 삐죽거렸어요.

국가인권위원회에서 단식농성을 시작했어요. 재욱씨도 함께했는데 일주일 만에 창백해지더니 쇼크가 와서 그만둬야 했어요. 18일이 지나니까 버티기가 힘들어졌는데 다른 사람들 몫까지 해야 한다는 책임감이 더 커졌어요. 다행히 끝까지 갔어요. 23일 만에 유시민 보건복지부 장관이 합의해줬어요. 그리고 2007년 4월에 활동지원서비스가 전국적으로 시행되었죠. 참말로 악착스럽게 싸웠어요. 힘드니까 빨리 끝났으면 좋겠다는 생각을 한 번도 해본 적 없어요. 오히려 평생 말 한마디 못하고 살았던 한을 투쟁하면서 다 풀었죠. 투쟁 현장에 있는 하루하루가 행복했어요.

그 후 10년이 어떻게 갔는지도 모르게 재미나게 살았어요. 2007년엔 대구장애인차별철폐연대 대표가 되었고 2009년에는 우리 야학의 교장이 되었어요. 장애인 특별교통수단을 도입하라고 대구시청을 점거해서 장애인콜택시 제도도 만들어냈고 활동지원서비스를 늘리기 위해 계속 싸웠어요. 해마다 정부는 예산을 깎으려고 하고 우리는 늘리기 위해 숱하게 투쟁했어요. 그리고 2016년 대구시립희망원에서 비리와 인권유린 사건이 터졌죠. 직원들이 빨리 퇴근하려고 오후 네 시부터 밥 먹이고 약 먹인 뒤 장애인들만 놔두고 모두 퇴근해버리면 그 안에서 힘 있는 사람이 힘없는 사람 괴롭히고 때리고 엉망진창이었대요. 2년 동안 129명이 죽었어요. 천주교에서 운영하는 시설이라 더 분노가 치솟아서 밤낮없이 쫓아다녔어요.

정말 고맙게도 훌륭한 동지들이 옆에 있어서 하나도 어려운 게 없었어요. 나는 정책도 모르고 전략 같은 거 짤 줄도 모르고 살림도 못 꾸리지만, 우리가 얼마나 참고 또 참으며 힘들게 살아왔는지, 얼마나 벼랑 끝에 내몰려 있는지, 이 문제가 얼마나 절실한지를 잘 보여줄 수 있도록 고민하는 게 내 일이라고 생각했어요. 때로는 좀 느긋하게 살고 싶다는 마음이 들다가도 그런 호사스런 생각하면 안 된다고 나를 다잡아요. 일이 주어진 걸 영광으로 여기고 피곤하다, 힘들어서 못 하겠다, 그런 말 절대 안 하겠다는 걸 좌우명처럼 품고 살았어요. 기차 타고 멀리 가야 할 때도 고단하다 여기지 않고 여행한다고 생각하면서 풍경을 바라봤어요. 너무 행복했죠.

홀로서기

야학 다니고 얼마 지나지 않았을 때였어요. 엄마가 건망증이 심해진 것 같아 한의원에 갔더니 가슴속에 화가 너무 많이 차 있다면서 잘 풀지 않으면 위험하다고 했어요. 나 때문에 그런 것 같아 마음이 아프고 죄송했어요. 엄마를 편하게 해드리고 싶어서 서둘러 분가했어요. 그 후에 검사하니 치매셨어요. 남들보다 일찍 온 거였죠. 10년 정도 고생하시다 일흔일곱에 돌아가셨어요. 스물둘에 나를 낳아서 55년을 나 때문에 마음고생 많이 하셨죠. 정신이 좀 있으실 때 저한테 그런 말씀을 하셨어요. 네가 학교에도 다니고 너 혼자 살아갈 수 있는 세상이 된 것 같아서 이제 눈을 감을 수 있을 것 같다고요. 평생 그런 말을 하시던 분이 아니었고 그때도 이미 많이 아프실 때였는데 꼭 유언처럼 말씀하셨어요.

어느 날 장애인 자녀를 둔 부모들이 아이들의 교육권을 위해 투쟁하는 현장에 갔었는데 그날 부모님들이 삭발을 하셨어요. 현장에서 그 모습을 지켜보다가 나도 같이 삭발하겠다고 했죠. 자식보다 하루 더 사는 게 소원이라는 부모들의 말을 들으면 잘못한 것도 없이 늘 기죽어 있던 엄마의 모습이 떠올라요. 부모들의 운동이 곧 나의 운동이라고 생각해요. 우리 엄마가 하면 부모운동인데 엄마가 못했으니까 내가 하는 거죠. 어머니는 내성적이어서 당신 자식이 장애인이라고 먼저 말할 수 있는 성격이 못 됐어요. 다른 사람들은 다 건강한 자식을 잘 낳아 기르는데 당신은 그러질 못했으니 부끄럽기도 했을 테죠. 그저 전생의 업이 깊다고 하셨고 저도 그런 줄 알았어요. 그런데 장애인운동을 만나면서 그게 아니라는 걸 깨달았어요. 이 나라가 장애가 있건 없건 차별 없이 사는 세상만 만들어놨으면 나는 정말로 내 장애에 불만이 없었을 거예요.

투쟁 현장에서 만난 부모들을 보면서 우리 엄마는 저 나이에 어땠을까 생각했어요. 나보다 젊지만 다 우리 엄마 같아서 부모님들이 운동하는 모습이 참 보기 좋았어요. 엄마가 못한 그 운동을 내가 하고 싶어서 나도 삭발하겠다고 한 거예요. 혹시 우리 엄마처럼 나서기 힘드신 분도 있을 것 같아서 한 사람이라도 더 같이하면 용기가 생기지 않을까 생각했어요. 우리 엄마가 힘들어하고 있을 때 누군가가 당신 잘못이 아니고 세상을 바꿔야 한다고 소리쳤다면 엄마도 좀 위로가 됐을 텐데, 그런 사람이 없어서 긴 세월 엄마는 얼마나 막막했을까요.

엄마는 당신의 젊음을 바쳐 나를 키워주셨어요. 엄마가 올바르고 착하게 사는 걸 보면서 어떻게 살아야 하는지 배웠고요. 늦은 나이라도 나는 세상에 나와서 집회하고 투쟁하면서 마음속 스트레스를 풀 수 있었는데 엄마는 그러질 못해서 치매가 빨리 오지 않았을까 생각해요. 장애인 부모운동이 꼭 성공했으면 좋겠어요. 엄마의 삶을 가치 있게 만들어드리고 싶어요. 발달장애 자녀를 둔 엄마들이 자기 인생을 살 수 있는 세상을 만들고 싶어요. 발달장애인들이 활동지원서비스도 충분히 받고 낮에 마음 놓고 지낼 수 있는 기관들이 많이 생긴다면 나중에 엄마들이 마음 놓고 떠날 수 있지 않을까요.

2014년 어느 날 남편이 얼굴색도 안 좋고 기침을 많이 했어요. 감기 같았는데 잘 낫지 않아서 검사했더니 급성 폐암이라고 했어요. 석 달 뒤에 돌아가셨어요. 결혼 30년 만이었죠. 내가 예순하나, 남편이 예순둘이었어요. 남편이 나보다 먼저 돌아가실 줄 꿈에도 몰랐어요. 젊다면 젊은 나이에 그렇게 갑자기 가고 나니…… 진짜 많이 힘들어서 생활이 심하게 무너졌어요. 살면서 홀로서기를 세 번 했어요. 결혼할 때 한 번, 친정에서 애들 키워서 독립할 때 한 번, 그리고 남편 떠났을 때 한 번. 남편이 떠났을 때가 그야말로 정말 홀로 서야 할 때였죠. 같이 다닐 땐 몰랐는데 혼자 다녀보니까 사람들이 이상하게 쳐다보더라고요. 기차 타러 가면 역무원이 "혼자 왔어요?" 하고 묻고 물건을 사러 가게에 가면 직원이 "혼자 오셨어요?" 하고 물었어요. 혼자서는 아무것도 못하는 사람인 것처럼, 항상 도와줘야 하는 사람인 것처럼 나를 인식하는 게 서글프고 화나더라고요. 내 나이가 몇인데 그런 걸 묻느냐고, 머리가 이렇게 백발인 사람이 누구와 같이 다녀야 하느냐고 쏘아붙인 적도 있죠.

남편과 나는 언제나 같이 다녔어요. 다른 지역에 갈 때면 남편은 출발하기 전에 벌써 가방을 싸놓고 기다렸어요. 나는 짊어지고 나서기만 하면 됐죠. 내가 장애인운동 하며 사는 것을 참 좋아했어요. 고속버스도, 서울의 지하철도, 남편이 있어서 큰 걱정 없이 타고 다녔어요. 남편이 없었다면 그렇게 활동할 마음을 먹지 못했을 거예요. 내가 운동을 할 수 있도록 만들어준 거죠. 누군가 남편을 보고 천사라고 했는데 문득문득 진짜 천사였나 하는 생각이 들어요. 방 안에서만 살던 나를 남편이 집밖으로 데리고 나왔어요. 그전까지 가족 중 그런 사람은 아무도 없었어요. 아버지는 장애인은 그러면 안 된다고 생각했고요. 그것이 아버지가 나를 책임지는 방식이었어요. 평생 집에서만 살았던 장애인이 밖으로 나온다는 건 참 어려운 일이에요. 남편과 여기저기 다녔던 경험이 있었기 때문에 나중에 혼자 콜택시를 불러서 야학에 찾아갈 용기도 낼 수 있었던 거예요. 야학을 만나 세상 밖으로 나왔고 전장연을 만나 투쟁의 세계도 만났으니 나는 어떻게든 살아가겠죠. 우리 남편은 마음 놓고 떠났을 것 같아요.

등급이라는 저승사자

남편이 떠난 뒤 나에겐 하루 열여섯 시간 정도의 활동지원서비스가 필요했어요. 하지만 딸과 함께 산다는 이유로 여섯 시간밖에 못 받았죠. 나는 팔에 힘이 없어서 우리 집 현관문도 못 열어요. 딸이 있어야 집에 들어갈 수 있으니까 그 애가 늦게 들어오는 날이면 나도 여기저기서 시간을 보내야 했어요. 24시간 하는 커피숍이 많다고 하던데 내가 갈 수 있는 곳은 잘 안 보였어요. 딸이 독립하고 싶어 했는데 내가 반대했어요. 어려서 나가 살다가 혹시 빚이라도 생기면 나도 갚아주는 게 힘들고 애도 상처받을까 걱정됐어요.

　나 때문에 딸이 불편하다는 걸 알면서도 몇 년 더 붙잡고 있다가 결국 내보냈어요. 어차피 언젠가는 나 혼자 살아야 하는데 딸이 있으면 더 의존하게 되고 평소에 잘하던 딸이 한 번씩 입이 삐죽 튀어나와 있으면 그거 보기도 싫더라고요. 딸이 분가하니까 활동지원서비스가 늘어서 아침 아홉 시부터 밤 열 시까지 활동지원사가 옆에 있게 되었죠. 활동지원사님 퇴근하면 혼자 조용히 기도하는 시간도 가질 수 있고, 서울 다녀와서 피곤한 날이면 한 시간만 늦게 출근하시라고 연락하기도 하고요. 충분치는 않아도 이제 조금 살 만해졌다고 생각했어요. 그런데 그렇게 몇 해 살아 보지도 못했는데 예순다섯이 성큼 다가왔어요.

장애인 활동지원서비스를 이용하던 사람이 65세가 되면 자동으로 노인장기요양보험 대상자로 전환되는데 길어야 하루 네 시간밖에 서비스 지원을 못 받아요. 하루 네 시간만 지원받는다면 어떻게 살 수 있을까. 아침 한 끼만 먹고 화장실도 그때만 갈 수 있어요. 장애인운동은커녕 꼼짝없이 집에 갇혀 살던 시절로 돌아가거나 요양병원에 가야 해요. 죽어도 그러기는 싫었어요. 예순다섯 생일이 다가오니까 가슴이 아프고 두려워서 진짜 죽고 싶었죠. 전태일 열사처럼 장애인들을 위해 죽어야 하나, 그런 생각까지 했어요. 싸워야 할 문제가 한두 개가 아닌데 한 조직의 대표라는 사람이 자기 문제에 안달복달한다고 할까봐 겉으로 드러내지도 못하고 가슴앓이를 오래 했어요.

장애계에선 이 문제로 농성도 하고 인권위에 긴급구제도 신청했어요. 근본적인 해결책은 아니지만 당장의 위기를 유예할 방법은 찾았어요. 현 제도에 의하면 활동지원서비스를 받던 장애인이 65세가 되면 의무적으로 노인장기요양보험 등급 심사를 받아야 하는데, 그 심사에서 '등급 외(부적합)' 판정을 받으면 기존의 활동지원서비스를 유지할 수 있다고 했어요. 그러니 최선을 다해 '부적합' 판정을 받아야 하는 거죠. 등급 심사관이 찾아올 땐 꼭 저승사자가 오는 것 같아요. 그런 기분은 안 당해본 사람은 정말 모를 거예요. 장애인 활동지원서비스도 3년마다 등급 심사를 받아왔는데 그때마다 혹시 등급이 떨어져서 서비스가 줄어들까 너무 두려웠어요. 어떻게든 '내 장애가 심해서 아무것도 못한다'는 걸 증명해야 했어요. 심사관들이 묻는 체크리스트가 아주 촘촘해요. 혼자 옷을 입을 수 있느냐, 스스로 씻을 수 있느냐, 손으로 문고리를 돌릴 수 있느냐 등등. 전부 다 못한다고 해야 해요.

그 심사를 받은 지 얼마 되지도 않았는데 이번엔 노인장기요양서비스 등급 심사를 받으래요. 이번엔 부적합 판정을 받아야 하니까 '나는 노인이 아니라서 혼자서 다 할 수 있다'는 걸 증명해야 한대요. 똑같은 질문에 대해 이 저승사자에겐 잘한다고 말하고 저 저승사자에겐 못한다고 말해야 해요. 아유 참, 세상은 요지경이에요. "저번 심사에선 다 못하신다면서요!"라고 말할까봐 너무 무서운데 두 기관이 달라서 절대 그럴 일 없다면서 활동가들이 걱정하지 말라고 했어요. 드라마도 이 정도로 엉망이면 채널을 돌려버릴 텐데 현실이 드라마보다 더 이상해요. 이런 상황에서도 우린 그들에게 잘 보여야 해요.

나에 대해 뭘 안다고 내 몸에 등급을 매기고 내 삶의 시간을 판정한다는 것인지 억울하고, 저 사람들이 휘두르는 칼날에 베일까 이리저리 피하면서 살아야 하는 게 너무 자존심 상해요. 내 삶의 칼자루를 왜 내가 쥐지 못하는지, 왜 나는 칼날을 붙잡은 채 이렇게 비굴하게 목숨을 구걸해야 하는지, 왜 우리에겐 무엇 하나 그냥 주어지는 게 없고 이 모든 걸 '극복'하며 살아야 하는지, 왜 우리는 긴급구제 안에서만 살아갈 수 있는지 서글프고 화가 나요. 이 서비스가 줄어들면 딸에게 그만큼 기대야 하고 그럼 딸이 자기 삶을 줄이고 조정해야 해요. 그렇게 사는 건 아주 힘든 일인데, 내가 낳았을 뿐이지 자식도 남인데, 남의 인생까지 그렇게 만드는 게 괴로워서 참을 수가 없어요. 나한테서 안 태어났으면 더 멋지게 살 수도 있었는데 더 해주지는 못할망정 나 때문에 뭔가를 포기하게 만든다는 게 너무 미안해요. 짐이 되어 살 순 없어요.

나라에선 장애인이라고 서비스를 많이 받으면 서비스를 적게 받는 비장애 노인들과 형평성이 안 맞대요. 그 말이 내 가슴에 아프게 박혔어요(눈시울 붉어짐). 형평성이라니…… 우리 앞에서 어떻게 형평성을 말할 수 있을까요? 이 나라가 우리한테 해준 게 뭐가 있나요. 내가 학교를 가봤나, 직장을 다닐 수가 있었나, 결혼을 하고 싶다고 말을 할 수가 있었나. 아무것도 받은 거 없이 하루하루 참고 살아왔더니 이제 와서 비장애인과의 형평성을 들먹이면서 우리의 것을 또 빼앗아 가려고 해요.

등급 심사 결과를 기다리는 시간이 너무 괴로웠어요. 얼마 뒤에 통지서가 왔는데 '등급 외' 판정을 받아 노인장기요양보험을 못 받게 되었다면서 죄송하다고 적혀 있었어요. 맥이 탁 풀렸어요. 일단 위기는 모면했어요. 이 문제를 두고 죽기 살기로 애를 썼더니 머리가 좀 이상해진 느낌이었어요. 혹시 치매가 온 거 아닌가 걱정이 되어서 MRI 사진을 찍어볼까 생각하다 그만뒀어요. 그런 기록이 남으면 당장 노인장기요양보험 쪽 저승사자가 찾아와서 요양 등급을 받으라고 할 거니까요. 나처럼 투쟁하는 사람도 제도 앞에선 이렇게 무력한데 고립된 채 살아가는 장애인들은 얼마나 지옥 같은 나날을 겪고 있을까 싶어 마음이 아파요.

"이게 독립운동이 아니면 뭔가요?"

두 살에 장애를 입고 64년을 사는 동안 어떤 기관도 나에게 학교에 가라고 말해주지 않았어요. 마흔일곱에 콜택시 기사님 등에 업혀서, 우리 딸내미를 활동지원사 삼아서, 우리 선배들이 만들어놓은 장애인야학의 문을 두드리면서 내 인생의 길을 내가 찾았죠. 내 인생은 제대로 살지 못했어도 다른 사람은 그렇게 안 살게 해주고 싶어요. 나훈아의 노래 〈청춘을 돌려다오〉를 들을 때면 내 마음도 그렇다고 늘 생각해요. 우리 삶이 너무 억울해요. 언젠가는 잃어버린 청춘에 대해 국가에 피해보상 소송을 하고 싶어요.

　다시 태어나면 책 속의 주인공들처럼 아름다운 삶을 살아봤으면 좋겠다는 생각도 하는데, 이렇게 운동해서 사회가 바뀐다면 이런 삶을 마다하진 않을 거 같아요. 나는 투쟁이 체질인 사람이에요. 내가 싸워서 내 삶도 바뀌고 옆에 있는 사람들의 삶까지 바뀔 수 있다면 그것보다 더 좋은 게 어디 있을까요. 가끔 싸워줘서 고맙다고 인사하는 장애인들을 만나요. 나는 앞으로도 싸울 것이 많으니 언제든지 현장에 나오라고 해요. 그러면 자기는 용기가 없어서 싸움을 못한대요. 그러면 나와서 놀아도 되니까 그 자리에 있기만 하라고 해요. 세상 밖으로 나와 자기를 드러낼 용기만 있으면 된다고요. 이렇게 어렵고 불편한 사람이 많다는 걸 보여줘야 한다고요.

　집에서만 지내던 시절 텔레비전에서 장애를 가진 정치인을 본 적이 있었어요. 그런데 그 사람이 정치를 한다고 내 삶이 바뀔 것 같지 않았어요. 왜냐하면 아무도 내가 그 방 안에서 수십 년을 그렇게 살아가고 있다는 사실을 모를 테니까요. 그래서 저는 항상 강조해요. 안 보이는 사람들도 찾아야 한다고, 눈에 보이는 사람이 전부가 아니라는 걸 잊지 말아야 한다고요. 우리는 수용시설에 살진 않았지만 각자의 집에 격리되어 살았고 세상에서 제외되어 있던 사람이니까요. 방 안에 살 때는 대책 없이 살았어요. 그 환경에 녹아들어 살았어요. 그렇게 안 살면 살 수 없었으니까요. 살 수 있었든 아니었든, 옷에 흙이 묻든 말든 기어 나왔어야 했어요. 아버지한테 끌려 들어가도 또 기어 나오고 또 끌려 들어가도 또 기어 나오고 그렇게 이 세상에 손 내밀었어야 했는데 그렇게 안 하고 가만히 있었던 걸 후회해요.

어떤 사람들은 우리가 열심히 싸워서 만든 권리를 누군가는 아무 노력 없이 누린다면서 불평을 해요. 나는 이렇게 말해요. 우리나라가 해방될 때 모두가 독립군이었던 건 아니지 않냐고, 소수의 독립군들 덕분에 우리가 이렇게 살 수 있는 것 아니냐고요. 우리의 싸움도 그럴 수밖에 없다고 생각해요. 누구는 했고 누구는 안 했다는 식으로 따지기 시작하면 자기네 단체의 이익만 챙기려는 그런 단체들과 다를 게 없다고요. 유관순 열사가 손톱과 발톱이 다 빠지는 고문을 당하면서 저 백성들은 안 싸우는데 내가 왜 이 고생을 해야 하냐고 억울해했다면 독립이 되었겠어요? 우리 운동을 독립운동에 빗대면 너무 거창하다고 할지 몰라도 47년간 억압되어 살다가 해방되었으니 이것이 독립이 아니면 뭔가요? 이것은 장애인들의 독립운동·해방운동이에요.

나의 짐작과 달리 집에서만 보냈던 47년에 대해 명애는 아주 덤덤하게 말했다.

"나는 그냥 학교에 안 가는 건가보다 했어요. 심심하다는 생각도 없었고 나가서 뭔가 하고 싶다는 생각도 없었어요. 오히려 밖에 나가는 게 두려웠죠."

그런 삶에도 생각보다 많은 일이 일어났다. 같은 종교를 가진 남편을 만나 결혼을 했고 두 아이를 낳았다. TV만 보며 지루하고 우울한 삶을 살았을 거라는 짐작이 가장 결정적으로 비껴간 것은 그의 집 책장에 꽂힌 앨범을 열었을 때였다. 젊은 명애는 그 시대를 산 평범한 부부처럼 아이들을 데리고 제주도, 설악산, 해운대 같은 곳을 다녔고 남편은 그 특별한 날들을 빠짐없이 기록해두었다. 장애인이 이용할 수 있는 대중교통이나 편의시설이라곤 전무하던 시절이었으므로 그것은 명애를 향한 남편의 비범한 사랑의 증거처럼 보였다. 앨범을 넘길 때마다 연신 호들갑스럽게 놀라는 나에게 명애가 말했다.

"그건 남편의 의지였지, 내 의지가 아니었어요."

너의 짐작처럼 그게 그렇게 즐거운 일만은 아니었다는 듯한 투였다. 그러고 보니 사진 속 젊은 명애에겐 명애를 명애이게 하는 가장 중요한 무언가가 빠진 것 같았다. "너는 학교에 가지 말고 엄마랑 놀자" 하던 말을 그냥 받아들였던 것처럼, "나중에 아버지 죽을 때 너도 같이 가자" 하던 말에 왜 그래야 하는지 묻지 못했던 것처럼, "세상의 아름다운 것들을 보러 가자" 했던 남편의 말도 어쩌면 명애에겐 그저 따라야 할 무엇이었는지도 몰랐다. 어쨌거나 그것은 명애가 말하는 본격적인 인생이 시작되기 전의 일이었다.

명애의 인생은 오직 야학을 만났던 마흔일곱에 시작되는 것이다. 별안간 그의 이야기엔 놀라운 생기와 빛깔이 생겨났다. "너무너무 좋았어요. 지금도 야학 이야기만 하면 소름이 돋아요"라며 그가 '너무너무'를 남발했다. 스무 살 남짓한 교사들이 서투른 솜씨로 해주는 밥도 너무 맛있었고, 아무것도 할 수 없는 줄 알았던 자신이 손이 불편한 누군가에게 밥을 떠먹여줄 수 있다는 것도 너무 좋았다. 누구의 도움도 받지 않고 전동휠체어를 타고 나섰던 날 바람에 머리가 날리는 것도 너무 좋았고 비 오는 날 우산을 쓰고 나가 비를 맞는 것도 너무 좋았다. 당연하다고 믿었던 것이 하나도 당연하지 않다는 것을 알아서 너무 좋았고 내가 싸울 수 있는 존재라는 것을 알아서 너무 좋았고 싸우면 이 세상을 바꿀 수 있다는 것을 배워서 너무 좋았다. 매일매일 깨지면서 깨우치고 그렇게 깨어나는 것이 너무너무 좋았다.

인생이 시작되었다는 건 일상이 열렸다는 뜻이고 그것은 다름 아닌 기쁨과 슬픔을 느끼는 일인지도 모른다. 기쁨도 슬픔도 모르고 살았던 지난 삶이 얼마나 억울한지 명애가 가슴을 치며 증언할 때 무대 위의 그도 울고 무대 아래 사람들도 함께 울었다. 명애는 말했다.

"그때가 내 인생의 가장 아름다운 순간이었습니다. 가슴속에 있던 말을 할 수 있어서 투쟁 현장에 있는 하루하루가 행복했습니다.”

자기 고통의 주체가 되어야만 기쁨도 희열도 선명하게 움켜쥘 수 있다고 명애의 삶이 말하는 것 같다. 그는 더 이상 아름다운 풍경을 구경하러 가지 않는다. 대신 “우리는 더 많은 일상을 원한다”고 외치며 아스팔트 바닥을 맨몸으로 기어가는 투쟁을 벌이고 노숙을 하고 밥을 굶고 오줌을 참는다. 사람들의 삶은 언제나 짐작과 다르고 짐작보다 더 복잡하고 미묘해서 고유하게 근사하다.

인터뷰를 마친 뒤 저녁을 먹을 때 명애의 활동지원사님이 뭔가 제보할 게 있다는 표정으로 물었다. “대표님이 아버님 이야기도 하셨어요?” 나는 들었다고 대답했다. 딸이 집밖으로 나가는 걸 몹시 싫어했고 평생 딸의 장애를 아내 탓으로 여겼으며 술에 취하면 명애에게 “나 죽을 때 같이 가자”고 했던 그 아버지. 활동지원사님이 눈을 반짝이면서 말했다.

“꽃을 주러 오셨던 것도요?”

“네?”

“아버님이 구순이 넘은 연세에도 딸한테 찾아와서 꽃을 주고 가는 분이었어요.”

나는 눈을 동그랗게 뜨고 명애를 쳐다보았다.

“진짜예요?”

명애가 대수로울 것 없다는 듯 감흥 없는 얼굴로 대답했다.

"예. 칠성시장에 들러서 꽃도 사 오시고 검은콩도 사 오시고 밤도 사 오시고 갈치도 사 오셨어요. 사 오지 말라고 해도 한사코 사 오니까 그게 낙이려니 싶어서 말리지도 않았어요."

활동지원사님이 눈을 찡긋하면서 중요한 사실을 하나 더 보탰다.

"버스를 타고 한 시간이나 걸려서 오셨던 거예요."

세상에. 아흔 살의 아버지가 환갑이 넘은 딸에게 꽃을 주러 오는 길이라니. 생각만 해도 너무 다정해서 수제비를 먹다 말고 꺄악 소리를 지르고 말았다. 명애가 말했다.

"1년을 아프시다가 작년에 돌아가셨는데 아프기 전엔 매일 전화하셨어요. 어디냐고, 차 조심하라고요. 서울에 투쟁하러 왔다고 하면 뒷날 집에 도착할 때까지 걱정하면서 전화를 하시니까 언제부턴가 서울이어도 집에 들어왔다고 거짓말을 했어요. 한번은 내가 국회의원하고 통화하는 걸 옆에서 보시고는 '이야~ 대단하다! 나는 네가 잘될 줄 알았다'면서 너무 좋아하셨어요. 왜인지는 모르겠지만 어렸을 때부터 아버지는 내가 자식 중에 제일 잘될 거라고 항상 말씀하셨어요. 저를 최고로 여기셨어요. 덕분에 학교를 못 다녔어도 별로 위축되지 않았어요."

인터뷰 내내 나는 대체 무엇을 들었던 것일까. 활동지원사님으로부터 이 이야기를 듣지 못했다면 어땠을까 생각하면 아찔하고 아득하다. 이런 이야기 한 조각은 인생 전체의 빛깔을 바꿔버릴 만큼 강력하기 때문이다. 사랑받았다고 해서 차별받은 고통의 무게가 가벼워지는 것은 아니지만 사랑받은 기억들은 우리가 그 고통에 직면하고 맞설 힘을 준다. 그러니 이렇게 말할 수 있을 것이다. 명애가 이렇게 잘 싸우는 사람이 된 것은 그가 극심하게 차별받았기 때문이 아니라 지극하게 사랑받은 덕분이라고.

아버지가 평생 명애의 장애와 고통을 명애의 어머니 탓으로 돌렸다는 말을 들었을 때 아마도 나는 그에 대한 등급 판정을 끝내버렸던 것 같다. 그것은 개인의 탓이 아니라 잘못된 사회 탓이라고 말하면서도 실은 명애와 어머니의 잃어버린 청춘엔 아버지의 책임이 있다고 그를 탓하고 싶었던 게 분명하다. 서울로 돌아오는 기차에서 나는 내 머릿속에 우두커니 앉아 있던 어둡고 험상궂고 어딘가 화가 나 있는 남자에게 연신 머리를 조아리며 사과했다.

"오해해서 죄송합니다."

그리고 노란색 국화꽃 한 다발을 안겨드렸다.

이규식 이야기

나의 쓸모

'신입'을 교육할 때 빠질 수 없는 것 중 하나는 복사기 사용법이다. 노들장애인야학 신입 교사가 되었을 때 가뜩이나 '기계치'인 나는 선배 교사들에게 도움을 청할 일이 많았다. 용건이 끝나면 선배들은 이렇게 물었다.

"그런데 이 복사기가 어떻게 생기게 되었는지 들었어요?"

나는 이미 들었으면서도 못 들은 척했다. "그러니까 이 복사기로 말할 것 같으면!"으로 시작되는 이야기를 야학 교사들이 무척 좋아한다는 사실을 알았기 때문이었다. 이렇게 시작되는 이야기였다.

1999년 서른 살의 야학 학생 이규식이 혜화역에서 휠체어용 리프트에 올라타려던 순간 리프트가 추락했고 규식은 스쿠터와 함께 계단 아래로 굴러떨어졌다. 규식은 큰 부상을 입었고 야학 사람들은 지하철공사에 찾아가 항의했다. 공사 측은 '규식이 운

이규식 일러스트. 짧은 머리에 검은색
점퍼를 입은 이규식이 매서운 눈을 하고 있다.
배경에는 군데군데 긁히고 파괴된 단단한
철판이 그려져 있다.

전을 잘못해서 벌어진 사고'라며 그의 장애를 탓했다. 권리도 없고 법도 없고 '당연히' 지하철역에 엘리베이터도 없던 시절이었다. 분노한 사람들은 지하철공사를 상대로 손해배상을 청구했다. 1년이 흐른 2000년 법원은 규식의 손을 들어주었다.

"그리하여 규식은 보상금 500만 원을 받았고 혜화역엔 엘리베이터가 설치됐어요. 그때 규식이 보상금을 야학에 후원해서 그 돈으로 이 복사기를 구입한 거예요."

야학 사람들은 그 복사기가 마치 혜화역 엘리베이터라도 되는 것처럼 늠름하게 두드리면서 말했다. 복사기는 그들에게 어떤 자부심의 징표였다.

그 일은 그들의 생각보다 훨씬 더 거대한 일의 전조였다. 이듬해인 2001년 지하철 4호선 오이도역에서 리프트를 이용하던 장애인이 추락해 사망했다. 노들야학은 대책위를 꾸리고 장애인 이동권을 외치며 서울역 선로 점거를 감행해 지하철 1호선을 30분간 멈춰 세웠다. 그 사건을 시작으로 수십 년간 갇혀 있던 중증장애인들의 목소리가 봇물 터지듯 쏟아져 나왔다. 장애인이동권연대 투쟁국장이 된 규식은 본격적으로 운동에 뛰어들었다.

야학 수업엔 잘 나오지 않았지만 거리의 투쟁에는 혀를 내두를 만큼 성실했던 그는 귀신같은 능력으로 경찰 저지선을 뚫고 가장 먼저 길을 만들면서도 가장 마지막까지 저항하는 사람이었다. 첫 승리를 자축하며 구입했던 야학 복사기가 낡아서 잦은 고장을 일으킬 무렵인 2005년 드디어 장애인 이동권을 '권리'로 명시하고 저상버스 도입을 의무화한 교통약자의이동편의증진법이 제정되었다. 2006년 규식은 장애와인권발바닥행동으로 활동 공간을 옮겨 탈시설운동을 시작했고 2011년 이음장애인자립생활센터를 설립해 10년 동안 장애인의 자립생활을 지원하다 2021년 서울장애인차별철폐연대 대표가 되었다.

2021년 12월, 교통약자의이동편의증진법의 개정안이 국회를 통과했다. 정부가 한 해도 어김없이 돈 없다는 핑계를 대며 이 법을 지키지 않자, 장애계가 '버스 대·폐차시 저상버스 도입 의무화' 같은 조항을 넣어 법의 강제력을 높여야 한다고 요구했기 때문이다. 그것을 요구하기 위해 규식은 매일 아침 여덟 시 혜화역에서 선전전을 진행했고 출근 시간 만원 지하철을 연착시키는 강도 높은 직접행동을 벌였다. 성난 시민들이 무시무시한 비난을 퍼부었지만 그보다 더 많은 시민들이 대체 이게 무슨 일인가 싶어 조용히 기사를 검색했다가 장애인이 탈 수 있는 버스가 고작 28퍼센트밖에 안 된다는 사실을 알아버렸기 때문에, 그 법은 극적으로 개정되었다.

2022년 1월 규식을 인터뷰하기 위해 찾아간 곳도 혜화역 승강장이었다. 지하철 선전전은 이동권, 교육권, 노동권, 탈시설 등 장애인권리예산 보장을 요구하며 계속되고 있었다. 한 시간 남짓한 선전전이 끝난 후 우리는 대학로에 있는 서울장애인차별철폐연대 사무실로 이동하기 위해 혜화역 엘리베이터를 타고 지상으로 나왔다. 혜화역 2번 출구 앞, 서울시가 인권을 증진시켜온 역사적 현장을 기억하기 위해 바닥에 설치한 작은 동판에는 이렇게 새겨져 있었다.

"1999. 6. 28. 이규식, 휠체어 리프트 추락사고 이후 여기서 장애인 이동권을 외치다."

규식의 전동휠체어가 자기 이름이 새겨진 동판을 무심하게 지나쳐 쌩-하고 먼저 나아갔다. 나는 문득 규식과 함께 이번 생을 살아간다는 게 아주 신나는 일 같다고 생각하면서 늠름한 그를 따라 총총 걸어갔다.

산속 외딴 곳에 홀로 남겨지다

1969년 경남 함양에서 태어났어요. 어머니가 나를 임신했을 때 연탄가스를 마셔서 정신을 잃었다 깨어난 적이 있대요. 태어날 때부터 뇌병변 장애를 갖고 있었어요. 부모님은 농사도 짓고 국수 면도 팔았는데 잘되지 않았대요. 자식들 교육시키려고 여덟 살 때 서울로 이사 왔어요. 광나루 근처에 밭을 얻고 밭 옆에 굴을 파서 집을 짓고 살았어요. 아버지는 밭에 나가 농사짓고 엄마는 시장에 나가 농사지은 것들을 팔고 동생들은 모두 학교에 가고 나는 방 안에서 먹고 자는 일만 했어요. 그런 나를 엄마는 항상 마음 아파하셨어요. 엄마가 내가 먹을 점심을 차려놓고 시장에 가면 나 혼자 점심을 먹었어요. 동생이 네 명이었는데 다들 나한테 잘했어요. 학교 마치고 돌아온 애들한테 밭에 가서 딸기 좀 따오라고 하면 걱실걱실 잘 따다 줬죠.

열 살 때 경기도 광주에 있는 삼육재활원에 다니기 시작했어요. 엄마가 나를 업고 버스에 탔죠. 누가 자리를 양보해주면 좋을 텐데 아무도 비켜주지 않아서 두 시간 내내 서서 가느라 엄마 허리가 다 망가졌어요. 열여섯 살엔 상일동에 있는 주몽재활원에 살았던 적이 있어요. 낮에는 학교 다니고 밤에는 물리치료를 받았는데 한 달에 30만 원이었어요. 빚을 내서 간 건데 돈이 없어서 석 달밖에 못 다녔어요. 계속 있고 싶었지만 어쩔 수 없었죠. 거기서 경증장애가 있는 친구를 사귀었는데 걔가 우리 집에 와서 나를 업고 일주일에 한 번 광장교회에 데려갔어요. 나중엔 교회 중등부 학생들이 나를 업어줘서 일주일에 두 번 교회에 나가게 됐죠. 정기적으로 외출을 하게 된 건 처음이었는데 너무 좋았어요.

스무 살에 목사님이 의정부에 있는 장애인 공동체 작은자의 집을 소개시켜줘서 들어가게 됐어요. 엄마와 목사님과 함께 옷 몇 벌, 성경책 한 권을 싼 작은 보따리를 들고 교회 봉고차에 올라 처음으로 집을 떠났죠. 세 시간을 달려 도착한 곳은 산속에 있는 작은 조립식 건물 앞이었어요. 대단한 기대는 안 했어도 거기 가면 햇빛이라도 보지 않을까 했는데 그 조그마한 기대도 무너져 내렸죠. 목사님 딴에는 거기 가서 살면 좋지 않겠냐는 뜻으로 제안하셨겠지만 아마도 그건 내가 아니라 가족들 좋으라고 했던 말이 아니었을까 싶어요. 나 때문에 힘든 가족들의 부담을 덜게 하려고요. 엄마와 목사님이 떠나고 나 혼자 남겨졌을 때 이런 외진 곳에 가족과 떨어져 살아야 한다는 게 온몸으로 다가와 나도 모르게 눈물이 왈칵 쏟아졌어요. 내가 엉엉 우니까 휠체어를 탄 남자분이 다가와서 어깨를 토닥여주었어요. 한참을 울다 배가 고파 밥을 먹고서 잠이 들었죠.

다음 날 새벽종을 치는 소리에 잠을 깼어요. 집에 있을 때는 아무도 날 깨우지 않았는데 거기선 새벽에 일어나 다 같이 예배를 드려야 했어요. 첫날엔 방에만 있어서 몰랐는데 공동체엔 방이 네 개 있었어요. 아침을 먹으며 주변을 둘러보니 나 같은 뇌병변 장애인은 없고 아무도 말을 걸어오지 않았어요. 방으로 돌아왔어요. 텔레비전도 라디오도 없는 방이었죠. 이 텅 빈 시간을 뭘하면서 보내야 할까 생각하고 있는데 같은 방 사람이 다가와 집이 어디냐고 물었어요. 내 또래였던 그는 경증의 발달장애인이었어요. 그 친구가 내 대답을 천천히 들어주었어요. 나를 신기하게 쳐다보았지만 불쌍하게 여기지 않는다는 게 느껴졌어요. 한참을 그 친구와 이야기했어요. 그렇게 오래 누군가와 이야기한 것은 처음이었어요.

처음 몇 달 동안은 거의 매일 울었어요. 가족들을 보지 못하는 게 제일 슬펐죠. 그곳 생활은 단순하고 지루했어요. 새벽에 일어나 예배드리고 아침을 먹은 뒤 방에 있거나 집 앞에 나가 시간을 보냈어요. 점심을 먹고 오후엔 성경 공부하고 또 예배드리고 남은 시간엔 방에서 지냈어요. 저녁을 먹은 뒤 집 앞에서 하늘을 보다가 아홉 시가 되면 방에 돌아와 잤어요. 다른 방 사람들을 만나는 건 예배 시간과 식사 시간뿐이었어요. 예배드릴 때 옆자리에 자주 앉았던 발달장애인 친구와 좀 친해졌죠. 걔가 나를 근처의 개울로 데리고 나가 그늘진 곳에 앉혀두고 자기는 개구리를 잡으러 여기저기 쑤시고 다녔어요. 그걸 지켜보는 것 정도가 생활의 낙이었죠. 2주 정도 지났을 때 목사님이 나에게 임무를 줬어요. 새벽 다섯 시 반에 거실에 있는 종을 쳐서 사람들을 깨우는 일이었죠. 무언가 책임을 맡아 어깨가 무거워지는 느낌이 좋았어요. 제일 먼저 일어나야 해서 일찍 잠을 잤어요.

일요일이 오기만을 손꼽아 기다렸어요. 교회에 가는 날이었거든요. 그날은 많은 사람들을 만날 수 있었어요. 피아노 반주를 하던 목사님의 딸 혜선이를 볼 수 있다는 것도 큰 기쁨이었어요. 혜선이는 배려심이 많고 친절해서 항상 먼저 말을 걸어왔어요. 나는 가족 외의 사람들과 어울려본 적이 없기 때문에 물어오는 말에만 겨우 대답할 뿐 그 이상의 말을 건네는 법을 몰랐어요. 누군가와 이야기한다는 것은 정말 힘든 일이었어요. 사람들과 이야기하고 싶었지만 아무 말도 하지 못한 채 우두커니 앉아만 있었죠. 언어장애가 있었기 때문에 내가 말을 하면 사람들이 불쌍하게 쳐다볼 것 같았어요. 누군가와 친해지고 싶은 마음이 커질수록 내 처지가 슬퍼져서 마음이 더 울적해졌어요.

석 달 무렵까지는 공동체 생활이 그저 싫었어요. 내가 우울한 사람이었기 때문에 교회에서 나에게 말을 걸어오는 이들도 서서히 줄었죠. 그때 시영이라는 친구가 꾸준히 저에게 다가왔어요. 시영이의 엄마도 장애가 있었어요. 시영이는 교회가 끝나면 나를 공동체까지 밀어주었는데 어느 날 나는 용기를 내 시영이에게 먼저 말을 건넸어요.

"너, 너, 너…… 노, 노, 노래 잘, 잘하더라…… 부, 부, 부러워.

가, 가수, 해도 되겠어."

　누군가에겐 대수롭지 않은 일이겠지만 나에겐 커다란 도전이었어요. 내가 천천히 말했더니 시영이는 차분히 들어주었어요. 뭔가 해냈다는 기분이 들었어요. 그 말 한마디가 왜 그렇게 힘들었는지 의문스러울 정도로 그 후부턴 편하게 말을 이어갈 수 있었어요. 우리는 빠르게 친해졌고 시영이는 내가 다른 사람들과도 어울릴 수 있도록 다리 역할을 해줬어요. 시영이는 종교 음악을 하는 가수가 되고 싶다고 했어요. 자기가 노래 부른 것을 녹음해서 건네주기도 하고 직접 나에게 불러주기도 했죠. 시영이는 내가 처음 사귄 비장애인 친구였어요. 시영이와의 우정은 무료하고 우울했던 공동체 생활을 타개하는 활력소가 됐어요. 1년 뒤 시영이가 군대에 갔지만 크게 슬프진 않았어요. 그땐 이미 교회 청년들이나 작은자의집 식구들과 많이 친해져 있었거든요.

커진 보따리를 안고

공동체에 들어와 세 번째 겨울을 맞은 어느 날이었어요. 예배 시간에 목사님이 낯선 사람 한 명을 데리고 들어와 앞으로 같이 생활할 식구라고 소개했어요. 오른손이 없었고 오른쪽 얼굴을 머리카락으로 다 덮고 있는 여자였어요. 영실이라는 친구였고 나보다 두 살 어렸어요. 나는 교회 청년부 비장애인에게만 관심이 있었고 공동체의 장애인 식구들에게는 관심이 없었기 때문에 목사님의 소개를 듣는 둥 마는 둥 했어요. 며칠 뒤 영실이가 먼저 내 방 문을 열고 들어와서는 복음성가 테이프와 카세트를 빌려달라고 했어요. 가까이서 보니까 앳된 얼굴이 예뻐 보였어요. 말을 건네려 했지만 내성적인 사람인지 아무 말 없이 성급하게 나가버렸죠. 그 후 영실이를 볼 때마다 말을 걸었지만 영실이는 못 들은 채 자기 방으로 도망치듯 가버렸어요. 나는 공동체의 다른 장애인들보다 비장애인들과 더 많이 친했고 그사이 성격도 외향적으로 변해 있었어요. 약간의 우월감을 갖고 있었던 나에게 그건 일종의 놀이 같은 거였어요.

한 달쯤 지나니까 시큰둥하던 영실이도 서서히 마음을 열기 시작했어요. 영실이가 말하길, 자기네 집에 큰 불이 나서 화상을 입었는데 얼굴엔 흉터가 생겼고 오른손은 절단했다고 했어요. 이야기하는 시간이 길어지자 나는 영실이를 좋아하게 됐어요. 사랑에 완전히 무지했기 때문에 마음을 고백한다는 건 전혀 상상도 못하고 그저 영실이가 말을 건네면 이야기를 나누고 안 그런 날이면 친구에게 부탁해 집 앞에 나가 영실이가 가끔 지나가는 모습을 바라보는 게 전부였죠. 덕분에 공동체 생활이 전혀 무료하거나 갑갑하지 않았어요.

매서운 겨울을 지나 봄이 왔고 또 여름이 되었어요. 어느 날 아침 식사를 하는데 영실이가 보이지 않았어요. 계속 주변을 두리번거렸지만 영실이는 어디에도 없었어요. 점심 식사 때도, 저녁 식사 때도 나타나지 않았어요. 저녁 예배가 끝나갈 즈음 목사님이 영실이가 인천의 다른 공동체로 떠났다고 말했어요. 상상도 못했던 일이었어요. 인사 정도는 할 수 있었을 텐데 아무 기별도 없이 떠나다니 서운함과 상실감이 아주 컸어요. 그날 이후 나는 의욕을 잃고 무기력해졌어요. 사람들과 말도 하지 않고 겉돌기 시작했어요. 영실이가 떠나고 반년이 지났을 때 나도 그곳을 떠나 다시 집으로 돌아왔어요.

동생들이 나이를 좀 더 먹었을 뿐 모든 게 3년 전과 똑같았어요. 가족들이 직장과 학교로 흩어지면 나만 혼자 집에 남겨져 텔레비전을 보고 라디오를 듣고 관상용 거북이를 보았죠. 재미있게 지내보려고 애썼지만 어쩔 수 없이 우울했어요. 별로 소중하게 여기지 않았던 공동체 식구들과 친하게 지냈던 교회 친구들, 스쳐갔던 3년간의 인연들과 영실이가 생각났어요. 반년을 집에서 보낸 뒤 다시 공동체 생활을 시작해보자고 결심했어요.

작은자의집에서 같이 지내던 전도사님이 경기도 광주에 새로 지은 예수사랑공동체로 갔다는 소식을 듣고 그곳으로 가기로 했어요. 두 번째 공동체 생활을 앞두고는 한 달 동안 이것저것 준비했어요. 제일 먼저 준비한 건 카세트와 녹음 테이프였어요. 엄마가 새 카세트를 사줬는데 가격이 15만 원도 넘었던 걸로 기억해요. 당시엔 60분짜리 테이프밖에 없었는데 동생이 어디서 구했는지 120분짜리 테이프 열 개를 선물해줬어요. 하루 종일 라디오를 들으면서 좋은 노래가 나오면 녹음 버튼을 눌렀어요. 내 손으로 먹이를 주면서 키웠던 거북이 두 마리도 데리고 가기로 했어요. 마지막으로 편지 뭉치들도 챙겼죠. 작은자의집에 살았을 때 교회 사람들이 보낸 편지들이었는데 영실이가 인천에서 보내온 편지도 있었어요. 그전보다 좀 더 커진 보따리와 함께 예수사랑 공동체로 출발했어요. 그게 1993년 여름이에요.

그곳은 작은자의집보다 더 외진 시골이었어요. 내가 지낼 방에 짐을 풀고 혼자 남겨지자 또 서러움이 복받쳐 한참을 펑펑 울었어요. 잠도 오지 않아 밤을 꼬박 새우곤 새벽 기도에 참석했어요. 자폐가 있는 사람 한 명, 뇌병변 장애가 있는 사람 한 명, 이렇게 둘 뿐이었어요. 새로 생긴 곳이라 사람이 적었는데 다행히 나와 나이가 비슷해 보였어요. 생활은 이전 공동체와 동일했어요. 다섯 시 반에 일어나서 예배드리고 아침 먹고 시간을 보내다 점심 먹고 오후 예배드리고 저녁 먹고 자는 거였죠. 나는 여기서도 새벽에 종을 쳤고 금세 공동체 생활에 적응했어요. 공동체 식구는 빠르게 늘어서 어느 새 열 명이 되었고요. 노인, 알코올의존증인 사람, 그리고 나 같은 뇌병변 장애인도 한 명 더 들어왔어요.

그전에는 내 삶이 뭔가 부당하다는 인식이 없었는데 어느 순간부터 이런 생각이 들기 시작했어요. '나는 왜 이렇게 살아야 할까? 언제까지 이렇게 살아야 할까? 영원히 이렇게 살아야 할까? 나가서 살 방법은 없는 걸까?' 그러던 어느 날 무서운 일이 일어났어요. 마지막에 들어온 뇌병변 장애인이 이곳 생활에 잘 적응하지 못했어요. 예배 시간에도 빠지고 주변 사람들과 어울리지도 않고 심각한 우울 증세를 보였어요. 그러더니 들어온 지 한 달도 채 안 되어서 목사님에게 쌍욕을 하며 싸우고는 그날 밤 휠체어만 덩그러니 남겨둔 채 사라졌어요. 밤에 몰래 기어나간 거였죠. 멀리 가지 못하고 근처 도랑에서 발견됐어요. 아직 추운 겨울이라 얼어 죽은 것 같았어요. 그날 태어나 처음으로 사람의 시체를 봤어요. '아, 우리 같은 장애인은 시설에서 나가면 저렇게 죽는 거구나. 나는 그냥 여기서 평생 살아야 하는구나' 생각했어요.

우울함에 허우적거릴 때 근처의 학교에서 여고생들이 봉사를 하러 왔어요. 학생들은 우리를 동네 저수지로 데려갔어요. 저수지가 꽁꽁 얼어 있었는데 학생들은 이미 준비를 하고 왔는지 스케이트화를 꺼내서는 추운 줄도 모르고 스케이트를 탔어요. 나도 휠체어에 앉아 신나게 얼음 위를 즐겼어요. 태어나 처음으로 '놀이'라는 걸 해본 날이었어요. 시간이 그렇게 빨리 갈 수 있다는 걸 처음 알았어요. '어째서 나는 지금껏 이런 즐거움을 몰랐을까. 어째서 나는 시간을 오직 견디기 위해서만 노력했던 것일까' 생각했죠. 여고생들은 스케이트를 즐기러 자주 찾아왔고 그 시간을 기다리고 또 함께 즐기면서 우울함을 견뎠어요. 이곳을 나가서 살아보고 싶다는 마음과 나가면 죽을지도 모른다는 두려움이 늘 엎치락뒤치락했어요.

인생을 바꾼 사건들

다시 집으로 돌아와 컴퓨터를 배우면서 혼자 살 수 있는 방법이 없을까 찾기 시작했어요. 그때 부모님 사업이 망해서 집안 형편이 좋지 않았어요. 나는 또다시 경기도 양평군에 있는 공동체에 들어가게 됐어요. 정신장애인과 신체장애인, 노인까지 대략 스무

휠체어를 탄 이규식이 해질녘 꽁꽁 언 저수지에서 스케이트를 타며 학생들과 즐거운 시간을 보내고 있다. 그는 이날 태어나 처음으로 '놀이'라는 걸 해봤다고 말한다.

명이 생활하는 곳이었어요. 거기서 어떤 후원자가 스쿠터를 사줬어요. 처음엔 운전할 줄 몰라서 넘어지기도 했는데 시설 안을 돌면서 타는 법을 익힌 뒤 조금씩 더 멀리 나가보았어요. 나 혼자 움직일 수 있다는 게 정말 신세계였죠. 스쿠터를 타고 동네를 돌아다니기 시작했어요. 그때 학교라는 걸 처음 봤어요. 학교가 저렇게 생겼구나 싶어 신기했죠. 한참 가다 보면 리조트랑 스케이트장도 나왔어요. 아침밥 먹고 나가서 오후 네다섯 시가 되어서야 돌아왔어요. 그렇게 1년을 보냈어요. 처음엔 재미있었는데 매일매일 보니까 더 이상 그렇지 않았어요. 갈 수 있는 데까지 다 가봤으니까 이제 더 넓은 곳으로 나가고 싶다는 마음이 들었어요. 스쿠터 덕분에 혼자서도 살 수 있다는 생각을 하게 됐죠. 2년 만에 다시 서울로 돌아오게 됐어요.

집에 왔지만 막상 갈 데가 없었어요. 길을 잃을까봐 겨우 동네만 조금씩 돌아다니거나 그것도 무서워서 나가지 않았어요. 시설에 다시 들어갈까 고민했죠. 스쿠터를 타고 돌아다니던 어느 날 오르막길이 보여서 올라갔는데 커다란 장애인복지관이 나타났어요. 아차산 초입에 있는 정립회관이었어요. 종일 그 건물 여기저기를 서성거리고 다녔는데 밤이 되니까 복도 끝 작은 공간에 사람들이 웅성거리는 소리가 들렸어요. 여긴 뭐하는 곳인가 기웃거리는 나를 보고 휠체어 탄 남자가 들어와보라면서 손짓을 했어요. 거긴 노들야학이었고 나에게 손짓한 그 사람은 박경석 교장이었어요. 야학은 학교를 다니지 못한 장애인들에게 공부를 가르쳐주는 곳이라고 했어요. 공부할 마음은 별로 없었지만 어차피

갈 데도 없으니까 여길 한번 다녀봐야겠다고 생각했어요. 지금 생각해도 그 순간이 좀 신기해요. 내 인생이 변하기 시작한 순간이었죠.

1998년 5월 야학에 입학했는데 너무 재미있었어요. 야학 교사들한테 푹 빠져서 걔네들 보러 다녔어요. 비장애인과 그렇게 격의 없이 어울려본 건 처음이었어요. 입학하고 20일 만에 야학 사람들을 따라 집회에 가게 됐어요. 평택 에바다복지회에서 운영하는 청각장애인 시설에서 폭력과 비리가 있었는데 그걸 해결하라고 투쟁하는 거였어요. 그렇게 많은 전투경찰을 본 건 처음이라 깜짝 놀랐죠. 아무 힘도 없는 장애인들이 시커멓게 무장한 경찰들과 몸싸움을 하는 걸 보고 너무 무서워서 오줌이 나올 뻔했어요. 간이 콩알만 해져서 얌전히 앉아 있기만 했어요. 그날 이후 여러 집회에 갔는데 점점 재미있어졌고 경찰과 싸울 용기도 생겼어요. 전혀 몰랐는데 나에게 저항 정신이라는 게 있었더라고요. 투쟁하는 건 딱 내 스타일이었어요. 콩알만 하던 간이 점점 붓기 시작했죠.

입학한 지 1년 정도가 지난 1999년 6월 매우 중요한 사건이 생겼어요. 작은자의집에서 만났던 친구 시영이가 CCM 가수가 되어 대학로에서 콘서트를 한다고 나를 초대한 거예요. 공연을 보고 집으로 돌아가려고 4호선 혜화역에 갔어요. 그땐 지하철역에 엘리베이터가 없고 계단 옆에 휠체어용 리프트가 설치되어 있거나 그마저도 없었어요. 리프트에 올라타는 순간 스쿠터의 앞바퀴가 더 나가버렸어요. 그런 걸 방지하기 위해 리프트에 안전판이 있는데 그게 제 구실을 못한 거죠. 그렇게 스쿠터와 함께 지하철 계단으로 곤두박질쳤어요. '아, 이렇게 죽는구나!' 하면서 정신을 잃었어요. 나중에 병원에서 정신이 들어 동생들 얼굴을 봤을 때에야 '아, 살았구나!' 했죠.

전치 3주의 부상을 입고 입원해서 목과 머리의 치료를 받았어요. 지하철공사는 내가 운전을 잘못해서 생긴 사고라면서 자기네는 잘못한 게 없다고 했어요. 고맙게도 노들야학이 대책위를 구성해서 서울시와 지하철공사를 상대로 책임을 규명하고 사과를 요구했어요. 집회도 하고 법원에 손해배상 청구도 했어요. 1년후 법원이 지하철공사 측에 배상금 500만 원을 지급하라고 판결했어요. 우리의 손을 들어준 거예요. 이 사고로 혜화역에 엘리베이터가 설치됐어요. 그 경험은 나에게 큰 변화를 줬어요. 내 문제에 기반해 집회를 했고 사람들과 함께 싸우면서 문제를 해결해나가는 과정을 경험했죠. 참지 않고 목소리를 내면 무언가를 바꿀 수 있다는 사실을 배웠어요. 그 과정에서 나도 바뀌고 있었죠.

판잣집에서 시작된 혁명

2001년엔 엄청난 일들이 많이 일어났어요. 1월에 4호선 오이도역에서 리프트를 타려던 장애인이 추락해 사망하는 사건이 일어났고 노들야학을 중심으로 장애인 이동권 투쟁이 본격적으로 시작되었어요. 그때 막 박경석 교장이 장애인이동권연대 대표가 되었죠. 빨빨거리고 돌아다니기를 좋아했던 나는 맨날 데모하고 농성하러 다니느라 야학 수업에 자주 빠졌어요. 그러던 어느 날 오랜만에 야학에 갔다가 인권반 수업에서 장애인 자립생활운동이라는 걸 알게 됐어요. 1960년대 이후 미국과 일본에서 활발했던 이 운동은 중증장애인이 주체가 되어 장애인을 차별하는 세상을 바꿔야 한다고 주장하는 운동인데 그것을 위한 핵심 서비스가 활동지원서비스라고 했어요. 미국과 일본에선 활동지원사가 중증장애인에게 와서 옷도 입혀주고 밥도 먹여주고 화장실 가는 것도 도와주고 외출도 함께하는데 활동지원사의 인건비는 정부에서 준다고 했어요. '우와~ 거기 장애인들은 좋겠다!!!!' 너무 놀라웠죠. 나는 20년 동안 집에서 밥 먹고 잠만 자다가 스무 살부터는 시설에 들어가 밥 먹고 잠만 자길 10년 했는데 선진국의 장애인들은 비장애인처럼 학교도 가고 일도 하고 가고 싶은 곳에도 마음껏 간다니 너무 큰 충격이었어요.

그 후 정립회관에서 하는 장애인 동료상담 교육에 참석했어요. 자립생활운동에서 당사자의 역량을 강화하기 위해 매우 중요하게 여기는 프로그램이 동료상담이에요. 그 교육을 통해 처음으로 주장하는 법을 배웠어요. 그전까지 나는 요구라는 걸 해본 적이 없었어요. 어렸을 때 동생들이 울고불고 떼를 쓰면 부모님이 쟤가 뭔가 필요한가보다 여기고 물어보고 사다 줬던 기억이 났어요. 나는 떼를 쓴 적이 없었어요. 동생들이 왜 그러는지도 몰랐어요. '나는 왜 그런 걸 안 해 봤을까?' 서른이 넘어 처음으로 생각했죠. 아마 집에만 있었던 탓에 집 바깥에 뭐가 있는지 몰라서 그랬던 것 같아요. 시장에 가서 눈으로 봐야 먹고 싶은 것도 생기고 갖고 싶은 것도 생길 텐데 나는 아예 나가질 않았으니까. 내가 조르면 엄마가 마음 아플 것 같아서 참은 게 아니라 욕구 자체가 없었어요. 주면 먹고 안 주면 안 먹는 그런 삶을 살았죠.

사람을 만나지 못했으니 언어도 성장하지 못했어요. 만난 사람들이라곤 시설에서 만난 발달장애인들뿐이었고 그중 비장애인은 목사님뿐이었죠. 아침저녁으로 예배를 했지만 성경 말씀을 듣기만 했어요. 그런데 장애인 동료들과 대화하면서 많은 걸 배웠어요. 옷을 입고 벗는 요령이나 다양한 보장구에 대한 정보도 얻었고 무엇보다 내 마음을 다른 사람들에게 완전히 털어놓는 경험을 한 게 좋았어요. 가슴이 확 트이는 느낌이었죠. 동료상담을 통해 내가 꽤 적극적이고 사람에게 호감을 줄 수 있다는 사실을 알게 됐어요.

그때부터 꿈이 생겼어요. 시설에 살 때부터 막연히 혼자 살 방법이 없을까 생각했던 것이 점점 구체적으로 변해갔죠. 본격적으로 혼자 살 궁리를 하기 시작했어요. 32년을 살면서 그렇게 꿈에 부풀었던 적은 없었어요. 예전에 우리 가족이 살던 판잣집이 비어 있었는데 그린벨트 지역이라 아버지가 땅 주인의 허락을 받고 근처에서 농사를 짓고 있었거든요. 당시 우리 집은 2층이었고 계단이 있어서 아버지나 동생들이 업어서 내려주지 않으면 집 밖으로 나갈 수 없었어요. 그렇게 도움받는 게 눈치가 보여서 열 번 나갈 거 한 번만 나가게 돼요. 아버지에게 판잣집에서 혼자 살아보고 싶으니 휠체어가 출입할 수 있도록 고쳐달라고 요구했어요.

처음에는 씨알도 안 먹혔지만 내가 포기하지 않으니 아버지도 결국 허락하셨죠. 계획이 생기자 모든 것이 새롭게 느껴졌어요. '내가 들은 자립생활 이야기가 정말일까? 거짓말은 아닐까?' 실감이 나지 않았어요.

얼마 후 판잣집에서 자립생활을 시작했어요. 내 방이 생긴 게 너무 좋았어요. 휠체어에서 침대로, 침대에서 휠체어로 혼자 타고 내릴 수 있도록 아버지가 만들어주셨어요. 그렇지만 그 외에는 나 혼자서 할 수 있는 게 없었기 때문에 아침에 눈 뜨자마자 휠체어 타고 집을 나가서 밖에서 최대한 많은 시간을 보낸 뒤 밤 열한 시가 되어야 집으로 돌아왔어요. 집에선 잠만 잤는데도 방에 혼자 있을 때의 달콤함이 진짜 좋았어요.

물론 어려움이 많았죠. 집에 들어가기 전에 모든 걸 다 해결해야 했어요. 밤 열 시에 야학이 끝나면 야학 교사들한테 부탁해서 화장실 볼일을 봤어요. 배가 고파서 식당에 가면 장애인이라고 병신 취급하면서 밥을 안 줄 때도 많았어요. 그럼 슈퍼에 가서 우유랑 빵을 사 먹거나 포장마차에 가서 국수나 라면 같은 걸 먹었어요. 종일 굶었다가 허겁지겁 먹고 집에 들어가면 꼭 밤에 혼자 있을 때 똥이 누고 싶어서 애를 먹었어요. 배가 고파도 갑자기 많이 먹으면 안 되고 허기만 채워야 한다는 걸 그때 배웠죠. 정말 급할 땐 아차산역에 가서 역무원한테 화장실 가는 것 좀 도와달라고 하거나 그 사람이 바쁘면 지나가는 사람한테 부탁했어요.

판잣집이 야산에 있어서 비가 오면 출입구가 질펀해졌어요. 휠체어가 푹푹 빠지곤 했죠. 가끔 밤늦게 집에 들어가다가 휠체어가 빠지면 그 자리에서 꼼짝할 수가 없었어요. 핸드폰도 없던 때여서 아버지를 부를 수도 없었고요. 휠체어에 앉은 채로 모기한테 뜯기거나 추위와 싸우며 밤을 지새우는 일이 계속 반복됐어요. 이렇게는 도저히 못 살겠다 싶어 야학 교사 종민이와 진태를 꼬셔서 같이 살자고 했어요. 가난한 대학생이었던 둘도 좋다고 했어요. 생활비는 같이 분담하되 월세는 따로 받지 않고 두 사람이 나의 활동지원을 해주기로 했죠. 큰 침대 하나에서 남자 셋이 옹기종기 모여서 잤어요. 진태는 무뚝뚝하고 종민이는 싹싹했어요. 밤에 혼자 있을 때 똥 마려울까봐 걱정하지 않아도 되니까 밥도 두세 그릇씩 먹었어요. 주말이면 나는 휠체어 타고 그 친구들은 자전거 타고 한강에 나가기도 하고 가끔 영화도 보러 다니면서 1년간 재미있게 지냈어요. 두 사람이 정말 큰 도움이 됐죠.

싸우는 법을 배워가다

이동권 투쟁이 한창일 때 박경석이 나한테 장애인이동권연대 투쟁국장 자리를 제안했어요. 투쟁국장이 뭐 하는 사람인 줄도 몰랐지만 싸우는 걸 좋아했기 때문에 하겠다고 했어요. 내가 뭘 해야 하는지 누가 가르쳐주지도 않았지만 아마 가르쳐줬어도 못 알아들었을 거예요. 시설에서 나온 지 얼마 되지 않아 사회생활이나 인간관계에 대한 경험이 없었으니까요. 그땐 정말 박경석의 말이라면 뭐든지 들었어요. 똘마니라고 해도 좋아요. 나는 박경석이 진짜 좋았어요. 박경석이 하자는 대로 하면 다 이뤄졌어요. 박경석 같은 중도장애인을 시설에서 본 적이 있는데 그놈은 여자친구 데려와서 "예쁘지? 좋겠지?" 하면서 잘난 체하고 나를 무시했어요. 박경석을 처음 봤을 때 '그놈이랑 장애가 똑같네' 생각했어요. 말하는 투는 그놈처럼 좀 재수 없을 때도 있었지만 박경석은 생각하는 게 퍽 달랐어요. 나 같은 중증장애인에게 투쟁국장을 제안한 것부터가 그랬죠.

진짜 신나게 싸웠어요. 겁이 많은데도 전혀 무섭지 않았고 오히려 재미있었어요. 2002년에 시청역 선로를 점거했던 날이 있었어요. 발산역에서 또다시 장애인이 리프트를 타다 떨어져 죽은 일이 발생한 때였는데, 박경석이 한 달쯤 넘게 단식농성을 하고 있었어요. 서울시가 꿈쩍도 안 하니까 장애인 50명, 비장애인 30명 정도가 한 시간 동안 선로를 점거하고 지하철을 막았죠. 최대한 오래 버티려고 커다란 사다리를 펼치고 사다리 칸 사이사이로 장애인들이 들어가 쇠사슬로 몸을 묶었어요. 지하철 선로에 전기가 흐른다는 걸 그때 알았어요. 휠체어-쇠사다리-쇠사슬을 타고 전기가 통하니 좀 무섭더라고요. 온몸이 찌릿찌릿했어요.

현장에 있던 장애인과 비장애인은 모두 연행됐어요. 태어나 처음으로 경찰 조사라는 걸 받은 날이었어요. 야학에 들어간 뒤 다양한 인간관계를 경험했죠(웃음). 나도 경찰과 대화하는 게 처음이고 경찰도 나 같은 장애인과 대화하는 게 처음이었어요. 나도 당황했고 경찰도 당황했어요. 집이 어디고 누가 시켰는지, 피켓은 누가 목에 걸어줬고 앰프는 누가 가져왔는지 경찰이 꼬치꼬치 물어보기에 조목조목 사실대로 대답했어요. 우리 집은 어디이고 이거 다 박경석이 시킨 거라고(웃음). 그 경찰서에서만 중증장애인이 열 명 넘게 조사를 받았는데 그중에서도 나는 말을 썩 잘하는 편이었어요. 형사들이 뇌병변 장애인의 말을 못 알아들어서 조서 쓰는 데 애를 먹었죠. 이틀 동안 유치장에서 지냈는데 경찰들이 우리 밥 먹여주고 화장실 가는 것도 보조해줬어요. 나중에 경비과장이 육두문자를 써가면서 이렇게 손이 많이 가는 장애인들을 대체 누가 잡아 왔느냐고 화를 내더라고요(웃음).

언젠가 한번은 광화문 세종문화회관 앞에서 농성하려고 천막을 치려다가 또 연행된 적이 있어요. 버티다가 다 잡혀가는 전술이었죠. 박경석이 나한테 빨리 피해서 숨으라고 했어요. 그건 좀 비겁하지 않나 생각했는데 박경석이 장렬히 싸우다 체포되는 것도 투쟁이지만 누군가 남아서 끝까지 지키는 것도 투쟁이라면서 너는 남아서 맨몸으로라도 농성을 시작하라고 했어요. 사람들이 다 잡혀간 뒤 나 혼자 광화문 거리로 돌아와 밤샘 농성을 했어요. 4월이었는데 얼어 죽을 만큼 추워서 차라리 잡혀가는 게 훨씬 나았을 것 같았죠. 하지만 누군가 해야 한다면 당연히 내가 해야 한다고 생각했어요.

그렇게 박경석에게 싸우는 법을 배워나갔어요. 경찰이 불법이니까 해산하지 않으면 체포하겠다고 아무리 경고해도 박경석은 끝까지 개겼어요. 나는 그렇게 살아본 적도 없고 그런 장애인을 본 적도 없었어요. '감히 장애인이 어떻게?' 하고 생각했죠. 그런데 박경석은 억울하면 개겨도 되고 부당하면 싸워야 된다는 걸 알려줬어요. 내가 버스를 멈출 수도 있고 지하철을 세울 수도 있고 세상을 마비시킬 수도 있다는 걸 야학이 가르쳐줬죠. 나는 싸우는 게 좋았어요. 내가 차도를 향해 달려 나가면 자동차들이 멈춰 서고 경찰들이 우르르 달려오는 것도 재미있었고 "규식이 잘 싸우네" 하면서 사람들이 알아주는 것도 좋았어요. 박경석도 날 인정해주니까 내 존재감을 느꼈죠.

시설 비리에 맞선 열띤 투쟁

2004년 정립회관에 비리 문제가 터졌어요. 정년 퇴임을 앞둔 관장이 정년을 연장하기 위해 변칙적으로 정관을 개정했고 수영장을 짓는 과정에서 공사금을 착복하는 비리도 저질렀어요. 문제 제기하는 직원들을 정직 처분해서 직원들로 구성된 노조가 저항에 나섰어요. 복지시설이 사유화되는 문제라고 여겨서 이동권연대와 정립회관에서 동료상담을 배웠던 중증장애인들이 함께 '정립회관 민주화를 위한 공동대책위원회'를 꾸렸고 관장 퇴진을 요구하며 직원 사무실을 점거했어요.

금방 끝날 줄 알았는데 계절이 몇 번이나 바뀌더니 무려 231일이나 지속됐어요. 중증장애인들과 사회복지사들이 함께 먹고 자면서 싸움을 계속했어요. 남자들은 사무실에서, 여자들은 주간보호실에서 자고, 화장실 세면대로 부족해서 싱크대에서도 씻고 대걸레 빠는 통에서도 씻고 물 나오는 곳이라면 다 붙어서 씻었어요.

아침에 복지관 직원들이 출근할 시간에 맞춰 피케팅을 했는데 복지관 편에 선 직원들이 우리 중증장애인들을 비웃고 조롱했어요. 아무 생각이 없는 중증장애인들이 비장애인 노조의 사주를 받아 꼭두각시처럼 행동한다면서 막말을 했죠. 정립회관은 한국소아마비협회라는 장애인 당사자 조직이 운영하는 곳이었고 해외의 자립생활운동을 선도적으로 들여와 우리에게 가르쳐줬던 곳이었어요. 장애인들이 주체적으로 이 차별적인 세상을 바꿔야 한다고 설파하던 사람들이 막상 자기들이 위협받으니까 우리더러 그저 비장애인들이 시키는 대로 하는 존재일 뿐이라며 무시하고 공격하는 게 치가 떨렸어요.

이 사안을 두고 장애계는 둘로 갈라져 대립했어요. 관장 편에 선 장애인단체들은 정립회관을 운영하는 한국소아마비협회가 장애인 당사자 조직이기 때문에 그 정도는 눈감아줄 수 있고 노조가 자신들의 이익을 위해 장애인을 앞세우고 있다는 프레임을 씌웠어요. 사실 나는 시설 비리 문제에 관심이 없었어요. 예상보다 농성이 너무 길어지는 데다 장애인들끼리 싸우는 것도 싫고 또 그러면 안 될 것 같아서 노조 위원장에게 그만하고 싶다고 했어요. 그런데 그 친구가 규식이 형이 있어야 힘이 된다면서 계속같이 싸워달라고 간곡히 부탁하더라고요. 어쩔 수 없이 계속하기로 했지만 그래도 한구석엔 도망가고 싶은 마음이 있었어요. 그날의 폭력 사태를 겪기 전까지는요.

어느 날 한 무리의 장애인들이 우리가 점거하고 있던 사무실로 쳐들어왔어요. 정립회관에서 테니스, 양궁 같은 체육 동호회 활동을 하는 경증 지체장애인들이었죠. 우리가 문을 잠그고 버티니까 망치와 골프채로 유리창을 깨고 문을 부수며 들어왔어요. 어떤 사람은 화장실에 있던 긴 호스를 끌어와 우리에게 물을 쏘아댔고 어떤 사람은 소화기를 뿌렸어요. 그걸 막으려는 한 여성 노조원의 머리채를 그 남성 장애인들이 잡아 내동댕이치는 바람에 그분은 다쳐서 수술까지 받아야 했어요.

또 하루는 새벽에 군화를 신고 얼굴에 위장 크림을 바른 비장애인 남자들이 농성장을 침탈했어요. 딱 봐도 깡패 같았죠. 그들은 빠르게 장애인과 비장애인을 분리하더니 로비에 사람들의 무릎을 꿇렸어요. 여자들이 우니끼 한 공간에 몰아넣고 남자들만 남겨놓은 뒤 쇠파이프로 구타했죠. 그 사람들이 빠지니까 마치 약속이라도 한 듯이 A단체 소속 장애인들이 들어왔어요. 그 장애인들은 노조에게 이용당하는 장애인을 구출하겠다면서 쇠파이프로 노조원을 때리고 물건을 창밖으로 내던졌어요. 이 싸움은 이전에 내가 해본 싸움과 급이 달랐어요. 복지관 측에서 보낸 장애인들은 막 웃통을 벗으면서 지저분하게 싸워요. 우리는 장애인의 이동할 권리나 교육받을 권리 같은 걸 위해 싸우는데 그 사람들은 그저 관장이 시키는 대로 싸우는 것 같았어요.

나중에야 그날 쳐들어왔던 비장애인들이 정말로 용역 깡패였다는 사실을 알았어요. 전날 복지관 측에서 깡패들을 고용해 술 사주고 모텔에서 재워준 뒤 우리가 있던 정립회관 2층 사무실까지 친절하게 길 안내도 했더라고요. 이 모든 걸 지휘한 이는 관장이었어요. 너무나 화가 나서 사측 직원들이 근무하고 있던 체육관 건물로 쫓아갔어요. 안에서 문을 잠가 들어갈 수 없었는데 그 짧은 시간 동안 여러 생각이 스쳤어요. '어떻게 해야 할까? 나무로 된 저 문을 부수면 잡혀갈까? 머리를 다치지는 않을까? 부서진 나무가 눈을 찌르거나 목에 꽂히면 어떡하지?'

고민은 짧게, 행동은 빠르게 해야 하는 순간이 있는데 그때가 딱 그랬죠. 깡패를 동원해 민주화를 요구하는 중증장애인을 짓밟는 복지관이라니, 가만히 있을 순 없었어요. 나는 뒤로 후진했다가 전속력으로 돌진해 문을 들이받았어요. 문이 뚫려서 반파되었고 그 안엔 관장과 그 앞잡이들이 서 있었어요. 내 얼굴에서 피가 흘렀는데 너무 화가 나서 닦을 정신도 없었어요. 그놈들을 향해 돌진하려고 했는데 동지들이 막아서 더 나아가지 못했죠.

결국 농성 8개월여 만에 광진구청의 중재로 관장이 물러났어요. 하지만 끝날 때까지 끝난 게 아니었어요. 물러났던 관장이 얼마 안 가 한국소아마비협회 이사장으로 돌아온 거예요. 복지관 관장은 정부가 월급을 주는 자리라 쫓아낼 수 있지만 한국소아마비협회는 민간 법인이라 정부가 관여할 수 없는 구조였어요. 그가 이사장으로 돌아오는 날 우리의 분노를 보여주기 위해 '너희는 당사자주의를 말할 자격이 없다'는 의미로 망가진 전동휠체어를 구해 화형식을 했어요. 진짜 징글징글하게 싸웠는데 그 결과는 허탈했어요. 시설 비리 문제라는 게 얼마나 해결하기 어려운 구조인지 그때 알았죠.

기어서 노들섬까지

세상일은 알 수 없는 거예요. 정립회관 민주화 농성의 결실은 엉뚱한 곳에서 우리를 기다리고 있었어요. 그 농성이 길어지는 바람에 본의 아니게 비장애인과 중증장애인들의 합숙도 길어졌어요. 장애인이 훨씬 많았기 때문에 밥 먹을 때 손이 모자라면 중증장애인이 더 중증의 장애인에게 음식을 먹여주기도 했어요. 우리끼리 "장애 극복했네" 하면서 키득키득 웃었어요. 농성단에 비장애인 남성이 딱 둘이었는데 그중 하나가 남병준이었어요. 두 사람이 열 명도 넘는 남성 장애인들을 휠체어에 태우고 내리고 씻기고 화장실 가는 일을 지원하느라 허리가 많이 상했죠. 남병준이 없었다면 그 싸움을 그렇게 오래 하지 못했을 거예요. 남병준은 노동운동을 하던 사람이었는데 어느 날 갑자기 나타나서는 농성장에서 내내 우리와 동고동락했어요.

2005년 농성을 마무리할 즈음 경남 함안에서 혼자 살던 근육장애인이 보일러가 터진 집에서 얼어 죽는 사건이 발생했어요. 그때 남병준이 활동지원서비스 제도화 투쟁을 해보면 어떻겠냐고 했어요. 그러면서 일본 활동지원서비스 투쟁의 역사가 기록된 책을 구해 직접 번역을 했어요. 장애인들이 매주 토요일마다 모여서 그걸 함께 읽었어요. 일본의 장애인들이 국회 계단을 기어서 올라가는 투쟁을 했고 그 결과 활동지원서비스 법률이 통과됐다는 걸 보면서 "우리도 이런 걸 하면 어떨까?" 이야기했죠. 그렇게 '활동지원서비스 제도화를 위한 공동투쟁단'을 결성했어요.

2006년 3월 시청 앞에서 노숙농성을 시작했어요. 한 달이 지났을 무렵 우리한텐 돈 없다던 서울시가 한강대교 중간에 있는 노들섬에 7000억 원을 들여 오페라하우스를 짓겠다고 발표했어요. 너무 분노한 나머지 중증장애인 39명이 삭발을 했는데, 그래도 반응이 없어서 마지막으로 장렬히 싸우다 죽자고 기획했던 게 한강대교를 기어서 노들섬까지 가는 투쟁이었어요. 당일 한강대교로 진입하는 도로를 기습적으로 점거했죠. 자동차들이 멈춰서자 우리는 휠체어에서 바닥으로 내려왔고 엉금엉금 기어가기 시작했어요. 5분이면 다 끌려갈 거라고 예상했어요. 아니나 다를까 10분도 지나지 않아 경찰들이 떼거지로 몰려왔죠.

그런데 어찌된 일인지 경찰이 우릴 잡아가지 않고 그냥 지켜만 보고 있었어요. '왜 안 잡아가지? 언제 잡아가지?' 한 시간이 지나고 두 시간이 지나는데도 연행을 안 하는 거예요. 중증장애인이 기어간다는 게 아주 힘든 일이에요. 열다섯 살까지 집에서 기어 다니면서 지냈지만 그 후엔 기어본 적이 없었거든요. 20여 년 만에 처음으로 기려니까 정말 힘들어 죽겠더라고요. 4월의 오후는 꽤 뜨거워서 아스팔트가 녹아 끈적거렸어요. 손과 무릎, 온몸에 아스팔트가 묻었어요. 보호대를 찼는데도 손과 무릎이 다 까져서 계속 피가 났죠. 경찰들을 보며 속으로 '다른 날은 잘도 잡아가더니 오늘 같은 날 왜 이래? 힘드니까 이제 그만 잡아가~' 하는데도 끝내 안 잡아가서 정말로 노들섬에 도착해버렸어요. 두 시부터 기어가기 시작해 도착하니 여섯 시 반이었어요. 비장애인이라면 10분도 안 걸리는 그 거리를 가는 데 한나절이 걸린 거죠.

그날 경찰이 우릴 왜 안 잡아갔는지 나중에 알았어요. 4월 20일 장애인의날을 맞이해 정부가 영국의 유명한 장애여성 구족화가인 앨리슨 래퍼를 초청했는데 그분 숙소가 우리 농성장이 내려다보이는 플라자호텔이었다는 소문이 있었어요. 앞에서 해외의 장애인을 데려와 희망을 설파하면서 뒤에서는 자기네 나라 장애인 잡아가면 쪽팔리잖아요. 앨리슨 래퍼 덕분에 우린 하루 종일 기어가느라 아주 힘들었고 나는 일주일 동안 앓았어요. 그리고 며칠 뒤 놀라운 소식이 전해졌어요. 서울시가 활동지원서비스를 제도화하겠다고 발표한 거예요. 43일 농성한 것치고는 아주 큰 성과였죠.

그렇게 싸우면 활동지원서비스가 정말 제도화되리라고 기대하진 않았거든요. 솔직히 지금과 같은 시대가 올 거라곤 전혀 생각하지 못했어요. 잘하면 활동지원서비스 시간을 하루에 서너 시간 정도 받을 수 있지 않을까, 그러면 지금보다는 사는 게 조금 편해지지 않을까 생각했죠. 이듬해 2007년 활동지원서비스는 전국적으로 시행됐고 첫해에 나는 한 달에 380시간의 서비스를 받았어요. 매일 열두 시간 동안 내 옆에 활동지원사가 있게 됐단 뜻이에요. 어마어마한 변화였죠. 자립생활이라고 말하지만 사실 그 전엔 억지로 살았던 거예요. 아침에 아버지가 와서 화장실 가는 거 도와주고 밤엔 아차산역 역무원한테 도와달라고 부탁하고, 밥도 제때 못 먹어서 항상 배를 곯다가 집에 가기 전에 허겁지겁 먹고 들어가던 삶을 살았는데 이젠 누군가를 기다리거나 부탁하지 않아도 되었죠. 정말로 혼자서도 잘 살아볼 수 있을 것 같았어요.

발바닥행동이라는 전환점

이동권연대 투쟁국장으로 3년쯤 활동했던 2006년 고비가 찾아왔어요. 이동권연대는 허구한 날 농성을 했어요. 낮에는 경찰과 싸우고 밤에는 농성장을 지키느라 집에 잘 들어가지 못하는 생활이었죠. 집이라고 해봤자 판잣집이고 집에 가봤자 활동지원 해줄 사람도 없으니 차라리 농성장에서 자는 게 더 편하기도 했어요. 하지만 동료들이 그걸 너무 당연하게 여기는 건 기분이 나빴어요. 자기들은 따뜻하고 시원한 사무실에서 일하고 외부 회의도 나가고 강의도 하는데 나만 맨날 비바람 몰아치는 농성장이었죠.

'규식이는 싸우는 놈이니까 싸울 거리만 주면 된다. 다른 건 필요 없다'고 생각하는 것 같았어요. 물론 활동가들이 나를 무시해서 그랬던 건 아닐 거예요. 끊임없는 농성에 모두들 지치고 피곤하고 서로에게 불만이 쌓였겠죠. 회의를 하면 논의를 하는 건지 싸우는 건지 헷갈릴 정도로 사람들이 화가 나 있었어요. 내 말은 안 듣고 자기들 마음대로 했죠. 나도 활동가이고 싶었어요. 사람들과 재미있게 놀고 어울리고 싶었는데 사람들이 나한테는 잘 다가오지도 않고 말도 건네지 않았어요. 어느 날 교류하던 인권 활동가들이 나를 보면서 장난처럼 "저 사람은 무서운 사람이니까 옆에 가지 마" 하는데 그게 꼭 저 사람은 무식한 사람이니까 옆에 가지 말라는 말처럼 들렸어요. 다 그만두고 어딘가로 도망치고 싶더라고요. '나는 싸우기만 하는 사람인가.' 3년 동안 죽어라 싸웠더니 돌아온 게 이런 건가 싶어 짜증이 났어요.

그즈음 우리 사무실에 못 보던 사람이 드나들기 시작했어요. 장애와인권발바닥행동이라는 단체에서 활동하는 박옥순이었어요. 옥순은 40대 여성이었는데 같이 담배 피우면서 이 얘기 저 얘기 나누다가 거긴 뭐 하는 단체냐고 물었더니 탈시설운동을 하려고 만들었대요. 나도 시설 생활을 10년이나 해봤으니 누구보다 그 운동의 필요성을 잘 알았죠. 그런 운동을 하는 단체도 있다니 반갑고 고마웠어요. 옥순은 내 말을 잘 들어줬어요. 이동권연대 활동이 너무 빡세서 힘들다고 하니까 왜 힘든지 다정하게 물어봐 주고 공감해줬어요. 내 동지들은 다 나를 무시하는 것 같은데 나를 지지해주고 술도 사줘서 마음이 따뜻해졌죠. 대구 활동지원서비스 제도화 투쟁에 연대하러 한 달 동안 대구에 원정 투쟁을 갔을 때 매일 밤 피시방에 가서 옥순한테 메일을 썼어요. 옥순한테 잘 보여서 같이 활동하고 싶었거든요.

어느 날 용기를 내 나도 발바닥행동에서 활동하면 안 되냐고 물었어요. 옥순이 당사자인 내가 함께하면 탈시설운동을 하는 데 큰 도움이 될 거라면서 좋다고 했어요. 그런데 발바닥행동 활동가가 되려면 구성원 모두가 동의해야 하고 그럼 활동가들이 내가 어떤 사람인지 알아야 한다면서 일대일로 만나야 한대요. 그래서 한 명씩 따로 만났어요. 온통 다 여자들이었어요. 그런데…… 다 예뻤어요. 진짜 예뻤어요. 그러니까 얼굴이 예뻤다는 게 아니라…… 다들 너무 친절하고 내 말을 잘 들어줄 것 같은 느낌이었어요(웃음). 이 사람들하고 같이 일하면 너무 좋겠다고 생각했죠. 나중에 알았지만 내가 꿈에 부풀어 있던 그 시간 발바닥행동은 발칵 뒤집어졌대요(웃음). 모두 비장애 여성뿐인 단체인데 나는 활동지원이 필요한 남성 장애인이니까 아무래도 선뜻 받아들이기가 쉽지 않았겠죠. 하지만 옥순이 열심히 설득해줘서 마침내 발바닥행동에 들어가게 됐어요.

그곳의 분위기는 이동권연대와 완전 딴판이었어요. 서로를 도와주고 지지해줬죠. 비장애 여성 다섯 명에 나만 장애인인데 마치 조직의 중심이 나인 것처럼 내가 한마디를 하면 다 귀를 기울였어요. 때론 지적도 받았어요. 내 말투가 강압적이고 지시적이라고 했어요. 이동권연대에서는 아무 문제도 아니었던 말이나 행동이 여기선 하나하나 문제가 되었어요. 지적을 받는 순간엔 기분이 상했지만 결과적으로 큰 도움이 됐어요. 걔네들 덕분에 많이 컸어요. 이동권연대에서는 주로 투쟁하는 역할만 했는데 발바닥행동에서는 외부 회의에도 참여했어요.

투쟁 현장에서 마주치며 지냈어도 곁에 다가오진 않았던 인권활동가들이 발바닥행동 활동가로 회의하러 왔다고 하니까 아는 척을 했어요. 그럼 나도 그 사람에게 어떤 활동을 하는지 물었죠. 청소년, 난민, 양심적 병역거부, 홈리스, 성소수자 등이 중심이 되는 다양한 인권단체들이 있다는 걸 알게 됐어요. 그들과 웃고 이야기하면서 많은 걸 배웠어요. 어떤 여자를 좋아한다고 졸졸 따라다니면 안 된다는 거, 함부로 대시 하면 안 된다는 거, 친하다고 반말하면 안 된다는 거, 어깨나 손 만지면 안 된다는 거, 뭐 그런 것들을 배웠죠(웃음). 이동권연대에서 싸우는 걸 배웠다면 발바닥행동에선 사람들과 관계 맺는 법을 배웠어요.

발바닥행동은 장애인 거주시설의 인권침해와 비리에 맞서 싸움을 계속했어요. 실은 이동권연대에서 농성하는 게 너무 빡세서 도망치고 싶었는데, 발바닥행동에 들어가 처음 했던 일도 농성이었어요. 2006년 여름 들어가자마자 S재단의 비리 해결을 촉구하며 종로구청 앞에서 143일 동안 농성을 했어요. S재단은 병원과 요양시설을 13개나 운영하는 대형 법인이었는데 보조금 횡령, 거주인 학대, 강제 노역, 폭력 및 사망 사건, 족벌 세습 등 다양한 문제가 있었죠. 이번엔 구청 공무원들과 싸워야 했는데, 그게 그렇게 빡셀 줄 몰랐어요. 구청 측에서 천막 하나도 못 치게 해서 한여름의 뙤약볕과 장맛비를 고스란히 맞아야 했죠. 그마저도 꼴보기가 싫었는지 어느 날 와이셔츠를 입은 남자 공무원 200여 명이 쳐들어와서 농성장을 때려 부수기 시작했어요.

경찰들은 최소한의 안전 수칙이라도 지키는데 그 공무원들은 그런 것도 없더라고요. 저항하는 장애인들을 내동댕이치고 우리의 귀중한 농성 물품을 발로 차고 던져버렸어요. 그걸 말리는 과정에서 내가 휠체어에서 떨어져 바닥에 나뒹굴었는데 누군가 내 목을 짓밟고 지나갔어요. 비리를 감시해야 할 책임이 있는 공무원이 해야 할 일은 안 하고 자기들이 못한 걸 우리가 다 파악해서 알려주는데 진짜 적반하장이었죠. 자기들이 먼저 우리 농성장 때려 부수고는 그거 말리다 싸움이 나니까 손해배상을 청구하더라고요. 나도 목을 다쳤는데 기물 파손했다면서 3000만 원을 청구했어요. 너무 얄밉고 억울했죠.

시설 비리 척결을 외치는 싸움은 계속되었어요. 2008년에는 석암재단이라는 대형 법인에서 또 비리가 터졌어요. 1년 내내 관리 감독의 책임이 있는 서울시청과 양천구청 앞에서 농성하고 집회를 했죠. 그 싸움으로 성장하고 결집한 석암재단 시설 거주인들이 2009년엔 아예 짐을 싸서 시설을 뛰쳐나와 농성을 하면서 본격적인 탈시설운동이 펼쳐졌어요. 발바닥행동에서도 수많은 싸움을 했지만 여기서 나는 소모품처럼 쓰이지 않고 존중받으며 활동한다고 느꼈어요.

해외의 중증장애인들은 어떻게 살고 있는지, 발달장애인들의 탈시설은 어떻게 실현할 수 있는지 등을 배우러 일본·영국·미국으로 연수도 갔고 그때 그랜드 캐니언, 라스베이거스 같은 곳도 관광했어요. 발바닥행동에 들어와 다양한 경험을 쌓고 세상을 배우는 게 좋았어요. 새롭게 보고 들은 것들에 자신감을 얻어 더욱 뜨겁게 싸울 수 있었죠. 살면서 제일 잘한 일을 꼽으라면 주저 없이 발바닥행동에 들어간 거라고 말할 거예요. 이동권연대가 나의 기반을 닦아줬다면 발바닥행동은 나를 확 끌어 올려줬어요.

시설과 지역사회, 단절된 세계를 잇다

우리는 '탈시설 네트워크 이음'이라는 모임을 조직했어요. 탈시설을 희망하는 사람과 이미 탈시설해서 지역사회에서 살아가는 사람이 만나 교류하는 거예요. 먼저 탈시설한 선배가 후배들이 지역사회에 잘 뿌리내리고 살아갈 수 있도록 자신의 경험을 알려주고 지지해주는 거죠. 시설에 사는 사람들이 2박 3일 정도 바깥에 나와 지역사회를 체험하는 '이음여행'도 만들었어요. 장애인, 활동지원사, 활동가 80~100명 정도가 모여 강의도 듣고 지하철도 타고 버스도 타고 바다도 보고 캠프파이어도 하면서 두렵지만 설렘을 느끼며 탈시설한 사람들이 어떻게 사는지 얘기를 듣고 용기를 얻어요. 제가 책임자가 되어 준비했어요. 그런 실무적인 일을 맡아본 경험이 없어서 근심이 컸지만 나도 할 수 있다는 걸 보여주고 싶었어요.

이음여행은 탈시설 당사자들이 직접 참여해 함께 회의하면서 행사의 방향도 정하고 장소 답사, 강사 섭외, 프로그램 기획 등을 했어요. 그 행사를 위해 몇 달 전부터 준비했고 아침부터 저녁까지 온통 이음여행 생각뿐이었죠. 가장 애를 먹었던 건 시설에 거주하는 장애인을 섭외하는 거였어요. 그들은 사회에 두려움이 많아 선뜻 나오려고 하지 않거든요. 한 사람 한 사람을 만나 열과 성을 다해 우리가 준비한 것들을 이야기했어요. 비장애인이 하는 것보다 속도는 느렸겠지만 열정은 훨씬 더 컸을 거라고 자부해요. 시설에 사는 장애인에게 단지 며칠간 소풍의 기회를 제공하는 게 아니라 당신도 지역사회에서 살 수 있다는 걸 직접 느끼게 해주고 싶었어요. 행사 당일엔 혹시나 사고라도 생길까 잠을 이루지 못했지만 위축되어 있던 사람들이 점점 자신의 권리를 알아가고 탈시설에 대한 자신감을 갖는 모습을 보면 그렇게 뿌듯할 수가 없었어요. 그들을 통해 나도 자신감을 얻고요. 크고 작은 시행착오를 겪으면서 활동가로서 내가 더 많은 일을 할 수 있다는 것을 느꼈죠.

탈시설한 장애인들의 모임은 커졌고 우리는 이들이 안정적으로 머물면서 활동을 이어갈 독립적인 단체가 필요하다는 생각으로 이음장애인자립생활센터를 설립했어요. 사람들이 나에게 센터장을 하라고 했어요. '나는 싸움밖에 할 줄 모르고 배우지도 못해서 더하기 빼기도 잘 못하는데 어떻게 대표를 해?' 말도 안 된다고 생각했는데 동료들이 함께할 테니 걱정하지 말라며 설득했어요. 해외의 자립생활센터들을 견학한 경험 때문에 한창 고무되어 있을 때기도 했죠. 새로운 도전을 하면 무엇이든 배운다는 걸 알았기 때문에 용기를 냈어요. 2011년 발바닥행동 사무실 한 켠에 책상 네 개를 놓고 비장애인 활동가 둘과 함께 시작했어요.

다른 자립생활센터들은 주로 지역사회에 살고 있는 장애인을 대상으로 사업을 하는데 우리는 처음부터 모든 사업을 탈시설에 초점을 맞춰 진행했어요. '시설에서 지역사회로'라는 뚜렷한 방향을 갖고 시설에 살고 있는 사람들을 데리고 나와 지역사회의 삶을 체험하게 하고 싶었죠. 직접 보고 경험하지 않으면 '당신도 자립할 수 있다'고 아무리 설명해도 절대로 믿지 않거든요. 그러려면 일정 기간 머물면서 자립을 경험하고 준비할 수 있는 주택이 필요한데 그걸 체험홈이라고 불러요. 탈시설 투쟁의 성과로 서울시가 체험홈 사업을 지원하기 시작했거든요. 1년 동안 분기별로 영등포구청에 찾아가 체험홈을 마련할 수 있도록 보조금을 요구했어요. 내가 열심히 찾아가니까 구청에서도 예산을 주겠다고 약속했어요. 구청에서 요구한 요건도 다 갖췄죠.

그런데 약속한 시기가 되니까 구청에서 돈이 없다며 배를 째라고 나오더라고요. 영등포구는 재정 자립도도 높은데 시설 장애인들이 자립하기 위해 필요한 최소한의 디딤돌조차 안 만들겠다니 너무 화가 나서 잠을 이루지 못했어요. 이튿날 날이 밝자마자 구청으로 시너를 들고 찾아갔어요. 평소 알고 지냈던 서울시경 정보과 형사한테 나 좀 도와달라고 해서 같이 갔어요. 확 불 지르고 나도 죽을 생각으로 시너를 몸에 뿌리려는 순간 구청 공무원이 통을 낚아챘어요. 천만다행이라고 생각하면서(웃음) 구청장한테 왜 주겠다고 약속해놓고 안 주냐고 막 따졌어요. 형사가 중재하는 척하면서 나를 도와줬어요. 그랬더니 구청장이 주겠다고 하더라고요. 그렇게 해서 체험홈 사업을 처음 시작했어요.

영등포구에 등록된 장애인 거주시설이 네 곳 있었는데 한 달에 두 번씩 찾아가서 거주인들에게 인권교육도 하고 간담회도 했어요. 조금이라도 탈시설에 관심을 보이면 멘토를 연결해서 주기적으로 만남을 이어가며 체험도 하고 이음여행도 오시게 했죠. 시설 측에서는 우리의 활동을 엄청나게 싫어했지만 2011년 개정된 사회복지사업법에서 시설 내 인권교육이 의무화됐기 때문에 어쩔 수 없이 문을 열어줄 수밖에 없었어요. 하지만 어느 날 갑자기 나 같은 중증장애인이 나타나 당신도 자립할 수 있다고 하니까 그분들이 믿을 리가 없죠. 나 같아도 안 믿어요. 한 사람의 인생이 달렸기 때문에 아주 세심한 과정이 필요해요. 오랫동안 지켜보면서 나도 그 사람을 알아가야 하죠. 저 사람한테 어떤 지원이 필요하고 어떤 프로그램을 연결해야 하는지 계획도 있어야 하고요. 문서로 쓰는 그런 계획 말고 내 머릿속에 그림이 그려져야해요. 그러지 않으면 시설에서 나와도 지역사회에 적응하지 못해서 다시 시설로 돌아가는 일이 생겨요.

어린아이일 때 시설에 들어가 30년 넘게 세상과 단절된 삶을 산 사람들이 하루아침에 바깥으로 나오면 당연히 적응하기 어렵죠. 시설 안에서는 직원들이 도와줬지만 바깥에 나왔을 때 그런 사람이 갑자기 생기는 게 아니잖아요. 기댈 사람이 없다는 두려움이 제일 커요. 활동지원사와의 관계도 처음엔 어떻게 해야 하는지 몰라요. 사소한 뭔가를 해달라고 하는 것도 다 요청하고 조율해야 하는데 장애인들은 그런 식의 관계를 맺어본 적이 없거든요. 뇌병변 장애가 있고 중증의 언어장애가 있는 20대 남자분이 있었는데 그분은 자립하면 죽는 줄 아는 사람이었어요. 3년째 되니 조금씩 마음을 열더라고요. 그때부터 본격적으로 대화를 시작해서 지역사회 체험도 하고 이음여행에도 초대했어요. 그렇게 다시 2년이 지난 후 우리 센터 체험홈으로 자립하셨고 3년 만에 서울시에서 보증금을 지원받아 자기 집을 마련해가셨죠. 그렇게 함께 노력해서 자립하는 과정을 보면 참 좋았어요.

아버지의 사과

이음장애인자립생활센터는 나날이 커졌어요. 처음엔 직원이 두 명이었는데 나중엔 열세 명까지 늘어났고 사업도 공간도 확장됐어요. 10년간 센터장을 하면서 배운 것들이 많은데, 가장 중요한 배움이라면 뼈아프게도 센터장은 아무나 하면 안 된다는 거였어요. 대표란 사람이 조직 운영에 대해 너무 아는 게 없었어요. 대표는 내가 이전에 해본 일과 차원이 달랐어요. 하나부터 열까지 전부 책임지고 신경 써야 했죠. 회계도 알아야 했고 사업 기획도 해야 했어요. 나는 중증장애인의 삶은 잘 알지 몰라도 많은 사람들과 역할을 나누고 조율하는 건 해본 적이 없었던 거예요.

어렸을 때부터 제대로 된 교육을 받고 사회 경험을 두텁게 쌓으며 사람을 다양하게 겪어봤다면 필요한 순간마다 대표로서 적절하게 대처했을 텐데 그러질 못했어요. 신입 활동가들이 들어오면 교육을 시켜야 하는데 언어장애가 있으니 그것도 부담스럽고 실무에 능한 것도 아니니 활동가들이 뭔가 물어볼 때 그때그때 알려줄 수도 없었죠. 내가 잘 모르니까 다른 사람에게 판단을 맡겨야 할 때가 많은데 관계가 좋을 땐 문제가 되지 않지만 관계에 균열이 생기기 시작하면 답이 없더라고요. 마지막 2년은 운동을 괜히 했다고 생각할 만큼 괴로운 시간을 보냈어요. 나 같은 장애인이 대표로서 역할을 잘할 수 있도록 지원하는 시스템이 있었더라면 좋았을 텐데 아쉽기도 해요.

2021년 이음센터를 그만두고 쉬고 있을 때 서울장애인차별철폐연대 대표직을 제안받고 대표가 됐어요. 다시 투쟁판에 돌아와서 좋았어요. 싸우는 판은 내가 주도할 수 있으니까요. 시설에 찾아가서 장애인을 만나고 상담하는 것도 의미 있고 해외에 가서 배우는 것도 좋지만 역시 투쟁하는 게 제일 재미있어요. 어떻게 하면 경찰을 뚫고 도로 점거를 성공시킬까 궁리하는 게 신나요. 나에겐 그림이 딱 보여요. 사자들이 먹잇감을 찍으면 아무리 날쌘 동물도 잡아채는 것처럼 나에겐 싸우는 감각이 있어요.

2021년은 이동권 투쟁 20주년이었어요. 우리는 버스 점거, 지하철 연착 시위를 벌이며 맹렬하게 싸웠고, 그해 12월부터는 교통약자의이동편의증진법 개정을 요구하며 출근길 지하철 시위를 시작했어요. 계단식 버스가 노후화해서 교체할 때 저상버스를 의무적으로 도입해야 한다는 조항을 넣으려는 것이었죠. 아침 여덟 시 장애인들이 출근길 지하철을 타며 연착시키는 시위가 큰 반향을 일으켜 연말에 법 개정이 이뤄졌어요. 싸우면 변한다는 걸 다시 한번 확인한 우리는 2022년에도 출근길 지하철 행동을 계속했어요. 단순히 이동권을 보장하라는 싸움이 아니라 기획재정부를 상대로 이동권, 교육권, 노동권, 탈시설 등 장애인의 권리를 보장하는 예산을 요구했어요. 장기간 매일 이런 방식의 직접 행동을 계속한다는 게 이전엔 상상도 못했던 일이었죠.

정말 욕을 많이 먹었지만 필요한 일이라고 생각해요. 우리에게도 부담이 크지만 감수할 만한 가치가 있어요. 어느 날 한 시민이 유별나게 쌍욕을 퍼부으면서 우리한테 왜 길을 막느냐고 화를 냈어요. 나는 매일 아침 지하철 행동에 나가요. 여덟 시까지 도착하려면 새벽 다섯 시 반에 일어나야 해요. 어딜 가든 30분 미리 도착한다는 원칙이 있어요. 지하철 엘리베이터가 자주 고장 나 있거든요. 그러면 한두 정거장을 더 가서 돌아와야 되니까 항상 대비하는 거예요. 우린 그렇게 사는 데 익숙해요. 엘리베이터가 왜 그렇게 자주 고장 나냐면 사람들이 많이 타서 그래요. 엘리베이터 앞에 줄 선 사람들 보면 전부 비장애인이거나 노인이에요.

그 엘리베이터가 우리가 이렇게 욕을 먹어가면서 만든 건 줄도 모르고 우리한테 병신이 집에 있지 왜 아침부터 나와서 남의 출근길을 막느냐고, 자기들 늦은 걸 어떻게 책임질 거냐고 고래고래 소리 질러요. 저는 요즘 학점은행제로 사회복지학을 공부해요. 사회복지법제론 같은 과목들은 이름만 들어도 무슨 소린지 머리가 아팠는데 듣다 보니 어디선가 다 들어본 내용이에요. 장애인차별금지법, 장애인등에대한특수교육법, 장애인 활동지원 서비스, 교통약자의이동편의증진법, 중증장애인 자립생활지원 조례…… 전부 우리가 싸워서 만든 법과 제도들인데 그게 대학의 사회복지학 교과서에 수록되어서 선생님이 학생들에게 가르친 다는 게 신기했어요. 내가 한 일이 참 멋지게 느껴졌죠. 우리가 그 욕을 먹으면서 이런 걸 만들었다고요.

나는 장애인운동을 통해 세상을 배웠어요. 정식으로 학교에 다녔더라면 차별받은 내가 세상과 어떻게 싸워야 하는지 배우지 못했겠죠. 어렸을 때 동네 할머니·할아버지가 나를 보면 '불쌍한 것, 쓸모없는 것' 하며 쯧쯧 혀를 차곤 했어요. 그런데 박경석을 만나 나의 쓸모를 알게 됐어요. 40대에 방송중학교·방송고등학교를 6년 동안 다녀서 졸업장을 받았어요. 그 졸업장을 꼭 보여주고 싶은 사람이 있었어요. 다른 자식들에겐 공부하라고 성화였지만 나한테는 아무런 기대도 하지 않았던 나의 아버지요. 졸업장을 보더니 아버지는 잠시 멍하게 있다가 입을 떼시며 이렇게 말씀하셨어요. "나는 네가 태어났을 때부터 너를 사람 취급 안 했다. 그래서 공부시킬 생각은 아예 안 했다. 그저 살아 있기만, 먹고살기만 잘하기를 바랐다. 그런데 이 졸업장을 보니 내가 틀렸다는 걸 이제야 알게 됐다. 너도 사람이었구나." 그리고 뜻밖의 말씀을 하더라고요. "규식아, 미안했다." 아버지를 원망한 적은 없었지만 그래도 그렇게 말씀해주셔서 좋았어요.

어릴 때 만화영화 〈은하철도 999〉를 좋아했어요. 거기엔 2022년이 아주 먼 미래처럼 나왔어요. 열 살이었던 나는 그걸 보면서 내가 저때까지 살 수 있을까 생각했어요. 아마 죽었을 것 같다고 생각했어요. 그런데 지금 나는 살아 있어요. 내가 싸워서 바꾼 2022년의 세상을 살고 있죠. 이만하면 잘 살았다고 생각해요. 앞으로도 크게 사고 안 치고 잘 살았으면 좋겠어요. 후배들도 많고 몸도 힘들어서 더 오래 활동하고 싶어 하면 욕심이 아닐까 생각하다가도 박경석한테 아직 싸울 힘이 있을 때 힘을 보태 더 싸워보자고 다짐하기도 해요. 은퇴하면 여행을 가고 싶어요. 그리고 자서전을 쓰고 싶어요. 내가 살아온 이야기를 써서 나같이 못 배운 중증장애인들도 할 일이 있다는 걸 알려주고 싶어요.

処음 노들야학 교사가 되었을 때 이 세계는 이상하고 신기한 것 투성이었다. 마치 중력이 다른 행성 같았던 그 세계에선 매월 꼬박꼬박 소식지를 냈다. 내가 처음 이 낯선 행성에 도착했던 2001

년 8월의 소식지 표지 모델은 바로 규식이었다. 야학 인권 수업에서 장애인 자립생활운동이란 걸 알게 되고, 선진국의 장애인들은 비장애인처럼 학교도 다니고 외출도 한다는 사실에 천지개벽하는 충격을 받은 규식이 '나도 자립생활을 할 수 있다!' 선언하며 야산의 버려진 판잣집을 개조해 혼자 살기에 도전한다는 소식이었다. 야학 교사들은 "규식은 정말 대단한 사람!"이라면서 그를 치켜세웠지만 그의 대단함을 알아볼 지식도 경험도 없었던 나로선 그저 '저 사람은 가족과 관계가 나쁜가?' 하고 생각할 뿐이었다.

22년이 흐른 지금, 그러니까 2023년의 내가 그때의 소식지를 펼쳐 2001년의 규식을 물끄러미 본다. 폐건축 자재들이 혼란스럽게 쌓여 있는 폐허 속에 판잣집이 한 채 있고 그 앞에 스쿠터를 탄 규식이 있다. 자립생활의 꿈에 부푼 규식은 이렇게 썼다.

"혼자서 할 수 있는 건 스스로 하고 혼자서 할 수 없는 건 지원 받을 수 있도록 내 권리를 주장하겠다."

2023년의 나는 새삼스럽게 충격을 받는다.

'대체 어떻게 이토록 무모할 수 있지?'

사진 속 세계엔 규식을 보호해줄 아무런 법과 제도가 없다. 그는 지하철 리프트를 타다 추락해 죽을 뻔했고, 늦은 밤 똥이 급할 때면 지하철 역무원에게 달려가 도움을 청해야 했다. 역무원들은 마지못해 도와주면서도 왜 여기 와서 똥을 누느냐고 화를 냈다. 온갖 위험과 모욕에도 규식은 집과 시설에만 머물도록 강요되는 삶을 거부하고 자립생활을 감행했다. 생을 건 도전이었다. 나는 이제야 내가 콜럼버스보다 더 용감한 탐험가들과 이번 생을 함께 살아가고 있음을 깨닫는다.

규식은 15년 전부터 자신의 이야기를 잘 들어주는 사람을 만날 때마다 용기를 내어 자서전을 쓰고 싶은데 도와줄 수 있느냐고 부탁했다. 규식이 말을 뱉기 위해선 온몸에 힘을 짜내야 했기 때문에 그의 말을 온전히 듣기 위해선 긴 시간과 각별한 노력이 필요했다. 어떤 사람은 한 번, 어떤 사람은 스무 번 넘게 만나 그의 이야기를 기록해주었다. 규식의 제안이 부담스러워서 슬금슬금 피하는 사람도 하나둘 늘어갔지만 규식은 꿋꿋이 요청하는 것을 멈추지 않았다. 들어주는 사람을 만날 때마다 규식의 생애는 조금씩 채워지고 선명해졌다. 기록활동가로서 나의 중요한 임무는 싸우는 사람들의 이야기를 들은 뒤 그들의 이야기가 얼마나 소중한지 북돋우는 것인데 규식에겐 그럴 필요가 전혀 없었다. 그는 이미 충분히 알고 있는 사람이니까. 대신 나는 규식을 좀 놀려먹고 싶어서 이렇게 물었다.

"자기 인생이 기록될 만한 가치가 있다는 높은 자신감은 어떻게 생기는 거예요?"

규식은 집과 시설에서만 살았던 자기 같은 사람의 이야기도 기록해두면 좋을 것 같다고 짧고 느리게 대답했다.

다섯 번에 걸친 규식과의 인터뷰를 마친 건 2022년 2월이었는데 여러 사정으로 이 글을 마무리하고 있는 지금은 1년이 훌쩍 지난 2023년 4월이다. 놀랍게도 규식은 그사이 자서전 《이규식의 세상 속으로》를 완성해 출간했다. 대체 무슨 일이 일어난 건가.

2022년은 규식이 예상하지 못했던 일들로 가득 찬 해였다. 지하철 시위가 계속되었고, 그렇게 어마어마한 관심도 그렇게 무시무시한 비난도 난생처음 받아보았다. 전장연에 대한 혐오와 조롱이 세상을 뜨겁게 달구었던 여름 어느 날, 규식은 경찰로부터 출석요구서를 받았다. 화가 난 규식은 동료에게 자기 이야기를 글로 써달라고 부탁해 페이스북에 올렸다. 자신의 삶을 생생하게 이야기한 규식의 글은 이렇게 끝났다.

"우리가 버스를 막고 지하철을 점거한 게 죄라면 그동안 장애인이 지하철도 버스도 못 타도록 만든 국가에겐 왜 죄를 묻지 않습니까. 이동권을 보장하겠다고 법을 만들어놓고 그걸 지키지 않는 공무원들은 왜 잡아가지 않습니까. 장애가 있는 아이를 죽인 부모에겐 죄를 묻지 않으면서 우리는 누굴 죽인 것도 아닌데 왜 우리한테만 죄를 묻습니까."

수많은 사람들이 이 글을 읽고 공유했고 얼마 후 한 출판사에서 규식의 생애사를 펴내고 싶다고 제안해왔다. 그간 써둔 글로는 턱없이 부족했다. 바쁘고 정신없는 와중이었지만 규식은 기회를 놓치지 않고 자기 이야기를 가장 잘 듣고 옮겨줄 사람들로 필진을 꾸렸다. 9년 동안 일상을 함께한 활동지원사, 오랫동안 함께 일하며 우정을 나눈 동료, 그리고 구술 기록 경험이 풍부한 인권활동가 등이었다. 그들은 규식과 끝없이 이야기하면서 글을 써나갔다. 그리고 2023년 1월 마침내 자서전이 완성되었다. 그 소식을 들었을 때 나는 입을 다물지 못했다.

'그걸 어떻게 7개월 만에 썼지? 15년은 더 걸릴 줄 알았는데!'

책을 받아보고선 더 놀랐다. 너무나 이상하고 재밌고 슬프고 기괴한 이야기로 가득한 책이었다. 한국사회에 한 번도 등장한 적 없는 중증 뇌병변 장애인의 생애사가 세상에 나온 것이다. 나 역시 규식을 인터뷰하며 짧게나마 생애 기록을 쓰는 중이었으므로 그들의 글쓰기 과정이 얼마나 지난하고 어려웠을지 충분히 짐작할 수 있었다. 그래서 더 존경스러웠고, 그래서 몹시 부끄러웠다.

고백하자면 나는 이 인터뷰 작업에서 규식을 두 번쯤 밀어내려고 했다. 첫 번째는 구술자를 선정하던 2020년 봄이었다. 규식을 구술자로 제안한 것은 이 작업을 기획한 《비마이너》였다. 기록자인 나는 규식의 언어장애가 부담스러웠다. 하지만 규식이 틈틈이 써놓은 자서전에 서른 살 이전의 기록이 제법 잘 정리되어 있다는 사실을 알았기 때문에, 크게 심호흡을 한 뒤 규식을 포함시키기로 결심했다. 그럼에도 규식과의 인터뷰는 쉽지 않았다. 2021년 여름부터 나는 마감에 쫓기기 시작했고 가장 '손이 많이 가는' 규식을 가장 마지막 순서로 미뤄두었다. 그해에 여섯 명의 기록을 마치는 게 계획이었지만 다섯 명의 이야기를 쓰고 나니 해가 끝나 있었다. 규식은 다음 해로 넘겨졌다. 그러나 2022년은 또 그해의 다른 인터뷰 계획이 나를 기다리고 있었다. 규식은 또다시 다음 해로 미뤄졌다. 그때마다 규식에게 '나중에 꼭' 하겠다고 약속했다.

그렇게 2023년이 되었고 이 책의 출간 시기가 장애인차별철폐의날이 있는 4월로 정해졌다. 시간이 촉박했다. 나는 두 가지 부담에 짓눌렸다. 하나는 규식의 원고를 쓰는 것이었고 또 하나는 나머지 다섯 명의 원고를 줄여 규식이 들어갈 자리를 만드는 것이었다. 이미 완성된 원고만으로도 책 한 권 분량을 훌쩍 넘었기 때문이다. 그즈음 나는 글쓰기 노동에 심신이 지쳐 있었고 어떻게든 일을 줄이고 싶었다. 규식을 뺄 수 있다면 이미 완성된 원고를 수정해야 하는 이중 노동도 안 할 수 있다는 생각이 머릿속을 떠나지 않았다. 그때 구원처럼 규식의 자서전이 완성되었단 소식을 들은 것이다.

'어차피 단독 자서전이 나온다면 이 책에선 규식을 빼도 되는 것 아닌가?'

나는 그 생각이 무척 합당하다고 생각했고 고심 끝에 규식에게 전화를 걸었다. 장황하게 상황을 설명한 뒤 책이 제때 나오려면 미안하지만 당신을 빼는 게 좋겠다고 한껏 정중하게 말했다. 잠자코 듣던 규식이 평소처럼 느리고 짧게 대답했다.

"그, 그, 그래……? 알았어……"

그때 규식의 목소리를 아직도 잊을 수 없다. 자신이 이야기할 기회가 미뤄지고 미뤄지길 반복하다가 결국 무산되었다는 소식을 들은 규식은 실망과 서운함을 감추지 못하면서도 매우 순순했다. 순간 정신이 번쩍 들었다. '내가 지금 무슨 짓을 한 건가.' 차별에 저항하는 장애인들의 이야기를 기록하겠다면서 장애를 이유로 규식을 차별하고 있었다니.

'규식은 사는 내내 이런 식으로 배제되었겠구나. 아무리 기다려도 자신이 이야기할 기회는 오지 않는다는 걸 알았기 때문에 규식은 그토록 집요하게 자서전을 쓰려고 했구나⋯⋯'

그의 생애가 전혀 다르게 들리기 시작한 순간이었다. 언어장애가 있다는 건 단지 남들보다 느리게 말하는 것이 아니었다. 규식이 입을 열면 노인들은 혀를 끌끌 찼고 식당 주인들은 밥을 주지 않고 쫓아냈다. 온갖 투쟁을 이끌어온 대표적 활동가였음에도 그에게 마이크를 잡을 기회는 좀처럼 주어지지 않았다. 규식은 생애 내내 이야기를 억압당한 사람이었고 그래서 그것이 얼마나 소중한 권리인지 뼈저리게 알았다. 이야기한다는 것은 타인과 관계 맺는 일이고 우정을 나누는 일이며 그들로부터 날마다 배우고 성장하는 일이라고, 규식이 말했다. 그가 가장 신뢰하는 발바닥 행동 동료들에 대해 했던 말이 꼭 나에게 하는 말처럼 귓가에 맴돌았다.

"걔네들은 내 말을 잘 들어줬어. 나 혼자만 장애인이었는데, 내 말 한 마디 한 마디에 귀를 기울여줬어. 마치 조직의 중심이 나인 것처럼."

규식이 자서전을 쓰기 시작한 건 바로 그때였다. 자기 이야기를 소중하게 들어주는 사람을 만났을 때 말이다. 돌이켜 보면 처음 구술자를 정할 때 내가 규식을 주저했던 이유는 단지 그의 말이 느려서만은 아니었다. 그에게 매력적인 이야기가 있을 거라는 기대가 없었던 것이다. 그러니 규식이 빠진 다섯 명의 이야기만으로도 충분하다고 생각했다. 규식이 포함된 이야기를 완성한 다음에야 규식이 빠졌다면 우리가 얼마나 중요한 것을 잃었을지

비로소 알게 되었다. 세상에 이야기를 가지고 있지 않은 존재는 없고, 환경이 갖춰진다면 중증 뇌병변 장애인도 말하고 쓸 수 있으며 자기 이야기를 가질 권리가 있음을 규식이 멋지게 보여주었다. 규식은 정말 대단한 사람이다.

싸우는 인간의 탄생

노들장애인야학을 그만둔 뒤 나는 신문에 장애인운동에 관한 글을 썼다. 그 글을 묶은 책이 나오자 시민들을 만나 이야기하는 자리가 많이 생겼다. 노들야학은 나에게 축복 같은 경험이었다고 말하면 장애인과 함께 살아본 경험이 없는 평범하고 선량한 비장애인들은 잘 믿지 못하겠다는 얼굴로 이렇게 묻는다.

"그런 일은 힘들지 않나요? 뭐가 그렇게 기뻐요?"

노들에선 모두 아는 것이어서 말할 필요조차 없는 것들을 바깥에선 몹시 애를 써서 설명하는데도 언제나 실패한다. 장애가 있는 사람을 TV 모금 프로그램이나 꽃동네 봉사 프로그램으로만 접해본 사람들은 절대로 알 수 없는 세계가 있다. 그날도 나는 최선을 다해 사람들을 이해시켜보려다가 문득 '이게 다 무슨 소용인가' 하는 기분에 휩싸였고 다 부질없다는 생각이 들어 자포자기하는 심정으로 말했다.

박경석 일러스트. 백발의 머리와 수염이 무성한
그의 얼굴 뒤로 수많은 담들이 그려져 있다.
담치기가 유년 시절의 "가장 중요한 생존
기술"이었다고 말한 박경석은 장애인운동을
하면서도 많은 사회적 장벽들을 넘어왔다.

"음…… 그러니까…… 사랑에 빠졌다고요. 아침에 눈 뜨자마자 웃음이 났어요. 세상이 다르게 보였어요. 다시 태어난 것처럼. 이 사람들과 함께라면 사는 게 하나도 무섭지 않을 것 같았어요. 무엇이 그렇게 재미있었냐고요? 전부 다요. 날이 좋아서, 날이 좋지 않아서, 날이 적당해서, 모든 날이 좋았습니다. 그런 사랑, 해보셨을 거잖아요?"

그 순간 마스크 위의 까만 눈들이 일순간 동그랗게 커졌다가 이내 웃음이 번지기 시작했다. '알죠, 그런 마음!' 하는 눈빛이었다. 그들의 머릿속에서 TV에서 본 장애인이 사라지고 자신이 사랑했던 누군가를 떠올린 그런 얼굴들이었다. 매번 헛스윙만 열심히 하다가 처음으로 홈런을 날린 기분이랄까. '아, 이렇게 말하면 되는구나.' 나는 속으로 쾌재를 불렀다. 그때 누군가 눈을 반짝이면서 물었다.

"그럼 왜 야학을 그만두셨어요?"

호기심 가득한 눈들이 일제히 나를 바라보았다. 무엇이 그렇게 좋았냐는 질문보다 더 어려운 질문이었다. 나는 잠시 숨을 멈추었다가 대답했다.

"사랑이, 끝나서요."

사람들의 눈이 또다시 동그랗게 커졌다. 그리곤 모두가 '아, 그렇죠!' 하는 눈빛으로 고개를 끄덕였다. 누구도 더 이상 묻지 않았고 나도 더 이상 말하지 않았다. 말하지 않아도 모두 다 이해했다는 듯 의미심장하게 웃었다. 무언가 정확히 연결되었다는 느낌을 그날 처음 받았다. 2021년 2월의 일이었다. 야학을 그만둔

일에 대해 그렇게 말하기까지 7년이 걸렸다.

그즈음 노들야학에선 박경석 교장의 퇴임식이 있었다. 박경석은 1994년 노들야학 교사가 되었고 3년 뒤 교장이 되었다. 2001년엔 장애인이동권연대를, 2006년엔 전국장애인차별철폐연대를 조직해 대표가 되었고, 현장과 운동을 쇠사슬로 연결하듯 노들야학과 전장연 사이를 자기 몸으로 단단하게 연결해 서로를 끌어당겼다. 덕분에 노들야학은 교육만큼 운동에 진심인 학교가 되었고 삶과 배움, 투쟁이 분리될 수 없이 얽히고설킨 정체불명의 운명공동체가 되었다. 그는 2021년 무려 24년간의 교장 생활을 마무리하고 무사히 평교사가 되었다. 그것이 자기 인생의 가장 큰 자부심이라고 경석이 말했다.

어느 날 페이스북에서 경석이 대학로의 정류장에서 버스를 가로막고 혼자 시위를 하는 영상을 보았다. 저상버스가 아닌 '일반버스'가 정차하면 그 앞으로 휠체어를 밀고 가서는 버스의 얼굴 중 볼이나 코쯤 될 법한 곳에 A4 한 장 크기의 스티커를 부적처럼 덕지덕지 붙이는 것이었다. 부적에는 '비장애인만 타는 차별 버스 아웃!' '대·폐차시 저상버스 도입 의무화'라고 적혀 있다. 기사님이 나와서 왜 여기서 이러느냐고, 따지려면 서울시에 가라고 삿대질을 하며 소리쳤다. 경석이 나도 세금 내는데 나는 왜 버스를 못 타느냐면서 계속 부적을 붙여대자 기사님이 신경질적으로 부적을 떼어 구겨버렸다.

지나가던 아저씨가 나도 장애인이라며 끼어들어서는 비장애인들의 편을 들었다. 왜 무고한 사람들에게 피해를 주느냐는 것이었다. 정식 집회가 아니었기 때문에 보는 내내 마음이 조마조마했다. 나는 20년 전에도 이런 비슷한 광경을 보면서 가슴이 쿵쾅댔던 적이 있다. 근사한 은발을 뒤로 묶은 눈빛이 형형한 중년의 남자가 수갑과 쇠사슬로 자신의 몸과 버스의 운전대를 묶은 채 버티고 있었고 바깥에선 수십 명이 버스를 에워싼 채 구호를 외치고 있는 시위였다. 나에게 장애인운동이라는 새롭고 충격적인 세계는 버스를 점거한 장애인, 그러니까 박경석과 함께 왔다.

20년이 흐른 그 거리에서 경석이 여전히 싸우고 있었다. 그런데 경석은 20년 전과 달리 수갑도 쇠사슬도 없이 달랑 종이 몇 장을 들고 있을 뿐이었고 주변엔 구호를 외치는 사람도 없었다. 그것은 그야말로 전면전처럼 느껴졌다. 점잖아지거나 둥글어지기는커녕 더욱 맹렬해진 경석의 '나 홀로 시위'에서 나는 눈을 뗄 수 없었는데, 이유는 그가 너무 늙어 보였기 때문이었다. 같은 자리에서 천천히 늙어 예순둘이 된 박경석의 파뿌리 같은 백발은 이 운동의 끈질긴 역사와 변하지 않는 현실, 경석의 집요함을 고스란히 보여주는 듯했다. 그때 생각했다.

'나에겐 사랑이었는데 박경석에겐 삶이었구나. 나에게 그것은 사랑이어서 끝났다고 말하고 떠날 수 있었는데 그것이 삶인 사람에게 저 현장은 자기 자신과 분리될 수 없는 거구나. 사랑은 끝났지만 삶은 계속되고 있구나.'

가슴이 좀 저릿했다. 나는 한동안 그것이 떠날 수 없는 사람을 그 자리에 남겨두고 먼저 떠난 사람의 죄책감이라고 생각했다. 그런데 아니었다. 내가 가슴이 아팠던 건 저 현장에 내가 없다는 것, 그러니까 내가 그저 관객이 되어버렸다는 사실이었다. 현장의 긴장과 불안을 온전히 겪은 뒤 세상에서 제일 이상한 교장 선생님과 함께 일하고 있다는 오묘한 기쁨이 마음속에 차올라서 "잘했어, 교장샘" 하며 그의 어깨를 두드리지 못한다는 게 가슴 시렸던 것이었다. 푸석푸석한 백발을 휘날리며 거리에서 늙은 경석의 삶이 너무 멋있어서, 그와 함께 살고 싸우던 시절이 그리워서 가슴이 먹먹했던 것이었다.

경석은 언제나 그 자리에서 나처럼 떠나는 사람들을 27년 동안 바라보았다. 나도 13년간 해보았기 때문에 떠나는 이들을 지켜보는 일이 얼마나 가슴 아픈지 잘 알고 있다. 생각해보면 그가 곧 노들이었다. 우리는 모두 알고 있었다. 박경석은 절대 노들을 떠나지 않을 거라는 사실을. 그래서 우리는 그를 충만히 믿었고 사랑했고 존경했고 충성했고 마음껏 미워했고 원망했고 함부로 대했다. 활동가들이 준비한 경석의 교장 퇴임식 제목은 '내 인생을 망치러 온 나의 구원자'였다. 우리의 분열하는 마음을 절묘하게 연결한 뜨겁고 애틋한 헌사였다.

두 번째 인터뷰를 할 때 경석에게 물었다.
"살면서 잘한 선택 세 가지가 뭐예요?"
경석이 망설임 없이 대답했다.
"첫 번째는 노들야학. 노들이 아니면 내 인생이 해석이 안 되지 뭐."

그의 대답은 짧았고 나도 더 이상 묻지 않았다. 말하지 않아도 알 것 같았고 그것에 대해 말한다는 게 너무 간지럽고 오글거렸기 때문이다. 가족일수록 대화가 어렵듯이 말이 필요 없는 사이일수록 인터뷰하기 더 어렵다. 예상했던 일인데 막상 닥치니 더 입이 떨어지지 않았다. 낭패감에 어쩔 줄 몰라 하고 있는데 경석이 눈치 없이 말했다.

"너도 그렇지 않아?"

나는 회피하고 싶으면서도 동시에 경석에게 질 수 없다는 마음이 발동했다.

"저는 아닌데요. 저는 야학을 선택하지 않았어요."

성의 없고 삐딱한 답이었지만 경석은 찰떡같이 알아듣고는 놀리듯이 말한다.

"그럼, 운명이었어?"

나는 그냥 웃었다. 경석도 웃었다. 나에게 야학은 선물이었다. 어떤 의지로 선택한 게 아니었다. 경석의 예상과 달리 내가 살면서 했던 선택 중 가장 잘한 것은 야학을 시작한 게 아니라 야학을 떠난 것이었다. 노들을 떠났기 때문에 노들에 관해 쓰게 되었다. 노들에선 말할 필요가 없이 당연했던 것들을 바깥에선 끊임없이 설명해야 했기 때문이다. 글을 쓴 것도 잘한 선택이었다. 글쓰기가 죄책감을 책임감으로 바꿔주었다. 덕분에 이렇게 멋진 인터뷰도 하고 있다. 나는 오늘도 노들 바깥에서 사람들을 만난다. 우리 사회의 어두운 면을 외면하지 않으려는 진지하고 무거운 책임감을 가진 사람들. 나의 이야기는 이렇게 시작된다.

"이것은 제가 열렬히 사랑에 빠진 이야기입니다. 저는 작고 약한 존재를 만나 차별에 저항해야 한다는 정의감이나 책임감으로 이 일을 선택한 게 아닙니다. 아주 강력하고 매력적인 존재들을 만나서 멱살 잡혀 끌려간 것입니다. 그들이 나에게 새로운 세계를 보여주었고 그것이 나를 살렸습니다. 저에게 글쓰기란 제가 사랑했던 존재들을 정확하게 설명하고 우리가 만든 변화를 불멸의 것으로 만들려는 노력입니다. 제 인생을 망쳐놓은 저의 구원자들의 이야기. 그 긴 이야기를 시작해보겠습니다."

남달리 투철했던 저항 정신

아버지는 교회 장로, 어머니는 권사인 독실한 기독교 집안이에요. 특히 아버지는 기독교가 박해받던 시절부터 3대째 기독교를 믿어온 집안이었어요. 아버지는 북한에서 내려온 분이었어요. 젊었을 때 장사를 했대요. 만주 지방을 오가면서 보부상 같은 걸 하셨는데 아오지 탄광 쪽에서 나무를 하다가 떨어져서 발꿈치 쪽에 푹 패인 상처가 있었어요. 분단될 때 월남해서 서울로 왔대요. 북한은 종교를 탄압했으니까 교회 장로인 아버지를 가만 놔두지 않았겠죠. 6·25 때 대구까지 밀려 내려갔다가 거기서 정착하셨어요. 1960년에 대구에서 쌍둥이로 태어났어요. 칠남매 중 다섯째예요. 우리 집안은 정치적으로 매우 보수적이에요. 소위 말하는 TK죠. 아버지는 염색 공장을 운영하시면서 거기서 만든 실을 파는 점포를 서문시장에 세 개 갖고 있었어요. 공장 직원이 한 20~30명 있었고 점포에도 점원들이 있었어요.

나중에 커서 사회과학을 좀 배우니까 우리 아버지 같은 사람을 프티부르주아라고 하더라고요. 아버지는 용돈으로 실을 주면서 팔아서 쓰라고 했어요. 그러면 교복 집을 쫓아다니면서 실을 팔았어요. 염료 다 쓰고 남은 빈 깡통도 자전거에 실어서 팔면 돈이 됐거든요. 중학교 때는 껌 장사도 했어요. 껌은 여고생 누나들이 제일 잘 사줬어요. 극장 앞에 가서 영화 보고 나온 여고생들한테 "누나, 누나" 하면서 5미터만 쫓아가면 귀찮으니까 반드시 사줘요. 그런 식으로 용돈을 벌어서 썼죠.

꿈이 마도로스였어요. 어릴 때부터 내 책상에 애꾸눈 후크 선장 인형이 있었어요. 해군사관학교에 지원했는데 필기시험에 덜컥 합격해버렸어요. 그런데 진해에 가서 벚꽃 구경하며 술 왕창 마시고 놀다가 면접시험에 못 갔어요. 그래서 영남대학교에 79학번으로 들어가게 됐죠. 대학 들어가자마자 아버지 사업이 부도나서 쫄딱 망해버렸어요. 군대 갈 때는 아버지가 도망을 다니던 상태여서 여관에서 만나 인사하고 입대했어요. 빚쟁이들이 집에 쳐들어와서 점거하고 아버지 어디 있냐고 소리를 지르고 돈되는 물건은 다 가져갔어요. 어머니가 집에 남아서 그 욕을 다 들으셨고 나는 그거 보기 싫어서 집에 안 들어갔어요. 어머니는 전형적인 현모양처에 신앙심이 아주 깊으신 분이었죠. 집안에 분란들이 많았어요. 서문시장에 불이 몇 차례 나기도 하고 그럴 때마다 아버지는 그 화를 아내와 자식들한테 푸셨죠. 어머니는 그 모든 걸 신앙의 힘으로 견디셨어요. 성경에서 지아비 말을 잘 들어야 된다고 했거든요.

1979년 대학에선 일주일 동안 문무대라는 군사학교에 들어가 병영 훈련을 받아야 했어요. 운동권 대학생들은 문무대 거부 투쟁을 했어요. 군부 독재에 대한 저항이었죠. 나도 문무대를 거부했는데 이유는 좀 달랐어요. 그때 내 머리가 장발이었는데 문무대 들어갈 땐 머리를 빡빡 밀고 가야 됐어요. 얼마나 아까워요? 하루라도 더 버텨보려고 안 깎고 갔어요. 나 혼자만 머리가 길었어요. 교관이 나오라고 하더니 왜 안 깎았냐고 해요. 변명할 게 별로 없는데 그래도 좀 그럴듯한 변명을 해야 할 것 같아서 "우리 동네 이발소가 놀던데요" 그랬어요. 그러니까 교관이 내 정강이를 군홧발로 들입다 차버리잖아요. 나를 막 팼어요. 정식으로 군대에 들어간 것도 아닌데 맞고 있으려니까 얼마나 억울해요. '에이 씨, 때려쳐!' 하면서 날아버렸죠. 그게 병역 거부가 된 거예요. 당시 병역을 거부하면 곧바로 징집이 돼서 잡혀갔어요. 잡혀가느니 지원해서 가겠다고 해서 해병대를 지원해서 합격했죠. 1980년에 입대할 때까지 몇 개월 동안 머리를 더 기를 수 있었어요. 얼마나 위대한 저항 정신이에요?(웃음)

나는 좀 저항 정신이 있었던 것 같아요. 주로 학교 안 가기. 중학교 시절엔 그냥저냥 다녔는데 고등학교 들어가선 뭔가에 빠지면 학교를 거의 매일 지각하고 안 나가고 그랬던 것 같아요. 수업하다가 도망쳐 나와서 딴 학교 다니는 친구들 찾아가서 놀자고 불러내고 담배 피우고. 어떤 해엔 학교 가는 날이 300일이라면 거의 200일을 지각했어요. 클래식 기타가 되게 좋아진 때였어요. 중학교 3학년 겨울방학부터 배우기 시작해서 고등학교 3년 내내 학교 밖에서 대구 클래식 기타 합주단 활동을 했어요. 또 문학 소년이어서 도스토예프스키 책들, 《죄와 벌》 이런 걸 다 읽었어요. 이런 게 다 지각으로 연결돼요. 책 읽고 클래식 기타를 치면 영혼의 안식이 오는데 그러면 늦게 자는 거죠. 아침이면 일어나기 싫거든요. 그렇게 지각하는 거예요. 진짜 많이 맞았어요.

어느 겨울날 학교에 지각했는데 네다섯 명이 같이 걸렸어요. 선생님이 맨 앞의 놈한테 "너 왜 늦었어?" 물었어요. "차가 막혀서 늦었습니다." 그다음 놈한테 "너 왜 늦었어?" 하니까 "엄마가 아파서 약국 갔다 오느라 늦었습니다" 했어요. 나도 둘러댈 핑계를 생각하고 있었는데 선생이 나한테는 이렇게 묻는 거예요. "넌 차가 막혔니? 엄마가 아파서 약국에 갔다 왔니?" 내가 맨날 지각하니까 완전히 찍혔던 거죠. 할 말이 없더라고요. 그래서 "방바닥이 뜨뜻해서 엉덩이를 뗄 수가 없었습니다" 했어요. 한마디로 개긴 거죠. 담임이 완전히 꼭지가 돌아서 1교시 내내 나를 두들겨 팼어요. 허벅지 살이 터져서 교복에 엉겨 붙은 걸 보고 어머니가 통곡을 했죠. 담임 선생이 어머니를 불러서 아들이 사생아냐고, 주워 와서 키웠냐고 했대요. 어머니가 그 말에 상처받아서 나를 붙잡고 '내가 너희 쌍둥이 낳을 때 얼마나 고생했는데……' 하시면서 우셨어요.

군대에서도 고참한테 개겨서 참 많이 맞았어요. 턱뼈가 두 번 부러지고 영창에도 두 번 들어갔죠. 신병훈련소 시절에 연애 편지를 몰래 보내다가 걸려서 된통 당한 적이 있어요. 그땐 병사들이 편지를 쓰는 시간이 따로 있었고 교관들의 검열을 받은 뒤 일괄적으로 부쳤어요. 저는 그게 싫어서 몰래 써서 보냈어요. 훈련소 수료하고 나가는 선배한테 편지를 전달해주면, 그 사람이 자대 배치받아서 자기 면회 오는 사람한테 부쳐달라고 전해줬어요. 그날도 여자친구한테 장문의 편지를 썼죠. 봉투를 봉해야 하는데 풀이 없으니까 점심시간에 식당에서 밥풀로 붙이고 있는데 그게 딱 걸려버린 거예요. 교관이 후배들 앞에서 그걸 크게 읽으라고 했어요.

나랑 훈련했던 애들은 지금도 만나면 그 일을 기억하더라고요. 내 편지가 너무너무 좋았대요(웃음). 내가 교관들을 잘근잘근 씹어놨거든요. '이 새끼, 저 새끼' 하면서 내 모든 상상력을 발휘해서 교관들을 거의 악인으로 만들었어요. 자식을 낳는다면 해병대 있는 방향으로 오줌도 못 누게 할 거라면서. 그랬으니 아주 혼이 났겠죠. 1~2킬로미터 정도 떨어져 있는 훈련장까지 기어가게 했는데, 그냥 기어가는 게 아니라 '뒤로 굴러, 앞으로 굴러'도 했다가 조교들 두세 명이 내 등에 올라타기도 했어요. 동기들은 내가 기어가는 걸 뒤에서 지켜보면서 천천히 걸어갔어요. 내 덕분에 훈련도 안 받았고 푹 쉬었으니 얼마나 좋았겠어요. 그렇게 기어서 바닷가 앞에 도착했어요. 교관이 나를 꿇어 앉혀놓고 저 앞에 무인도가 있으니까 탈영하고 싶으면 하라고, 며칠 전에도 너희 선배가 탈영하다가 빠져 죽었다고 말했어요. 사지로 몰리는 기분이었어요. 수영해서 도망가고 싶은 마음이 굴뚝같은데 빠져 죽었다니까 또 못 가겠고. 악몽 같은 시간들을 보냈죠. 그런 걸 군 대에선 고문관이라고 부르는데 내가 바로 고문관이었어요.

무감각이라는 고통

제대 후 복학했지만 학과 공부엔 전혀 관심이 없었어요. 해양전 수대학이라는 학교에 다시 들어가려고 했거든요. 시간이 많으니 까 취미로 학교 안에 있던 행글라이딩 동아리에 들었죠. 하늘을 날고 싶었어요. 몇 개월 훈련을 받은 뒤 토함산에서 열린 전국 대 학생 행글라이딩 대회에 참가했어요. 선배와 둘이서 정상까지 행 글라이더를 지고 올라갔어요. 고생해서 올라갔는데 선배가 이륙 도 제대로 못하고 확 거꾸러져서 나무에 처박히고 말았어요. 다 행히 행글라이더는 크게 부서지지 않아서 대충 고쳐서 타면 될 것 같았어요. 그런데 선배는 한 번 실패해서 더 이상 타고 싶지 않 다고 했어요. 행글라이딩을 해서 내려가지 않으면 뙤약볕을 고스 란히 맞으면서 그 무거운 걸 지고 내려가야 하는 상황이었죠. 너 무 끔찍했어요. 대충 수리를 했으니 괜찮을 것 같아서 선배 대신 내가 그걸 타고 내려가기로 했어요.

행글라이더는 힘차게 날아올랐고 이륙은 아주 성공적이었 죠. 발아래 펼쳐진 장관을 즐기면서 환호성을 질렀어요. 하지만 기쁨은 오래가지 않았어요. 엄청난 소리와 함께 굉장한 속도로 추락하기 시작한 거예요. 그리고 정신을 잃었죠. 1983년 8월 7일 일요일이었어요. 아침에 어머니가 손을 잡으면서 교회에 가자고 하는 걸 살짝 뿌리치고 온 거였어요. 그날 중국 전투기 조종사가 미그21기를 몰고 우리나라 휴전선을 넘었어요. 민방위 본부가 공습경보를 발령하고 다급한 목소리로 "실제 상황! 실제 상황!"을 외쳤던 날, 저는 장애인이 되었죠.

깨어났을 때는 병원으로 이송되던 차 안이었어요. 하반신이 내 의지를 전혀 따르지 않는다는 사실을 알았어요. 1983년이면 엄혹한 시절이었는데 내 주변엔 운동하는 사람들은 없고 낭만주의자들, 스포츠 좋아하는 사람들만 있었어요. 기타 치고 행글라이딩 하고 연애하고. 내 신조가 '짧고 굵게 즐기면서 살다 죽는다'였어요. 그래서 담치기가 가장 중요한 생존 기술이었어요. 아침에 지각하면 정문이 닫히니까 담 넘어 들어가고 수업 듣기 싫어지면 다시 담 넘어 도망치고 통금이 있던 시절이었으니까 어디선가 놀다가도 열두 시 땡 치면 친구 집에 담 넘어 들어갔어요. 특별한 욕심도 없었고 그저 친구들하고 놀기 좋아했던 평범한 사람이었죠.

6개월 입원해 있다 퇴원한 뒤 5년 동안 집에만 있었어요. 사람들은 가끔 나에게 물어요. 이렇게 운동할 수 있는 힘은 어디서 나오는 거냐고요. 가만히 생각해보니까 그 5년 때문인 것 같아요. 굉장히 힘들 때도 그 시간을 생각하면 위로가 되더라고요. 그때만큼 밑바닥을 헤맨 적이 없으니까. 살다 보면 슬프고 힘들 때가 있죠. 하지만 힘들고 고통스럽다는 건 살아 있다는 걸 느끼는 거잖아요. 그때는 고통스러운 것도 힘든 것도 없었어요. 삶이 무감각했죠. 시체의 경험을 했던 것 같아요. 몸도 마음도 아프지 않으니까 고통이라도 느끼고 싶어서 혼자 있을 땐 칼로 허벅지를 긁거나 담배로 팔뚝을 지져서 항상 퉁퉁 부어 있었어요.

우리에 갇힌 동물 같은 느낌이었어요. 정말로 방에만 있었거든요. 말동무도 없이 어머니하고 24시간 같이 있었어요. 시간이 진짜로 안 갔어요. 자도 자도 하루가 끝나지 않았죠. 새벽까지 멍하니 텔레비전 보다가 애국가 나오고 지지직하면 또 잠을 자기 위한 투쟁을 했어요. 책도 잘 안 읽혀요. 무슨 희망이라도 있어야 책도 읽을 수 있는 거예요. 감옥이라면 나올 희망이 있으니 열심히 읽으면서 시간을 보내려고 할 텐데 그러고 싶은 생각도 없었어요. 지금의 박경석이 그때의 박경석을 생각하면 너무 애처롭고 가엽게 느껴지지만 그때의 나는 아프지도 슬프지도 않았어요. 고등학교 때부터 좋아했던 여자친구에게 더 이상 찾아오지 말라고 떠나보냈는데도 아프지가 않았어요. 모든 것을 포기하게 되니 사람이 무감각해지더라고요. 내 앞에서 누가 죽어도 아무런 감흥이 없었을 거예요. 가장 큰 절망은 아무것도 느끼지 못하는 상태 같아요.

죽는 방식을 골똘하게 생각했어요. 집에서 죽으면 어머니가 너무 슬퍼할 테니까 나가서 죽어야 하는데 혼자서는 나갈 수가 없었어요. 그 당시엔 혼자서 휠체어에 올라타는 것도 엄두를 못 냈거든요. 어머니가 도와줘서 간신히 탔죠. 어떻게 하면 죽을 수 있을까 고민하다가 구체적인 실천에 들어갔어요. 교회를 가기 시작한 거예요. 나가는 방식을 알아야 되니까. 쌍둥이 형이 아주 바빴는데 일주일에 한 번 집에 와서 나를 휠체어에 올려 계단을 내려줘서 교회에 데려갔어요. 나중에 이동권 투쟁할 때 "장애인의 70퍼센트가 한 달에 다섯 번도 외출을 못 합니다" 하고 수도 없이 외쳤는데 어느 날 가만히 생각해보니까 그때의 내가 딱 그랬더라고요. 일주일에 한 번, 한 달에 네다섯 번 정도의 외출. 바로 교회에 가는 횟수죠.

교회는 택시로 한 시간 정도 걸렸어요. 비 오는 어느 날 택시를 탔더니 기사가 왜 장애인이 돌아다니냐는 둥 하필 왜 자기 차에 탔냐는 둥 재수가 없다는 둥 궁시렁거렸어요. 사람들의 시선이나 말 한마디가 너무 힘들었을 때라 형의 옷소매를 잡고 "형…… 내리자……" 해서 중간에 내렸어요. 둘이 비 맞으면서 휠체어를 밀어서 교회에 갔던 기억이 나요. 그 비참한 걸 견딘 건 순전히 자살하려고 그런 거예요. 죽으려면 혼자 택시 정도는 탈 수 있어야 하니까. 그렇게 나가는 여정을 연습하기 위해 일주일에 한 번씩 교회에 갔어요.

어느 날 매형이 성경을 100번 읽으면 돈을 준다고 했어요. 그 말을 철석같이 믿고 성경을 읽기 시작했죠. 죽으려면 돈이 필요했어요. 집에만 누워 있는 나에게 아무도 돈을 주지 않으니까 택시비조차 없었거든요. 돈을 모아서 죽겠다는 마음으로 신약과 구약을 열심히 읽었어요. 사람들은 내가 성경을 100번 읽었다고 하면 거짓말하는 줄 아는데 그렇지 않아요. 죽음을 앞둔 사람이 그런 걸로 거짓말을 할 수는 없잖아요. 처음에는 오래 걸렸는데 열 번 스무 번 하니까 나중엔 빨리 읽게 됐어요. 그걸 읽으면 돈이 생겼으니까 하루하루 해야 할 일이 생긴 거예요. 목표가 생기니 무감각했던 삶이 조금씩 조금씩 변하기 시작하더라고요.

마침내 세상 밖으로

어느 날 교회 수련회를 따라갔어요. 그것도 밖에 나가서 자는 연습을 하려고 간 거였어요. '인생 고백'이라는 프로그램에서 나의 삶에 대해 써보라고 했어요. 유언장 쓰는 연습이라고 생각하면서 쓰기 시작했는데, 쓰다 보니 내 인생이 참 보잘것없더라고요. '담배 피워서 좋았다' '술 마셔서 좋았다' 이런 것들을 남길 수는 없잖아요. 그 순간 뭔가가 머리를 띵 울렸어요. 그때부터 눈물을 흘리면서 회개하는 글을 썼어요. '어렸을 때부터 선생님 말씀 안 듣고 학교 도망친 거 잘못했습니다. 고등학교 때 여고 앞에 가서 오줌 누고 달아난 거 잘못했습니다. 어머니 말씀 안 들은 거 회개합니다.' 성경에서 잘못이라고 하는 것들을 쭉 썼어요. 예전엔 죄인지도 몰랐던 것들이 그날은 다 후회되더라고요. 쓴 걸 발표하라기에 한참 망설이다 용기를 내어 눈물을 흘리면서 이야기했어요. 그랬더니 함께 있었던 교인들이 많은 위로를 해주었어요. 그날 엄청난 해방감을 느꼈어요. 그리고 앞으로 하나님이 죄를 사해주시면 영어 공부를 열심히 해서 미국에 선교사로 가겠다고, 목자가 되어서 사람들을 양으로 삼고 하나님 말씀을 먹이는 사람이 되겠다고 했죠.

며칠 뒤 집에 소포가 왔는데 열어보니 영어책이 한가득이었어요. 그 안에 편지가 있었어요. 영문대학원에 다니던 여성분이 내 인생 고백을 잘 들었다면서 나에게 일주일에 한 번 영어를 가르쳐줘도 되겠냐고 물었어요. 나야 완전 감사한 일이었죠. 그때부터 그분이 1년 동안 매주 토요일마다 한 번도 빠짐없이 집으로 와서 영어를 가르쳐주었어요. 가끔 나를 레스토랑에 데려가 멋진 저녁과 와인을 사주기도 했고요. 만날 사람이 있으니까 점점 재미있어지더라고요. 다시 살고 싶다는 욕망을 느꼈던 것 같아요. 그분은 나중에 우리 형수가 되었어요. 그런 만남들이 5년을 견디는 하나의 축이었죠.

그러다 방광염이 생겨서 병원에 입원했어요. 거기서 옆 침대 환자의 언어치료를 해주는 특수교사를 만났어요. 한두 마디 나누다가 이야기가 길어졌는데 그분이 내 이야기를 잘 들어줬어요. 내 말을 그렇게 시간 내서 귀 기울여 들어주는 여자를 다친 후에 처음 만난 거예요. 다음 날 원래 오는 날이 아닌데 그분이 또 왔어요. 퇴원할 때까지 매일 찾아와서 같이 놀았고 퇴원한 뒤에도 우리 집까지 자주 놀러 왔어요. 그 친구가 집으로 돌아갈 때면 버스 정류장까지 바래다주고 나 혼자 돌아오고 싶은 욕구가 강했어요. 하루의 모든 신경이 거기에 다 집중되어 있었어요. 혼자 돌아오다 보면 꼬마 아이들이 아저씨 왜 못 걷느냐고 한마디씩 하면서 따라와요. 그게 짜증스러워서 또 절망했다가 다시 집 밖으로 안 나가기도 하는 그런 생활의 반복이었죠.

그 친구가 하루는 근처에 서울장애인종합복지관이란 곳이 있는데 직업교육을 한다면서 한번 다녀보면 어떠냐고 했어요. 집 밖으로 나간다는 게 굉장한 용기가 필요한 일이었는데 그 친구 덕분에 힘을 낼 수 있었어요. 면접 보기 전에 익숙해지라고 나를 복지관에 데려가 거기서 시간을 보내게 해줬죠. 자기 인맥을 이용해서 그곳 선생님도 인사시켜줬고요. 사고 후 5년 동안 나는 내가 장애인이 되었다는 사실을 받아들일 수 없었고 그런 내 모습을 누구에게도 보여주기 싫어서 갇혀 사는 것을 택했어요. 그리고 끊임없이 그걸 정당화했죠. 교회에 다니면서 죽겠다는 마음은 접었지만 정작 어떻게 바깥으로 나가야 할지는 몰랐어요. 그 친구가 결정적인 방법을 찾아준 거예요. 다시 살아야겠다는 마음으로 마침내 세상에 나가기로 했어요. 1988년 봄이었어요.

새로운 세계를 보여준 태수와 흥수

그렇게 서울장애인종합복지관 직업훈련 전산과에 입학했어요. 입학식 하던 날 내 삶에서 너무나도 낯선 사람들을 만났어요. 예전에 만났던 사람들과 전혀 다른 존재들, 바로 장애인이었어요. 대체 이렇게 많은 장애인들이 그동안 어디에 숨어 있었는지 궁금할 지경이었죠. 전산과 동기는 여덟 명이었는데 모두 뇌성마비나 소아마비 장애인이었고 나만 척수장애인이었어요. 거기서 정태수를 만났어요. 태수는 나보다 일곱 살 어렸는데 고등학교를 갓 졸업해서 머리가 짧고 양쪽에 목발을 짚고 다녔어요. 나는 복지관의 규칙이나 교육을 충실히 따르던 착한 장애인이었고 태수는 반항적인 나쁜 장애인이었어요. 방송국에서 촬영하러 오면 복지관에선 항상 나를 추천했고 장애여성 한 명을 짝지어서 환한 미소를 지으며 열심히 재활 의지를 불태우는 장면을 연출했어요. 그런 날이면 태수는 날랜 제비처럼 어디론가 사라져버렸어요.

어느 날 박흥수라는 사람이 나타났어요. 목공예과를 졸업한 선배였는데 나보다 두 살 위였죠. 흥수 형이 술을 사주니까 졸졸 따라다니는 무리들이 생겼어요. 흥수 형은 88장애자올림픽을 거부한다면서 올림픽조직위원회를 점거했다가 경찰에 잡혀갔다 왔다는 그런 이야기를 훈장처럼 떠벌렸어요. 술 얻어먹는 게 좋아서 쫓아다니면서도 속으로는 '정부가 돈을 들여 해주겠다는 걸 왜 반대하지?' 하는 의문이 들었어요. 이 사람에게 잘못 걸리면 인생이 빨갛게 되겠구나 싶어서 경계했죠.

그런데 태수는 달랐어요. 흥수 형의 이야기를 스펀지처럼 빨아들였어요. 술만 먹으면 시도 때도 없이 〈의연한 산하〉라는 노래를 막 불러댔어요(노래 부름). "가슴이 빠개지도록 사무치는 강산이여 / 머리끝에서 발끝까지 거부한다던 / 복종을 달게 받지 않겠다던 / 굳게 서 있으라 의연한 산하" 이런 가사인데, 이제 갓 고등학교 졸업한 놈이 가슴이 빠개지면 얼마나 빠개진다고 그런 걸 부르는지 좀 기가 찼죠.

복지관에서는 점심시간마다 훈련생들에게 국민체조를 시켰는데, 어느 날 술자리에서 흥수 형과 태수가 국민체조 거부 투쟁을 모의했어요. 복지관 선생들은 점심 먹고 마음대로 쉬면서 훈련생인 장애인들에게만 강제로 체조를 시키는 것은 부당하다는 거예요. 나는 좀 이해가 안 됐어요. 그건 우리들의 심신 단련을 위한 건데 자기들이 데모하고 싶으니까 괜한 꼬투리를 잡는 것처럼 느껴졌어요. 우리 선생님은 내 또래의 화상장애인이었는데 서글서글하고 열심히 가르쳤어요. 그런 선생님의 뒤통수를 치고 착한 장애인들을 꾀어 나쁜 길로 인도하려 하다니, 나는 데모가 나쁘다고 생각했어요. '죽어라 노력해도 취업이 될까 말까 하는데 그런 정신으로 어떻게 비장애인과 경쟁할 수 있단 말인가!' 내가 선생님한테 꼰질러서 결국 모의는 실패했어요.

그러자 동기들은 나를 빼고 술을 먹으러 가기 시작했어요. 나는 금세 외로워졌어요. 다친 후로 나는 친구도 없었고 사람을 만날 수 있는 자리라곤 거기밖에 없었어요. 그들의 질퍽한 정이 좋았고 소곤대는 이야기가 너무나 궁금했어요. 자존심을 접고 "홍수 형~ 미안해~ 다 잊어버려~ 태수야~ 우리 친하게 지내자~" 하면서 열심히 그들의 술자리를 따라다녔어요. 홍수 형과 태수는 장애인의 문제가 개인의 탓이 아니라 사회구조의 탓이라면서 현실을 바꾸려면 사회를 '개량'하는 수준이 아니라 '변혁'해야 한다고 주장했어요. 과격하긴 해도 그 말이 맞을지도 모른다고 생각했어요. 그렇게 조금씩 물들어갔죠.

1년 후 수료했지만 우리 중 변변한 직장에 취업한 사람은 없었어요. 우리는 졸업생 동문회 '싹틈'에서 활동하면서 동문들의 취업 실태를 조사했어요. 동문들을 만나면 다들 한다는 소리가

'아이고, 취업했다고 다 취업한 게 아니다!'였어요. 수공예과 졸업생들의 일자리는 도제식인데 실상은 종 부리듯 한다고 했어요. '집에 데려다 놓고 6개월을 부렸는데 월급이라곤 5만 원도 안 주더라' '돈 달라고 했더니 쫓아내더라' '복지관에 상담 왔더니 네가 장애인이니 참으라고 하더라' 하는 성토가 쏟아졌어요. 복지관 측에선 졸업생의 90프로가 취업한다고 홍보하고 있었지만 사실은 90프로가 실업 상태였죠. 그런 이야기를 모아 소식지에 실었어요. 그랬더니 복지관 측에서 그 소식지를 훔쳐갔어요. 우리는 복지관의 사과와 대책 마련을 요구하면서 로비 점거농성을 하기로 했죠.

농성 첫날 태수가 자기 인생 최초의 점거농성이라면서 머리를 삭발하고 나타났어요. 이전까지 나는 태수가 아직 사춘기인가 하고 생각했는데 그게 아니란 걸 깨달았죠. 태수는 아주 진지하게 이 싸움을 바라보고 있었어요. 충격이었어요. 나는 장애인이 불쌍하다고 생각했거든요. 그랬던 내가 그들 속에 떨어져 불쌍한 장애인이 되어버렸으니 인생이 얼마나 비참했겠어요. 그래도 살아야겠다는 마음으로 겨우 휠체어를 밀고 집 밖으로 나온 그 시기에 목발 짚은 태수가 왔어요. 태수는 내가 처음 만난 장애인이었는데 그 장애인이 사람으로 보였어요. 불쌍한 장애인이 아니라 그냥 사람. '아, 이것도 삶이구나' 그런 느낌을 처음 받은 거예요. 그런데 그 장애인이 데모까지 하는 사람이었죠. 태수는 나에게 새로운 세계가 있다는 걸 충격적으로 알게 해준 사람이에요.

농성이 끝난 후에 앞으로 뭘 할까 고민했어요. 취업의 길은 여전히 꽉 막혀 있으니 태수와 같이 대학을 가기로 하고 재수학원을 다녔어요. 어린 친구들 틈에서 휠체어를 타고 입시 준비를 다시 한다는 게 쉽지 않았는데 태수가 있어서 힘이 되었어요. 나때문에 고생한 어머니에게 빨리 취업 선물을 안겨드리고 싶어서 열심히 공부했죠. 그런데 태수는 출석 체크만 하고 장애인운동 현장으로 달려갔어요. 태수에게 딱 1년만 참고 공부하자고, 대학 들어가서 빡세게 투쟁하면 되지 않냐고 했는데 태수는 그러지 않았어요. 1991년, 그렇게 태수는 장애인운동 활동가가 되고 나는 91학번 사회복지학과 대학생이 되었죠.

나쁜 장애인들과의 운명적 만남

대학생이 되니까 내 주가가 올라갔어요. 어머니가 형제들을 뜯어서 차를 사주셨고 열두 살 어린 비장애인 친구들도 많이 생겼어요. 대학에 편의시설이라곤 없어서 동기들 다섯 명이 계단 아래서 대기하다 나를 상감마마처럼 들고 날랐어요. 그럼 내가 맛있는 것도 사주고 차도 태워줬죠. 장애인들하고 늘 똑같은 술집밖에 못 가던 시절에 비하면 날개를 달았죠. 1993년 태수가 있던 단체에서 노들장애인야학을 만들더니 나보고 와서 교사를 하라고 했어요. 취업 준비를 해야 해서 계속 도망을 다녔고 대신 안신연이라는 운동권 친구를 꼬드겼어요. 그 친구는 야학에 완전히 꽂혀서 노들야학 초기에 중추적인 역할을 했어요. 교사가 부족하니까 다음 해엔 아예 휴학까지 하면서 열심히 하더라고요. 어느 날 신연이가 술에 취해서는 야학 일이 너무 힘들다고 나 때문에 인생 조졌다면서 울고불고했어요. 애처롭기도 하고 내 책임도 있으니까 외면할 수가 없어서 나도 교사를 하겠다고 했죠. 오래 할 마음은 없었어요. 4학년 2학기였는데 성적이 좋아서 금방 취업될 줄 알았거든요. '취업할 때까지만 하지 뭐. 그 정도 자선은 베풀 수 있지' 하고 생각했는데 완전한 착각이었죠.

한국장애인고용공단에 취업하고 싶어서 1년 동안 공단에서 실습을 했어요. 비록 나이는 많지만 재활 의지가 강한 장애인이라는 이미지를 심어주기 위해 열심히 노력했죠. 그런데 원서를 접수하는데 받아주질 않았어요. 공공기관 입사 기준에 나이 제한이 있었어요. 나는 그게 장애인에게도 적용될 거라곤 꿈에도 생각 못했어요. 중도에 다쳐서 다시 시작하는 사람들은 당연히 나이가 많을 수밖에 없잖아요. 시험이라도 쳐보고 떨어지면 그나마 괜찮을 텐데 원서조차 받아주질 않으니 너무 억울하더라고요. 공부도 진짜 열심히 하고 나보다 어린 공단 직원들한테 '선생님~' 하면서 온갖 알랑방구를 다 뀌었는데, 면접시험 보는 날 이사장실 앞에 가서 통곡을 하면서 항의했어요. 그런데 소용없더라고요. 너무 절망스러웠어요.

마음을 추스른 뒤 지원한 곳은 정립회관이라는 장애인복지관이었어요. 노들야학이 더부살이하던 곳이었죠. 면접 때 받은 질문이 아직도 기억나요. "열두 살 어린 사람들과 화합해서 직장생활 잘할 수 있겠습니까?" 그런 건 절대 걱정하지 마시라고, 나

진짜 어린 사람들하고 잘 지낸다고, 애들이 다 나 좋아한다고, 나 잘할 수 있다고 자신 있게 말했는데 떨어뜨리더라고요. 마지막으로 지원한 곳은 서울장애인종합복지관이었어요. 거기서도 떨어졌어요. 나를 훈련시킨 그곳에서마저. 진짜 열 받더라고요.

길이 안 보여서 대학원에 갔는데 절망한 나머지 공부도 안 됐어요. 덕분에 야학을 아주 열심히 했죠. 나쁜 장애인들이 나를 술로 유혹했어요. 그 유혹에 걸려 블랙홀에 빠지듯 노들야학에 빠져들었어요. 그 만남이 운명이 될 줄 몰랐죠. 신입 교사였을 때 선배 교사는 장애인의 현실에 관한 문건을 하나 던져주고는 오타를 찾아오라는 식으로 나를 훈련시켰어요. 어린 비장애인이었는데 툭하면 중증장애인인 나에게 청소를 시키고는 잘 못한다면서 구박하고 약을 올렸어요. 학생들은 거의 다 정립전자의 장애인 노동자들이어서 낮에는 일하고 밤에는 공부하는 생활을 했어요. 우리는 수업이 끝나면 함께 술을 마셨어요. 아침이면 학생들은 일하러 가고 교사들은 해장술을 마셨죠. 종일 야학에서 어슬렁거리다 저녁이 되면 수업하고 수업 마치면 또 술을 마셨어요. 야학 술자리는 사람 냄새가 아주 진했어요. 그들과 만나고 일하고 한 잔하는 게 너무나 즐겁고 재미있었어요.

그 후 서울장애인종합복지관 시절 선생님의 소개로 성남장애인복지관 총무과장으로 1년 정도 일했어요. 내가 일을 잘하니까 관장이 나한테 기대를 많이 했는데 나는 오후 여섯 시 땡 치자마자 허겁지겁 짐 챙겨서 야학으로 달려가는 사람이었어요. 밤 시간이 미친 듯이 좋았어요. 밤새도록 힘껏 놀고 파김치가 돼서 아침 아홉 시에 출근하는 생활이었죠. 관장이 처음에는 좋은 일한다고 독려하더니 나중엔 야학에 쏟는 애정을 직장에 집중해달라면서 은근히 압박을 했어요.

선택해야 하는 상황이었어요. 심각하게 고민했죠. 월급 받아서 가족을 부양한 최초의 경험이니까 그걸 놓는 게 쉽지 않았어요. 부모님과 나는 매형 집에 얹혀살고 있었고 무엇보다 내가 직장 다니는 걸 어머니가 무척 기뻐하셨어요. 아침마다 내 신변처리를 다 도와주시고 문밖까지 나와 손을 흔들어주면서 잘 다녀오라고 말하는 어머니를 볼 때마다 마음 깊은 곳에서 슬픔이 차올랐어요. 대단한 효도는 못해도 그 정도의 기쁨은 드리고 싶었죠.

성남에서 야학으로 넘어오던 길에 고개가 하나 있었는데 거기 차를 세워놓고 한참 생각했어요. 예순다섯까지 일하면 얼마나 모을 수 있을까 계산해보니 잘해야 1~2억이겠더라고요. 그 돈 모으려고 이대로 사는 게 좋을까? 아니면 가시밭길이긴 하지만 재미있는 야학을 하는 게 좋을까? 내 인생에서 진짜 남는 게 무엇일까 생각했어요. 장애문제를 잘 모르는 사람들 눈에는 복지관이나 야학이 비슷해 보일지 모르지만 그 의미와 가치는 분명 달랐어요. 좋아하는 사람들과 원 없이 놀고 운동하며 살다가 빨리 죽는 게 낫겠더라고요. 어머니한테 죄송하다고 말씀드리고 미련 없이 때려치웠어요. 그땐 몰랐지만 내 인생에서 가장 잘한 선택인 것 같아요.

그 시절 야학 교사들은 청춘을 불사르다 1~2년 후 모두 떠났어요. 학생들과 부대끼면서 생활할 때는 천둥처럼 쿵쾅쿵쾅 가슴이 두근거렸지만 떠날 때는 벼락처럼 단칼에 끊어지는 허무한 인연이기도 했어요. 노들은 모두가 사랑하는 공간이었지만 동시에 가난하고 외로운 공간이었죠. 저는 1997년에 노들야학 교장이 되었고, 동시에 전국장애인한가족협회의 조직국장이 되었어요. 전장협의 조직국장이었던 태수가 생계를 위해 잠시 활동을 중단하면서 나한테 그 일을 부탁한 거예요. 전장협은 노들야학의 상부 조직이었고 장애인운동 진영의 가장 왼쪽에서 대중들의 투쟁을 이끌었던 조직이었어요.

쌍둥이 봉고의 운명

1998년 전장협에서는 한국DPI(한국장애인연맹)와 통합하자는 움직임이 일었어요. DPI는 변호사나 교수 같은 엘리트 장애인들이 이끄는 국제 조직이었어요. 통합을 주장하는 사람들은 전장협의 투쟁 방식으로는 정치적 힘을 얻지 못하고 시대가 변했으니 그 흐름에 발맞춰야 한다고 했어요. 통합을 주도하던 사람은 B씨였는데 1980년대 좌파운동의 이론가로 유명한 사람이라고 했어요. 서울대 출신의 중증장애인이었는데 외국에서 활동하다 그 시기 한국으로 돌아왔죠. 전장협은 대중들을 만나 운동을 조직할 수 있는 현장들을 만들어왔어요. 노들야학이 대표적인 곳이에요. B씨는 이런 현장들을 하나둘씩 정리하기 시작했어요. 1995년 장애인 노점상 최정환 열사가 구청의 단속에 저항해서 분신했어요.

그 사건을 계기로 전장협은 청계천 노점상들을 조직해 장애인자립추진위원회라는 기구를 구성해서 활동했어요. 홍수 형이 아주 열심히 조직했던 곳이었죠. B씨는 장애인운동과 빈민운동은 다르다면서 이 기구를 없애버려요.

1996년 평택 에바다복지회라는 청각장애인 시설에서 비리 문제가 터졌고 그 싸움이 한창이었는데 에바다 투쟁에 대한 연대도 중단됐어요. B씨는 시설은 그 존재 자체로 반인권적이기 때문에 없애야 할 대상이라면서 시설을 민주화하는 에바다 투쟁은 그 방향이 틀렸다고 했어요. 에바다 투쟁은 내가 활동가가 되어 제대로 싸워본 첫번째 현장이었어요. 조직에서 열심히 투쟁하라 그래서 열심히 총 쏘고 있었는데 어느 날 대장이 바뀌더니 나한테 이렇게 묻는 격이었어요. '너는 지금 어디다 총을 쏘고 있는 거야? 혹시 이겨서 에바다 시설을 운영하고 싶은 거야?' 나는 논리도 이론도 잘 몰랐지만 열받더라고요. 보는 관점에 따라 다르게 판단할 수 있지만 문제는 그것들이 전장협의 활동가들이 대중들을 만나고 조직하기 위해 목적의식적으로 치열하게 일군 현장이었다는 거예요. 내가 같이 어울려서 술 마시고 고민을 나누던 사람들이 모두 거기에 있었어요.

DPI와의 통합은 전장협의 역사를 무시한 채 흘러가고 있었어요. 현장의 분노와 대중적 저항을 조직하는 게 아니라 소수의 엘리트·정책 중심의 회원 조직으로 개편하고 있었죠. 통합에 찬성하는 동료에게 왜 이렇게까지 하면서 통합해야 하느냐고 물었어요. 그랬더니 우리는 너무 가난하지 않느냐고, 너무 힘들다고 했어요. 돈이 문제라면 내가 열심히 해서 벌어보겠으니 통합하지 말자고 설득했어요. 전장협 전국 지부들을 돌아다니며 통합에 반대하는 표를 조직했지만 결국 대의원 총회에서 통합이 결정되었어요.

통합 이후에 큰 바람 안 가졌어요. 4월 20일 장애인의날에 태수가 조직했던 투쟁 사업이 있었어요. 장애인고용촉진걷기대회였죠. 1년에 한 번 이 투쟁만큼은 진심으로 조직해보자고 생각했어요. 장애인단체조차 시혜와 동정에 기대 앵벌이를 하고 재활을 외치면서 장애인의 몸을 고쳐야 한다고 말하던 시대에 태수는 데모라는 방식으로 장애인들을 꼬셔서 거리에 나오게 한 거예요. 전국의 지부를 돌면서 차에서 먹고 자고 하면서 한 일이었어요. 태수가 노력하는 모습이 참 보기 좋았어요. 나도 해보니까 데모하는 게 점점 재미있어지더라고요. 야학 학생들 몇 명 꼬드겨서 장애인의날이나 노동절 집회에 데리고 나가는 것이 내 1년 농사의 성과였어요. 데모하고 도로 점거하고 경찰들하고 싸우면서 자기 목소리로 외치는 것, 그것이 운동의 즐거움이고 행복이었죠.

그런데 통합 후에 DPI는 걷기대회를 안 하겠다고 했어요. 활동가들이 1년 동안 씨 뿌리고 땅 일궈서 그날 걷어올리는 건데, 그게 대중의 힘을 보여주는 건데, 그걸 안 하겠다니 정말 화가 났죠. 그런데 방송국에서 촬영하러 온다니까 갑자기 또 결정을 뒤집어서 한다고 하더군요. 부랴부랴 준비해서 행진을 하는데 갑자기 다시 돌아가서 행진을 한 번 더 하래요. 방송국에서 다시 찍어야 된다고 했다는 거예요. 어이가 없었어요.

얼마 후 서울DPI(한국DPI의 서울 지부) 회장으로 B씨를 추대하는 총회가 있었어요. 그의 인맥이 화려해서 유명 정치인들이 초대되었죠. 나도 노들야학 사람들과 함께 참석했어요. 그 자리에서 회장 선출은 민주적으로 해야 한다고 투표를 제안했어요. 기분 좋게 박수치고 넘어가려고 했던 총회가 나 때문에 두세 시간을 끌었고 결국 투표가 진행되었어요. 결과는 몰라요. 주최 측이 투표 결과를 발표하지 않고 그냥 당선되었다고 선언했어요. 우리가 항의했는데 공개하지 않더라고요. 그 일이 있은 뒤 노들야학은 조직에서 탈퇴했어요. 민주적 절차를 지키지 않았던 걸 빌미 삼았지만 진짜 이유는 사회변혁적 관점과 현장 투쟁이라는 노선을 버린 조직과 더 이상 함께 갈 수 없다고 판단해서였죠.

결정적으로 B씨에 대해 꼭지가 돌았던 사건이 있었어요. 그는 다른 현장 조직들은 정리하면서도 노들야학은 내세워서 홍보하기가 좋기 때문에 적극적으로 가져가겠다고 했어요. 그러면서도 우리의 자치성은 인정하지 않았어요. 포항제철이 노들야학에 봉고 두 대를 기증했을 때 B씨는 자기 인맥으로 받은 거라면서 봉고 두 대를 DPI가 가져가겠다고 했어요. 학생들 수업하고 데모하려면 이동시켜야 한다고 했더니 야학이 무슨 대단한 운동을 하냐는 식으로 말하더라고요.

노들야학은 전장협이 만든 거지만 야학 운영은 교사들이 일일호프 하고 후원금 모아서 자체적으로 운영했어요. 대학생 교사들이 휴학까지 해가면서 자기들 청춘을 바쳐서 운영해온 거죠. 그랬는데 봉고가 생기니 자기들이 상부조직이라면서 가져가겠다니까 너무 화가 나서 "가져갈 테면 가져가봐라! 안 참는다!" 그 랬더니 마음대로 하라면서 자긴 이런 야학을 몇 개도 더 만들 수 있다고 오만한 소리를 하더라고요. "그래? 한번 해봐라! 우리는 너희랑 같이 안 간다" 하고는 봉고 한 대는 DPI 주고 한 대만 갖 고 노들야학은 탈퇴해버렸죠.

내로라하는 장애운동가들이 다 DPI로 딸려갔을 때 거기 줄 안 서고 따로 떨어져 나온 게 살면서 내가 한 선택 중 두 번째로 잘한 선택이에요. 그 선택이 없었으면 이후에 이동권연대도 없었 을 거고 전장연도 없었겠죠. 그때 나에게 이후에 펼쳐질 운동들 을 만들어낼 생각이 있었냐 하면 당연히 없었죠. 노들야학은 어 떤 전망도 가질 수 없는 아주 작은 단체였고 그저 하루하루 생존 하기 바빴어요. 교사는 항상 부족하고 돈도 없었죠. 봉고차로 학 생들 등하교시키려면 운전자 급여를 줘야 하는데 그 돈 만들기도 벅찼어요. 기껏 노들야학 사람들 봉고에 몇 명 태워서 에바다 투 쟁을 계속했던 게 우리가 할 수 있는 최대의 투쟁이었어요.

목표는 그냥 살아남는 거, 현장 투쟁의 근거로서 살아남는 거 하나였어요. 에바다 투쟁에서 만났던 대학생 김도현(현 노들장 애학궁리소 연구활동가)에게 활동비 50만 원 줄 테니 야학에서 상 근활동을 하자고 꼬드겼어요. 그전엔 교사들이 휴학하면서 꼬라 박는 구조였는데 처음으로 상근자가 생겼죠. 우리는 현장에서 이 운동을 겪어온 거예요. 그 과정에서 경험이 쌓여 이동권연대가 만들어졌고 이후에 교육권·활동지원서비스·탈시설 투쟁이 기획 될 수 있었어요. 장애인운동의 본질은 만나고 겪는 데 있어요. 만나고 겪으면서 관계를 변화시켜야지만 기획이 생기고 발전해가는 것이지 현장이라는 토대 없이 뭔가 갑자기 기획되고 연결되지는 않더라고요. 살아남은 현장이 있었기에 우리는 2001년 어떤 죽음을 만날 수 있었어요. 우리가 있었기에 그 죽음은 하나의 '사건'이 되었죠.

너도 나도 선로 아래로

1999년 노들야학 학생이었던 이규식이 혜화역에서 리프트를 타다 떨어져서 크게 다친 사고가 있었어요. 우리는 손해배상 소송을 했고 결국 이겨서 혜화역에 엘리베이터가 설치됐어요. 규식이처럼 용감한 장애인들이나 돌아다녔지 휠체어를 탄 사람은 지하철을 아예 이용할 엄두도 못 내던 시절이었죠. 중증장애인들은 모두 집에서만 지내고 있었어요. 야학은 그런 사람들을 봉고로 등하교시켰는데 하루 네 시간 수업하는데 등하교 운전에만 여덟 시간이 걸렸어요. 노들야학은 이 문제에 대해 머리로만 알았던 게 아니라 불타는 욕구와 필요를 갖고 있었어요.

2001년 지하철 4호선 오이도역에서 한 장애인이 리프트를 타다 떨어져 사망하는 사건이 발생했어요. 지금이야 어떤 사건을 만나면 각이 나오지만 그땐 그런 게 전혀 없었어요. 철도공사를 만나 협상을 해야 하는데 협상의 주체도 없었죠. 여러 단체를 모아 오이도사건대책위원회를 만들었어요. 성격이 다른 단체들이 갑자기 만났으니 무엇 하나 결정하기가 쉽지 않았는데 지지부진한 논쟁이 이어지는 가운데 딱 하나를 관철시킬 수 있었어요. 지하철 선로 점거였죠. 저는 이 죽음을 싸움으로 만들고 싶었어요. 2001년 중증장애인들의 이동권 투쟁은 어떻게 그렇게 활활 불타오를 수 있었을까? 나는 그 선로 점거가 성공했기 때문이라고 생각해요.

1980년대 미국의 이동권 투쟁 사진을 본 적이 있어요. 버스를 점거하고 그 밑으로 기어들어가 버티는 장애인들의 모습이었죠. 우리도 이런 걸 하고 싶다고 생각했어요. 우리는 버스가 아니라 지하철을 멈춰야 하는데 어떻게 할 수 있을까 고민하다가 도현이와 서울역으로 답사를 갔어요. 5분 간격으로 열차가 들어오더라고요. 만약 장애인이 선로에 내려간 걸 모르고 다음 열차가 들어오면 너무나 위험할 것 같았어요. 플랫폼에 앉아 지하철이 들어왔다 나가는 것을 물끄러미 바라보며 앉아 있는데 묘안이 떠올랐어요. 모든 지하철은 정해진 위치에 정차하니까 그 앞을 막으면 되겠더라고요.

사고가 있은 지 보름이 되었을 때 서울역에서 규탄 집회를 열었어요. 끝나고선 사람들에게 장애인이 떨어져 죽은 그 지하철에 항의하러 가자고 권했죠. 비장애인들이 휠체어를 탄 장애인을 들고 계단을 내려가 하나둘씩 플랫폼으로 모였어요. 선로를 점거할 거란 사실을 사람들은 몰랐어요. 그걸 아는 사람은 나를 내려줄 야학 교사 몇 명뿐이었죠. 지하철 한 대가 들어왔다가 빠져나가자마자 제가 선로 아래로 내려갔어요. 사람들이 깜짝 놀랐어요. 도현이가 역무실로 가서 이 사실을 다음 기관사에게 알려달라고 했어요. 곧이어 다음 열차가 들어온다는 안내방송이 울려퍼지고 얼마 안 있어 열차가 "빵–" 하고 경적을 울리면서 들어왔어요. 우리가 점거하고 있다는 사실을 이미 알고 있었기 때문에 지하철은 서서히 들어와 플랫폼 절반 정도에서 완전히 멈춰 섰어요. 내가 막은 자리와 열차 사이에 공간이 만들어지자 플랫폼 위에 있던 장애인들이 선로 아래로 너도나도 용감하게 내려오기 시작했어요. 전혀 약속된 일이 아니었어요.

장애인이 지하철 타다 떨어져 죽어도 뉴스 한 꼭지 나오고 끝인데 우리가 지하철을 30분 막았더니 서울시도 놀라고 언론도 놀라고 운동사회도 깜짝 놀라더군요. 김영삼·김대중 정부를 거치면서 많은 운동이 제도화되고 투항하는 분위기에서 갑자기 중증 장애인들이 그렇게 싸우는 게 신기했던 모양이에요. 나는 이 기운을 이어나가고 싶었어요. 처참한 죽음도 싸우지 않으면 개인적 죽음이 되고, 사소해 보이는 죽음도 싸우는 주체가 있으면 사회적으로 의미 있게 복원돼요. 오이도역 참사를 해결하려고 모였지만 오이도역 하나만의 문제가 아니었죠. 오이도역에 엘리베이터가 생기면 야학을 거기로 옮겨야 하나요? 이 문제의 본질은 아주 두껍고 거대해요. 선로 점거 한차례 했다고 해결될 문제가 아니었죠. 상설적으로 투쟁할 기구를 만들자고 제안해서 이동권연대가 출범했고 제가 대표가 되었어요.

2월에 '오이도참사 해결하라'는 구호로 출발한 싸움이 7월에 이르렀을 때는 '전체 지하철 역사에 엘리베이터를 설치하라' '저상버스와 특별교통수단(장애인콜택시)을 도입하라'는 요구로 확장되었어요. 8월엔 광화문에서 버스를 대대적으로 점거했고 수십 명이 체포됐죠. 그 후 '한 달에 한 번 버스 타기' 투쟁을 이어나 갔어요. 정말 열심히 싸웠어요. 지하철 연착 투쟁도 하고 이순신 동상에 올라가 이동권을 보장하라고 플래카드도 내리고요. 그렇게 집에 갇혀 있던 중증장애인들이 하나둘씩 나왔고 그들이 매주 100만인 서명운동을 펼치면서 시민들을 만났어요. 운동사회나 청년들의 연대도 활발했고 시민들의 호응도 아주 뜨거웠어요. 이동권 뱃지를 1000원에 팔았는데 어떤 날은 100만 원도 더 벌고요. 돈 한 푼 없이 시작한 이동권연대가 그걸로 천막도 사고 밥도 먹었어요. 없던 저상버스가 당장 생긴 건 아니었지만 무언가 빠르게 변하고 있다는 게 느껴졌죠.

희망의 물리적 근거

그런데 아무리 싸워도 정작 서울시는 답이 없었어요. 그러다 2002년에 지하철 5호선 발산역에서 장애인이 또 떨어져 죽었어요. 무력감에 뭔가 하지 않으면 안 되겠다는 느낌이 들었죠. 도현이한테 할 수 있는 건 다 해봤는데 이제 뭐가 남았냐고 물어봤어요. 그랬더니 단식이래요. 장애인들이 단식을 한다는데 며칠 정도면 반응이 올 거라고 생각했어요. 그렇게 국가인권위원회를 점거하고 여러 명의 장애인들이 단식에 들어갔죠.

농성 들어가기 며칠 전 인권운동가 서준식 선생님이 감방에서 쓴 책을 읽었어요. 광야에서 목소리를 외치는 것, 그러니까 거리를 점거하는 것이 물리적 투쟁이고 그게 희망의 근거라고 말하는 부분이 있었어요. 그걸 읽으니까 태수와 홍수 형이 했던 말들이 바로 연결되는 것 같았죠. 활동가들이 대중과 만나서 이야기를 나누고 그들의 삶에 의미를 부여하고 그 의미로서 조직된 사람들이 거리에 나가서 외쳐야 한다고, 그게 운동의 사명이자 본질적인 힘이라고요.

'희망의 물리적 근거'라는 말이 너무 좋아서 선생님께 전화를 드렸어요. 글 잘 읽었다고 하면서 이렇게 물었죠. '우리가 인권위 점거농성을 계획하고 있는데 그래도 되겠습니까?' 선생님이 웃으면서 그걸 왜 자기한테 묻느냐고 했어요. 나는 나이 들어서 운동을 시작했고 경험이 짧은 데다 선배들과는 다른 길을 선택했기 때문에 그런 걸 물어볼 동료나 선배가 없었어요. 어떤 가치를 위해 신념을 포기하지 않았던 사람에게 확인받고 싶었어요. "힘없는 장애인 몇 명이 단식하고 점거하는 이런 것도 희망의 물리적 근거입니까?" 내가 주장하는 점거나 농성 방식에 대해 과격하다고 비판하는 사람이 많았거든요. 선생님이 매우 의미 있는 투쟁이라고 말씀하면서 나에게 큰 힘을 주셨어요.

이동권 투쟁은 뜨거웠고 함께하는 동지들도 많아졌어요. 하지만 2001년과 2002년에 홍수 형과 태수가 차례로 세상을 떠났어요. 홍수 형은 가난한 장애인과 함께하면서 자신도 사는 내내 가난했고 운동 과정에서 생긴 상처 때문에 술을 많이 마셔서 결국 죽었고요. 태수는 DPI에 들어가 청년들을 조직하는 사업을 하던 중 과로로 쓰러져 죽었어요. 언젠가 셋이서 우리 아파트 앞 정자에 앉아 술을 마신 적이 있어요. 셋 다 돈이 없으니 소주에 마른안주 하나 놓고서였죠. 흥수 형이 아주 외로워하던 시절이었어요. 장애인운동의 여러 족보를 설명하면서 운동은 무엇보다 시위가 중요하다고 했어요. 동정에 구걸하는 것이 아니라 대중의 힘을 통해 쟁취해야 하고, 그 투쟁을 해나갈 활동가와 조직이 필요하다고 역설했죠. 변변한 족보도 없는 변방의 복지관 출신인 우리 세 사람은 서로를 배신하지 말고 죽을 때까지 함께 투쟁하자고 맹세했어요. 장애인 세 명의 '정자결의'였죠.

흥수 형과 태수는 90년대를 아주 치열하게 살았어요. 흥수 형은 청계천에서 장애인 노점상들을 조직해서 생존권 투쟁을 벌였고 노점상이었던 이덕인·최정환 열사가 돌아가셨을 때 그 투쟁을 이끌었어요. 태수는 장애인 노동권을 요구하면서 전국을 돌아다니며 사람들을 조직해 장애인고용촉진걷기대회를 만들었고 수배 생활과 감옥살이를 했어요. 나는 야학 교장을 했죠. 누가 알아주는 것도 아니고 월급을 주는 것도 아니었지만 흥수 형과 태수에게 배운 대로 현장을 지키고 싶었어요. 그들 모두 내 곁을 떠났지만 운동을 하면 할수록 두 사람의 말이 옳았다는 걸 가슴 저리게 깨달았어요.

단식농성이 20일 넘게 지속되는데도 서울시는 감감무소식이었어요. 어머니가 40일은 안 된다고 우셨어요. 예수님이 40일을 단식했는데 네가 예수도 아닌데 왜 40일을 하느냐고 말렸어요. 나도 40일까지 갈 생각은 없었는데 며칠이면 답을 줄 거라고 예상했던 서울시가 철옹성처럼 꼼짝을 안 했어요. 시간이 지나면서 이대로 가면 죽을 수도 있겠다는 생각이 들었죠. 이명박 시장이 대꾸도 안 하니까 오기가 생기더라고요. 목숨도 걸 수 있겠다는 결의가 생겼어요. 돌이켜 보면 그렇게 죽는 것도 행복하다는 생각도 했어요. 갑자기 장애인이 되어서 그 지옥 같은 시간도 보냈는데 이렇게 치열하게 투쟁하다 여기서 죽을 수 있다면 그것도 괜찮겠다고요.

동료들은 내가 잘못될까봐 걱정을 많이 했대요. 30일째 되던 날 이동권연대는 시청역 선로를 아주 대단하게 점거했어요. 첫 번째로 선로를 점거했을 때처럼 오합지졸로 내려간 게 아니라 결의된 많은 장애인들이 쇠사슬을 걸고 한 시간 이상 버티며 지하철을 막았어요. 76명이 경찰에 연행됐죠. 그게 압박이 되었던 모양이에요. 37일 차에 서울시에서 드디어 연락이 왔어요. 2004년까지 모든 지하철역에 엘리베이터를 설치하고 저상버스와 특별교통수단을 도입하겠다는 내용이었어요. 결국 39일 되던 날 단식을 멈췄죠.

그런데 우리와 협의하는 건 죽어도 그 모양새가 싫었는지 일방적으로 통보하고는 서울시 홈페이지에 발표를 했어요. 우리 농성과 상관없는 시장님의 생각이라는 듯이. 이명박은 우리를 협상의 상대로도 여기지 않았기 때문에 공문을 보내지도 않았어요. 하지만 그 발표가 이 운동의 중요한 변곡점이 되었죠. 그전까진 한국 실정에 맞지 않다면서 저상버스 도입 못한다고, 예산 없어서 지하철 엘리베이터 설치 못한다고 버티던 서울시의 기세가 꺾였으니까요. 물론 그 약속이 지켜지진 않았지만 그 흐름이 이어져 2004년에 처음으로 서울에 저상버스가 들어왔고 2005년엔 교통약자의이동편의증진법이 만들어졌어요.

이동권은 한 인간을 사회적 존재로 살아갈 수 있게 하는 핏줄 같은 것이에요. 이 연결선을 왜 지금까지 못 만들었냐면, 돈 때문이에요. 이 사회는 장애인에게 투자할 이유가 없다고 생각해요. 돈이 아깝다는 거죠. 돈 생기면 할 거고, 언젠가는 할 거라고 떠들면서 절대로 안 해요. 장애인의 생존을 '기본적으로 보장해야 할 권리'가 아니라 '돈이 있으면 하는 복지'라고 여기는 생각, 명백한 대중교통의 문제를 건설교통부가 아니라 자꾸만 보건복지부로 떠넘기려는 태도와 마지막까지 싸웠죠. 이 법엔 이동권이 권리로 명시되어 있고 소관 부처는 건설교통부예요. 보건복지부를 제외한 일반의 부처는 장애인을 상대하지 않는다는 편견을 부수고 장애인을 시민으로 인정하는 물리적 환경을 만든 거예요.

그 운동의 가장 큰 의미는 중증장애인들이 역사의 전면에 등장했다는 거고요. 개인적 의미를 묻는다면 제가 출세를 했다는 거예요. 2004년 민주노동당에선 비례대표 후보를 당원들이 직접 홈페이지에 자신이 원하는 사람을 추천하는 방식으로 진행했는데 꼭 인기투표 같았어요. 당시로선 아주 새롭고 획기적인 방식이었죠. 어떤 분이 나를 추천했고 지지하는 글들이 막 올라오면서 조회 수가 최고로 올라갔어요. 얼마 안 되어서 정당의 고위 간부들이 날 찾아와서 출마할 마음이 있느냐고 물었어요. 나는 정

도로 위의 박경석이 몸에 쇠사슬을 두르고 투쟁이라고 외치듯 주먹 쥔 왼손을 들고 있다.
얼굴과 시선은 그의 옆에서 함께 쇠사슬을 두르고 있는 동지를 향해 있다.

치가 매우 중요하고 운동 세력이 정치인이 되는 건 아주 중요한 일이라고 생각해요. 하지만 못한다고 했어요.

그때 도현이가 구속되어 있었거든요. 2003년 부천 송내역에서 시각장애인이 선로로 추락해 사망했어요. 그때 노들야학 학생이 광화문역 선로를 점거하고 20분간 시위를 했는데, 그를 선로에 내려준 게 도현이었어요. 당시 도현이는 이동권연대 상근자도 아니었는데 내가 부탁했어요. 이동권 투쟁으로 누군가 구속된 건 도현이가 처음이었어요. 전혀 예상 못했죠. 대표는 나인데 몇 년간 이동권연대가 한 일에 대한 괘씸죄를 모두 도현에게 뒤집어씌운 거예요.

그런 놈을 두고 내가 정치하고 싶다고 어떻게 가요? 내가 정치를 한다면 누군가 이 현장을 지켜줘야 하는데 그럴 사람도 없었어요. 나에게도 정치를 해보고 싶은 욕망이나 기획이 있었지만 자의인지 타의인지 이 열악한 투쟁의 현장을 벗어날 수 없었죠. 2년 뒤 전장연이 만들어졌으니 돌이켜 보면 잘한 선택이었어요. 정치의 길을 가지 않은 것. 그게 내가 살면서 가장 잘한 세 번째 선택입니다.

얼마면 되겠습니까

장애인운동에서 가장 중요한 순간 세 가지를 꼽으라면, 첫 번째는 지하철 선로 점거로 대표되는 2001년의 이동권 투쟁이고,

두 번째는 중증장애인들이 한강대교를 기어 노들섬에 도착했던 2006년의 활동지원서비스 제도화 투쟁, 세 번째는 여덟 명의 장애인이 석암재단 산하의 장애인 거주시설에서 뛰쳐나와 노숙농성을 벌였던 2009년의 탈시설 투쟁을 들 수 있어요. 그리고 그건 내 인생의 중요한 국면들이기도 하죠. 나는 이동권연대를 만들 때 전장협 같은 상설적 투쟁 조직을 꿈꿨어요. 이동권 말고도 싸워야 할 문제는 많으니까요. 2002년부터 진보적 장애인운동의 연대체 건설을 제안했지만 단체들의 생각과 지향이 다양해서 논의가 지지부진했어요. 그러다 결정적으로 2006년 전국장애인차별철폐연대라는 이름으로 처음 깃발을 들었는데 그 계기는 활동지원서비스 제도화 투쟁이었어요.

2005년 12월 경남 함안에서 혼자 사는 근육장애인이 얼어 죽었어요. 그렇지만 그런 죽음이 있다 해서 반드시 투쟁으로 연결되진 않아요. 당시 전장연 준비위원회가 출범한 지 얼마 안 된 데다 활동가가 몇 없어서 싸울 여력이 안 됐어요. 그런데 연이어 또 다른 사건이 터졌어요. 장애계의 지속적인 요구로 2005년 하반기 정부가 15억을 들여 중증장애인 활동지원서비스를 시범적으로 운영했어요. 그런데 정부가 장난을 쳐서 2006년에도 그 사업 예산을 15억 그대로 통과시켜버린 거예요. 2005년에 반년 동안 쓴 예산이 그다음 해엔 1년 예산이 되었으니 사실상 반 토막이 난 거죠. 우리는 서울시에 찾아가 나머지 예산을 내놓으라고 요구했어요. 많은 제도들이 지방정부와 중앙정부가 예산을 나눠서 내거든요. 그런데 서울시는 돈 없으니 배 째라는 식으로 나왔죠.

하루 두 시간 받던 활동지원서비스가 한 시간으로 줄어드는 건 당사자에겐 엄청난 후퇴이고 너무나 직접적인 피해예요. 장애인들의 분노를 조직한 사람이 남병준이라는 활동가였어요. 전장연의 태도가 미온적이니까 남병준은 중증장애인 십여 명과 함께 '활동지원서비스 제도화를 위한 공동투쟁단'이라는 조직을 자체적으로 꾸려 전장연을 압박해왔어요. 이런 죽음이 있음에도 투쟁을 기획하고 대중들에게 싸우자고 제안하지 못한다면 전장연이 왜 필요하냐고 물었죠. 2006년 3월 노숙을 하기엔 너무 추웠던 이른 봄에 서울시청 앞에서 수십 명의 중증장애인들이 노숙농성에 들어갔어요. 외곽에서 투쟁을 조직해서 전장연을 따라오게 만든 거예요. 아래로부터의 민주주의죠.

장애인들이 노숙을 하고 있어도 서울시는 아무런 응답이 없었어요. 그런데 그 와중에 서울시가 한강의 노들섬에 오페라하우스를 짓겠다는 발표를 했어요. 그 예산이 수천억이었죠. 우리한테는 15억이 없다고 하더니 거짓말이었던 거예요. 중증장애인 39명이 시청 앞에서 삭발 투쟁을 하고 한강대교를 기어서 노들섬까지 가는 투쟁을 했어요. 하루 종일 한강대교를 막고 시위했는데 반향이 아주 컸어요. 며칠 뒤 서울시는 활동지원서비스를 제도화하겠다고 선언했어요. 서울 투쟁의 성과를 가지고 대구와 인천에 가서 싸움을 제안했어요. 서울의 승리가 대구의 승리를 낳고 대구의 승리가 인천의 승리를 낳아서 투쟁하는 곳마다 쭉쭉 승리하더라고요.

지방정부가 앞다퉈 제도화를 선언하니까 노무현 정부도 이 흐름을 거부할 수 없게 되었어요. 어느 날 청와대 관계자가 만나자고 했어요. 그 사람의 첫 질문이 이거였어요. "얼마의 예산을 생각하고 계십니까?" 15억을 30억으로 늘리지 않아서 이 사달이 난 거니까 30억이라고 말해야 하나? 순간 머릿속이 복잡했지만 대표가 그런 자리에서 30억이라고 말하면 좀 없어 보이잖아요. 내가 역으로 물어봤어요. "얼마가 들 것 같아요?" 그랬더니 그 사람이 "1조 정도를 갖고 방향을 잡아야 되지 않을까요?" 하더라고요(웃음). 30억 정도 생각했는데 1조라니 얼마나 고마워요? 하지만 대표가 그런 자리에서 고맙다고 할 순 없으니까 태연한 척 말했죠. "그것밖에 안 됩니까? 설계를 어떻게 하셨기에 1조밖에 안 됩니까? 1조라는 근거는 어떻게 나온 겁니까?" 그러면서 이야기가 깊어졌어요.

서구 사회에선 이미 수십 년 전부터 활동지원서비스를 시행해왔고 일본도 하루 24시간 지원돼요. 하지만 당시 한국의 시범사업으로는 하루 한두 시간이 고작이었어요. 지금처럼 하루 24시간 보장해야 한다는 말을 하기가 어려웠는데 그래도 눈 딱 감고 했어요. "하루 24시간까지 가야 합니다." 그 뒤부터 말을 안 하더라고요. 그리고 그해 연말에 1000억의 예산이 국회를 통과했어요. 15억이 1000억으로 뛴 거죠. 그런데 그 설계를 보니 최대로 받을 수 있는 서비스가 월 80시간(하루 두세 시간)이고 기초생활수급권자가 아니면 백 프로 자기 돈을 내고 쓰라는 악질적인 설계를 해놓았더라고요.

이듬해 우리는 인권위를 점거하고 또다시 단식과 삭발 투쟁에 돌입했고 월 180시간으로 서비스를 늘리고 비수급권자의 백 프로 자부담 조건을 깨버렸어요. 대한민국에선 장애인이 복지서 비스를 받으려면 두 가지 기준을 통과해야 돼요. 하나는 나이, 또 하나는 경제적 기준이죠. 그 견고했던 하나의 줄을 끊은 최초의 제도가 활동지원서비스예요. 이 제도는 대상자의 경제적 조건을 보지 않고 수급권자가 아니어도 누구나 이용할 수 있어요. 안타 깝게도 자부담을 완전히 없애지는 못했지만 대신 상한선을 두어 제한했죠. 서비스의 양을 늘리는 투쟁은 지금까지도 계속되고 있 고 올해(2021년) 활동지원서비스 정부 예산은 1조 5000억이 되 었어요.

씨앗과 꽃, 폭탄 혹은 혁명

내가 장애인운동을 시작해서 본격적인 현장 투쟁을 경험했던 것 이 에바다 투쟁이에요. 전장협이 없어진 뒤에도 나 혼자 에바다 투쟁을 계속했어. 하지만 '너는 어디를 향해 총을 쏘고 있냐?' 는 B씨의 질문이 제 안에 오래 맴돌았어요. 과정이 좀 뼈아프긴 했지만 시설 안을 민주화하는 게 아니라 시설 바깥을 바꿔서 장 애인이 지역사회에서 살아갈 조건을 만들어야 한다는 그의 논리 에 동의할 수밖에 없었죠. 에바다 투쟁이 끝난 뒤 시설 비리 척결 운동을 적극적으로 할 생각은 없었어요. 개인적으로도 조직적으 로도 여력이 없었으니까. 그러던 어느 날 오랫동안 시설 비리 문제에 대응해왔던 장애와인권발바닥행동의 김정하 활동가가 나를 찾아왔어요. 문제가 터질 때마다 기자회견 하고 성명서 몇 차례 내는 것이 아니라 관리 감독 권한을 가진 지자체가 나서서 이 문제를 해결하게 하는 싸움을 제안했어요.

전장연과 발바닥행동은 2006년 S재단의 비리와 폭력에 맞서 종로구청 앞에서 153일간 농성을 함께했고 2008년엔 석암재단의 비리 문제를 해결하라고 양천구청과 서울시를 향해 1년 내내 싸웠어요. 석암재단 비리에 맞선 이 투쟁이 2009년 탈시설운동으로 전환됐죠. 투쟁에서는 싸우는 주체가 중요해요. 그동안 시설 비리 척결 투쟁에서 싸움의 주체는 모두 시설에 고용된 직원들이었어요. 시설에 수용된 장애인 당사자가 주체였던 적은 없었어요. 그들은 그만큼 억압적이고 종속적 삶을 사니까요.

하지만 시설 문제에서 직원들과 장애인 당사자들은 이해관계를 달리해요. 직원들은 자신들의 일자리와 생계가 걸려 있기 때문에 시설 민주화를 위해 일정 수준까지는 싸우지만 장애인들의 탈시설에 대해서는 적대적으로 입장이 갈라지죠. 그런데 석암재단과의 투쟁에는 장애인 당사자 주체들이 있었어요. 미약하더라도 그들이 주체였죠. 싸우면서 생각했어요. 이 싸움이 끝났을 때 당사자들이 짐을 싸서 시설을 박차고 나온다면 장애인운동사에 얼마나 획기적인 일이 펼쳐질까! 그들을 조직하기 위해 회의한번 할 때조차 온 마음을 다했어요.

1년 뒤 석암재단에서 비리를 저질렀던 이사장이 처벌받고 운영진이 교체되었어요. 그러자 함께 싸웠던 직원들은 장애인 당사자들에게 이제 그만 싸우고 평화롭게 살자고 회유하기 시작했어요. 우리도 그들을 꼬드겼어요. 운영자가 바뀐다고 당신들의 삶이 바뀌진 않는다고, 시설이 민주적으로 운영되는 것도 중요하지만 여기서 머물러선 안 된다고, 시설을 나가서 시설 바깥을 변화시키는 투쟁을 함께해보자고요. 집도 절도 없는 당사자들 입장에선 너무나 두려운 일이니까 전략을 세웠죠.

이 사람들이 짐을 싸 들고 시설을 탈출해 나오면 서울에서 노숙농성을 해야 하는데 장소는 마로니에 공원으로 하자고 했어요. 노들야학이 거기에 있거든요. 그리고 근처에 사회복지법인 평원재단이 운영하는 자립생활주택이 있었어요. 평원재단은 오랫동안 야학을 후원해왔는데 그즈음 장애인의 자립을 지원하는 주택을 지었고 개소를 앞두고 있었어요. 농성 기간 동안 그 집을 이용해도 좋다는 허락을 받았어요. 이 농성은 장애인들의 활동부터 먹고 자고 씻는 모든 걸 지원해야 했기 때문에 그 체계가 아주 촘촘하고 단단해야 했어요. 그런데 이걸 지원할 수 있다는 자신감이 있었어요. 노들야학과 발바닥행동, 전장연에 대한 믿음과 든든한 뒷배 평원재단이 있었으니까요. 그렇게 탈시설 투쟁이 시작되었어요.

마로니에 공원에서 두 달간 농성해서 성과를 얻었어요. 서울시가 시설에서 나온 장애인이 일정 기한 살 수 있는 주택인 체험홈과 자립생활주택을 도입하기로 한 것이죠. 그 수혜자는 극소수였고 공식적으로 제도화된 것도 아니었지만 하나의 씨앗이었다고 생각해요. 땅에 묻으면 그냥 썩어버리는 씨앗이 아니라 발아력을 가진 씨앗이요. 우리 사회는 장애인을 배제하고 격리하면서 말로는 '보호'한다고 하죠. 인권이 중요한 시대에 히틀러처럼 장애인을 가스실로 보내자고 주장할 수는 없으니까요. '보호'라는 이름의 격리와 소외, 배제 정책의 핵심이 바로 장애인 거주시설이에요. 그 투쟁을 통해 얻은 성과가 탈시설을 틔워낼 정책적 씨앗이었다면, 그 씨앗을 통해 지역사회에 나온 장애인 한 명 한 명은 또 다른 변화를 만들어낼 소중한 존재들이에요.

이들이 완전히 지역사회에 통합되었냐 하면 전혀 그렇지 않아요. 그것은 이 사회 전체의 관계가 바뀌어야만 가능한 일이죠. 이들 한 명 한 명이 바로 그 관계를 변화시킬 씨앗이에요. 이들이 피워낼 꽃이 뭘까요? 나는 거주시설에 이들을 가두고 저질러졌던 문제보다 시설 밖으로 나온 이들에게 앞으로 저질러질 문제가 더 심각할 거라고 생각해요. 우리 사회가 발달장애인·정신장애인을 노동 능력은 없고 돈만 많이 드는 쓸모없는 존재로 대했던 이 관계, 우리 사회의 기준과 속도가 변하지 않는 한 이들 하나하나가 다 폭탄이에요. 그렇기 때문에 시설에 가둔 거죠. 사회가 그대로인 한 이들의 탈시설은 요원해요. 관계를 변화시키고 지역사회 환경을 바꿔야 하죠. 탈시설은 바로 관계의 혁명이 될 거예요.

등급제를 둘러싼 끝나지 않은 싸움

활동지원서비스 제도화는 개인이 직접 제공받는 서비스가 최초로 시작되었음을 뜻해요. 그전까진 모두 대중교통 무료, 창경궁 관람 무료처럼 국가가 돈을 쓰지 않는 방식이었어요. 활동지원서비스는 혁명적인 정책이어서 청와대에서도 여기에 돈이 얼마나 들지 예측을 못할 정도였죠. 그래서 정부가 꼼수를 부려요. 장애 1급에만 주겠다거나 1급도 전부 주는 게 아니라 조사를 거쳐 통과하는 사람에게만 주겠다고 해요. 그렇게 거르고 걸러도 몇 년 운영해보니 돈이 많이 들거든요. 게다가 2010년부터 장애인 연금제가 시행되어서 장애1급·장애2급·중복3급까지 연금을 주기 시작하니까 더한 꼼수를 부렸어요. 장애 등급을 믿을 수 없으니 등급을 전면 재심사하라고 한 거죠. 재심사를 받았다가 등급이 떨어져서 활동지원서비스도, 연금도 못 받게 된 피해자들이 속출했어요.

처음에는 등급 재심사를 중단하고 활동지원서비스를 장애2급·장애3급까지 확대하라고 싸우다가 2012년엔 아예 장애등급제를 폐지하라고 광화문역에서 농성을 시작했어요. 장애등급제를 폐지하라는 것은 필요한 사람에게 필요한 만큼의 서비스를 지원하라는 뜻이고, 그것은 바로 예산을 확대하라는 투쟁이에요. 아주 더운 8월의 여름날에 열 시간 넘게 경찰들과 전쟁을 치르며 농성장을 차리는 데 성공했어요. 그해 12월에 대통령 선거를 보면서 이 문제를 널리 알리려고 했어요. 당시는 문재인 후보가 당선될 거라고 예측했기 때문에 길어봤자 넉 달이라고 생각했어요. 그런데 웬걸, 박근혜 후보가 당선됐어요. 농성은 시작하는 것보다 접는 시기를 결정하는 게 더 어려워요. 성과도 보여줘야 하고 교섭 자리도 만들어야 하죠.

박근혜 정권에 비타협적으로 투쟁하겠다고 선포할 수도 있지만 그렇게 했다간 피해가 많을 것 같아 갈등이 됐어요. 가장 좋은 방식은 광화문에 우리의 힘을 모으는 진지를 만드는 것이라 생각했어요. 박근혜 정권은 장애인복지와 관련해 매우 탄압적인 방식으로 일관했고 우리와 아예 상대를 안 해줬기 때문에 남아 있을 수 있는 명분이 됐고 딱히 철수할 기회도 없었어요. 그렇게 광화문역 지하에서 5년을 견디기 시작했죠.

전국의 활동가들이 돌아가면서 하루도 빠짐없이 그 농성장을 지키고 광화문을 근거지 삼아 계속 싸웠어요. 지하이긴 하지만 청와대에서 가장 가까운 거리에서 농성한 게 우리였죠. 그러다 '촛불'을 만났고 문재인 정부 수립 후 장애등급제 폐지에 관한 협의를 시작해 2019년 드디어 장애등급제의 단계적 폐지를 이뤄냈어요. 장애인복지계에 엄청난 지각변동이 일어난 거예요. 이 투쟁의 성과는 '활동지원서비스를 몇 시간 더 늘렸나'보다 훨씬 더 커요.

손가락이 두 개 잘렸는지, 세 개 잘렸는지, 한쪽 다리를 못 쓰는지, 양쪽 다리를 다 못 쓰는지, 이런 의학적 손상을 기준으로 사람을 평가하던 것이 장애등급제였는데, 그것이 폐지된다면 이제 어떤 기준으로 판단할 것인지의 문제가 생긴 거죠. 등급제의 대안으로 나온 게 장애인 종합조사표예요. 종합조사표는 많은 것을 평가해요. 현재는 누가 활동지원서비스를 받을 것인가에 대해서만 평가하지만, 앞으로는 누가 장애인연금을 받을 것인가, 노동 능력이 있는 사람은 누구이고 없는 사람은 누구인가, 누구를 최저임금 대상에서 제외시킬 것인가 등등이 종합조사에서 판가름 날 거예요.

우리는 등급제가 '가짜로 폐지됐다'고 평가해요. 장애인 종합조사표에 따라 가장 점수를 잘 받은 사람이라면 하루 24시간 활동지원서비스를 보장받을 수 있어야 하는데 국가는 최대 16시간밖에 지원하지 않거든요. 그걸 오롯이 다 받는 사람조차 전국에 열 명도 안 돼요. 그렇게 열심히 싸웠는데 정말 뼈아픈 부분이죠. 정부가 앞으로 노동과 소득에 관한 조사 기준을 새로 만들겠다고 했어요. 사회복지 쪽에선 노동 능력을 광범위하게 평가해요. 노숙인 자활 분야에선 조금이라도 노동 능력이 있으면 '일(자활)해서 먹고살라'며 소득을 보장해주지 않아요. 중증장애인의 경우는 '최저임금 적용 제외' 대상이 돼요. 하루 종일 일을 시키고 최저임금을 주지 않아도 문제가 없죠. 장애인연금은 장애1급·장애2급·중복3급 장애인에게만 주는데 이들은 전체 장애인의 40프로에 불과해요.

이 기준을 결정하는 건 자본주의적 생산관계가 사람에 대해 갖는 태도예요. 단순히 복지의 문제가 아니죠. 이 기준을 새롭게 만드는 건 전쟁일 것이고 실제로 전쟁으로 만들어야 해요. 우리는 앞으로 장애등급제 진짜 폐지를 향한 극한의 투쟁을 해야 해요. 자본주의가 인간을 어떻게 바라보는지 폭로해내면서 싸워야 하죠. 인간의 노동 능력을 평가하는 자본주의적이고 비장애인 중심적인 기준을 어떻게 박살 내는가는 아주 큰 전선이에요. 이 전선의 이름은 '이것도 노동이다'예요.

전선 하나, '이것도 노동이다'

유엔 장애인권리협약CRPD이라는 게 있어요. 장애인 역시 천부적 인권을 갖고 태어났으며 차별받지 않아야 함을 명시한 인권 협약 이죠. 대한민국 정부는 2008년에 이 협약을 비준했기 때문에 이 걸 지켜야 할 의무가 있어요. 2014년 한국이 낸 국가 보고서를 검토한 유엔은 이렇게 권고했어요. '대한민국은 구조적이고 지속적으로 국회·언론·일반 대중을 상대로 장애인권리협약의 내용과 목적을 공론화하지 못했기 때문에 국가와 지방자치단체가 인권의 담지자로서 장애인에 대한 긍정적 이미지를 강화할 수 있는 인식 재고 캠페인을 벌여야 한다.' 우리는 이 권고를 들고 서울시에게 요구했어요. 바빠서 못하는 서울시 당신들 대신 우리가 할 테니, 우리에게 일자리와 월급을 달라고요. 그렇게 해서 '권리 중심 중증장애인 맞춤형 공공일자리'가 시작됐죠.

　한국은 정부에서 생계비를 지원받는 수급권자가 노동할 수 없는 사회예요. 소득이 생기는 순간 수급권이 탈락되거든요. 수급권이 탈락되면 의료비를 지원받지 못해요. 병원에 갈 일이 많은 가난한 사람들에겐 아주 중요한 문제죠. 권리 중심 공공일자리는 하루 네 시간 노동하고 90만 원 정도 받는 일자리인데, 이 정도로 소득을 맞춘 이유는 수급권을 유지할 수 있기 때문이에요. 생계비는 깎이지만 의료 급여는 그대로 유지되고 대략 40만 원 정도 추가 소득이 발생하도록 설계했어요.

이 사업의 가장 중요한 의미는 중증장애인이 사회적으로 참여할 공간을 만들어낸다는 데 있어요. 장애인들이 집에만 있는 게 아니라 당당한 주체로서 노동하며 자부심을 갖고 살아가는 거죠. 더 나아가 이들은 노동의 개념을 새롭게 변화시킬 주체들이에요. 장애인들은 그동안 보호작업장에서 일했어요. 하루 여덟 시간 빵을 만들었는데 평균 30만 원밖에 안 줘요. 최저임금 적용에서 장애인을 제외시킬 수 있는 최저임금법 제7조 탓이죠. 권리 중심 공공일자리 모델에서는 최저임금을 받고 최중증장애인들도 노동할 수 있어요. 이 사람들이 무슨 일을 하냐고요? 내가 고안해냈는데 자랑을 좀 할게요. (아이패드를 꺼내 프레젠테이션을 시작한다.)

우리의 직무는 권리 옹호 활동, 쉽게 말하면 집회와 시위, 문화예술 활동이에요. 춤추고 노래하는 거요. (알아들을 수 없는 노래를 부른다.) 노래 가사에 장애인의 권리를 넣어서 부르면 돼요. 시립합창단도 출근해서 하는 일이 노래 연습이잖아요. 우리도 그렇게 하는 거예요. 이 일자리의 이름은 바로 '이것도 노동이다'예요. 우리의 생산품은 '권리'예요. 보호작업장이나 시장에서 만드는 건 빵과 비누 같은 제품이죠. 비누 만드는 데 흥미 없는 사람이 하루 종일 비누를 만들고 최저임금도 못 받아요.

우리 사회는 장애인에게 언제나 '재활'하라고 해요. 그건 결국 비장애인 중심적인 기준으로 능력을 키우고 생산성을 갖추라는 요구예요. 이윤·실적·효율이 안 나오면 모든 국민의 권리인 최저임금 대상에서 제외돼요. 우리는 그런 처우에 저항해요. 장애인에게 맞춰 기준을 만들어야 해요. 아무리 무능력해 보여도 그 사람이 참여할 수 있는 일자리를 권리로서 보장해야 해요. 노래 못하는 사람도 참여할 수 있어야 해요. 대단히 급진적인가요? 노들야학 사람들은 이걸 몸으로 다 체득하고 있어요. 우리는 아주 가치 있는 걸 생산해요. 바로 지역사회의 변화죠. 누구도 배제하지 않는 사회, 단 한 사람도 남겨두지 않는 사회요. 그것이 우리의 두 번째 전선 '누구도 남겨두지 마라Leave No One Behind'예요. 지속가능 발전 목표SDGs(유엔 개발정상회의가 채택한 2030년까지 전 인류가 달성해야 할 공동의 목표)의 슬로건이죠.

전선 둘, '누구도 남겨두지 마라'

우리가 궁극적으로 요구하는 것은 필요한 사람에게 필요한 만큼의 지원이 이루어지는 거예요. 하루 24시간 개인별 서비스가 필요하다면 그렇게 해야 한다는 거죠. 이 활동지원서비스를 돈으로 환산하면 연간 비용이 1인당 대략 1억 5000만 원이에요. 이 진실을 알게 될 때 사람들은 어떻게 나올까요? 아마 이렇게 반응하겠죠. '비장애 청년들도 집이 없어 난리인데 이 쓸모없어 보이는 최중중장애인들에게 집을 주고 일자리를 주고 하루 24시간 활동지원서비스를 준다고?' 이건 그만큼의 일자리를 창출한 거지만 사람들은 그렇게 보지 않아요. '비용 절감'은 뒤로 숨긴 채 시설도 하나의 대안이라면서 거기 장애인을 집어넣을 거고 시설 운영 법인은 그걸 부와 권력을 축적하는 도구로 이용하겠죠.

2021년 8월 정부에서 탈시설 로드맵을 발표했어요. 탈시설에 관해 국가적 차원에서 발표한 첫 정책이에요. 그런데 내용을 들여다보면, 시설 안의 모든 장애인을 탈시설시키는 게 아니라 일부만 탈시설시키고, 일부 시설은 소규모로 쪼개고 최중증장애인은 시설에 그대로 남겨두겠다는 거예요. 게다가 이 계획을 앞으로 대략 20년 후인 2041년까지 마치겠다고 명시했어요. 2009년 탈시설 투쟁으로 처음 생긴 씨앗들이 이제 땅속에서 나올랑 말랑 하고 있어요.

그러자 천주교를 중심으로 한 시설 운영 법인들과 시설에 자녀를 보낸 부모들이 '탈시설은 사형선고'라면서 들고 일어나 반대하기 시작했어요. 땅속에 있을 때는 아무도 공격하지 않았는데 씨앗들이 땅을 뚫고 나오려고 하니까 어마어마한 공격이 시작된 거죠. 저는 이 운동이 내전 상태에 있다고 평가해요. 제도가 어느 정도 만들어지면 나올 수 있는 장애인들은 다 나오려고 할 거예요. 탈시설의 가장 큰 쟁점 대상은 스스로의 의지로 나오기 어려운 최중증 발달장애인이에요. 정부는 그들이 시설 안 거주자의 18퍼센트를 차지한다면서 탈시설 대상으로 내놓지 않겠대요. 이들이 배제되지 않는 탈시설이 이뤄지려면 이들이 지역사회에서 살아갈 수 있도록 환경을 변화시켜야 해요. 그것이 바로 '누구도 남겨두지 마라' 전선이에요.

이 전쟁은 내 안에도 있어요. 장애계의 내전이기도 하고 박경석 개인의 내전이기도 하죠. 이 골치 아픈 존재들이 내 옆에 있다고 생각하면 나도 감당할 자신이 없어요. 갑자기 사람을 때리는 식의 돌발 행동에 따른 갈등과 사건 사고들이 반드시 있을 거예요. 지원하는 사람들도 괴롭고 힘들 게 충분히 예상이 돼요. 현재의 자원으로 과연 가능한 일인지, 왜 지금의 부족한 자원을 그들에게 먼저 줘야 하는지 같은 것들을 세밀하게 따지다 보면 어마어마한 가치 갈등이 생겨요.

말로는 누구도 배제되지 않는 세상을 만들어야 한다고 외치면서도 속으론 '아이고, 할 만큼 했잖아. 여기서 포기한다고 욕먹진 않을 거야. 어차피 20년 후면 나는 죽고 없을 텐데 이 정도면 적당하지 않아?' 이런 유혹에 시달릴 때가 많아요. 정부가 최중증 장애인들은 시설에 계속 가둬두겠다니, 사실 고마워해야 하잖아요. 그래서 내전인 거예요. 저의 요즘 가장 큰 고민이에요. 탈시설의 이 내전적 상태에서 어떻게 선명한 목표를 찾을 수 있을까.

마지막 부족민

돌아보면 태수와 홍수 형을 만났던 그때 아주 선명하게 길이 갈라졌던 것 같아요. 태수와 홍수 형은 장애해방이니 뭐니 하는 운동적 관계로 만난 게 아니라 술이 먹고 싶어서 따라다니다가 맺어진 관계였죠. 내가 가장 절실하고 사람이 그리웠을 때 그들이 내 옆에 있었어요. 두 사람과의 만남이 30년 후의 내가 어떤 사람이 될지를 결정하는 계기가 되었어요. 내가 했던 작은 결정과 선택들이 지나고 보니 핵심적인 결단이었죠. 스스로 원한 게 아니라 우연한 만남들이었지만요. '정자결의'라고 거창하게 이름 붙인 것일 뿐, 그냥 셋이서 술 마시면서 우리 평생 동지 하자고 얘기하는 자리는 얼마든지 많은데, 두 사람이 떠나게 되면서 그게 떠난 사람들과의 약속이 되어버렸고 그 약속을 지키려고 아등바등했던 것 같아요.

내가 의리 있는 사람이어서가 아니라 그냥 그렇게 겪게 되더라고요. 사소한 결정들부터 시작해서 전선을 꾸리는 것까지 이 모든 것들이 다 그런 우연한 만남과 관계 속에서 맺어지는 것이었어요. 태수는 죽을 때까지 '조직하라'고 했고 흥수 형은 '현장의 가난한 사람들에게 가라'고 했어요. 그 사람들 말이 맞고 동의한다 해서 내가 꼭 그렇게 살아야 할 이유는 없는데 두 사람이 죽어버렸다는 게 가장 컸어요. 장애인운동 안에도 주류들이 있는데 우린 아무도 알아주지 않는 변방의 장애인복지관 직업훈련소 출신이었죠. 부족민이 딱 세 명인 소수 부족이었는데 그중 두 명이 죽어서 내가 마지막 부족민이 되었어요.

흥수 형은 나한테 항상 말했어요. 너는 비장애인이었고 대학도 나왔고 아버지도 부자였으니 언젠가는 떠날 거라고, 지금은 우리랑 같이 있지만 더 좋은 조건이 생기면 우리를 배신할 거라고요. 술 한잔 얻어먹은 운명 때문에 그들과 함께하긴 했지만 수없이 피하고 싶었고 기회만 되면 누구보다 빨리 도망치려 했던 내 마음을 흥수 형은 알고 있었던 것 같아요. 도망쳐야 할 때 머뭇거리다 지금까지 끌려왔고 남게 된 것일지도 모르겠어요. 그렇지만 지난 시간은 그 인연들이 너무나 소중한 선물이라는 걸 깨달아가는 과정이기도 했어요.

2023년이면 흥수 형과 태수를 만난 지 35년이 돼요. 조선이 일제 식민치하에서 보낸 시간이네요. 이제 조선이 독립을 맞이하듯 해방감을 맛보면 좋겠어요. 식민지에 다름 아닌 이런 종속적 체계, 시혜와 동정으로 치장되고 있는 이 차별의 한 시대가 흘러가고 우리가 뿌린 씨앗들이 꽃으로 피면 좋겠어요. 그 본질을 가지고 전선을 만들고 싶어요. 그 본질은 바로 자본주의적 생산관계를 넘어선 새로운 관계예요. 그 씨앗은 바로 장애인, 그중에서도 최중증장애인에게 있죠. 이들이 전사예요. 존재 자체가 혁명적이죠. 그 혁명의 씨앗을 발견해내고 그 씨앗을 심고 그것이 싹 틀 수 있도록 지원하는 것이 활동가의 역할이라고 생각해요. 농부처럼요.

우리의 싸움은 앞으로 어떻게 될까. 그 씨앗들은 무엇이 될까. 나는 그게 참 궁금해요. 이 자리에서 전선을 구축하고 전쟁을 할 거예요. 탈시설, 권리 중심의 노동, 장애등급제 진짜 폐지, 장애인권리예산 등등 이런 것들을 탄도미사일처럼 하나씩 하나씩 세상을 향해 쏘아 보낼 거예요. 이후에 진보적 장애인운동을 하려고 하는 사람들이 이 전선을 놓치지 않으면 좋겠어요. 희망의 물리적 근거를 만드는 것이 매우 중요하다는 걸 잊지 않았으면 좋겠어요.

첫 번째 인터뷰가 너무 재미있었다. 한마디로 줄이자면 개김과 응징의 역사라고 할까. 경석은 장애인운동을 시작하기 전 스스로를 '엄마 말을 듣지 않아 장애인이 된 죄인'으로 여겼다고 무수히 말해왔는데 그 뜻을 이번에야 제대로 이해했다. 그건 그저 사고 당일 교회에 가자는 엄마의 손을 뿌리친 자신의 운명을 자조한 게 아니었다. 그의 인생 전반전 이야기를 듣는다면 누구든지 '세상에 뭐 이렇게 이상한 사람이 다 있지?' 싶어 물개 박수 치며 깔깔대다가도 한편으론 이런 청개구리 같은 아들 때문에 평생 가슴을 졸였을 '경석 엄마'를 떠올리며 숙연해질 수밖에 없는 것이다. 그런 어머니께 무척 죄송하게도 나는 '인터뷰 대박'을 예감하며 몹시 흡족해했다.

하지만 인터뷰란 것이 그렇게 잘 풀릴 리 없다. 두 번째 만났을 때 나는 경석에게 노들야학 이후 인생에서 중요한 사건들을 읊어달라고 했다. 경석은 이동권 투쟁, 활동지원서비스 투쟁, 탈시설 투쟁, 장애등급제 폐지 투쟁이라고 대답했다. 세상에, 하나도 안 궁금했다. 인터뷰는 한차례 대차게 흥한 뒤 곧바로 망하려는 중이었다.

"요즘 화두는 뭐예요?"

"최중증 발달장애인의 탈시설 문제, 어떻게 할 것인가."

"……"

"죽기 전에 이것만은 꼭 하고 싶다 하는 것이 있다면?"

"권리 중심 공공일자리 1만 개 쟁취!"

"……"

"아니, 개인적인 욕망 같은 거 없어요?"

"이게 다 내 개인적인 욕망이야. 권리 중심 공공일자리 1만 개 만드는 거."

"……"

대화는 수제비처럼 뚝뚝 끊어졌다. 모든 질문에 대한 그의 대답은 오로지 장애인운동을 향하고 있었고 그 이야기를 하고 싶어 죽겠다는 얼굴이었다. 하지만 그것은 내가 결코 원치 않는 방향인 데다 일단 시작하면 한나절도 모자란 것이었다. 나는 장애인운동사를 들으려는 게 아니라 박경석의 역사를 들으려는 거였다. 그런데 경석의 인생 후반전엔 개인적 공간이라는 게 아예 없는 것 같았다. 사람이 어떻게 이렇게 변하지? 엄마와 학교, 군대의 통제를 미꾸라지처럼 빠져 달아나던 자유로운 영혼의 소유자, 개인적 욕망에 충실하던 낭만주의자가 어쩌다 이런 조직주의자가 되었나. 나는 어떻게든 이 망해가는 인터뷰를 살려야 했다.

"그런 거 말고…… 뭐 재미있는 이야기 없으세요?"

천장을 향해 한숨을 쉬었다가 책상에 머리를 박았다가 하는 나를 보며 경석이 입을 쭉 내민 채 시무룩하게 말했다.

"첫사랑 이야기 같은 거 해야 돼? 난 그런 거 재미없는데……"

저녁 일곱 시에 시작한 인터뷰가 자정을 넘어가는데도 대화는 계속 헛돌기만 하는 느낌이었다. 무슨 얘길 해도 자꾸만 재미없다고 말하는 진상 인터뷰어에게 다섯 시간을 시달린 경석은 5

년쯤은 더 늙어 보였고 집으로 돌아갈 땐 비 맞은 강아지 같은 얼굴로 쓸쓸하게 말했다.

"생각해보니까 한 번도 휴가를 쓴 적이 없어. 나는 왜 그렇게 재미없게 살았을까?"

집으로 돌아와 밤새 '이불킥'을 했다. 인터뷰를 하는 사람으로서 절대 하면 안 되는 일을 가지가지로 하고 돌아온 밤이었다. 경석이 하고 싶은 말을 죄다 가로막고 내가 듣고 싶은 것만 집요하게 물고 늘어지다 끝내 원하는 것을 얻지 못하자 남의 귀한 인생에다가 "사람들은 그런 얘기 재미없어 해요!" 칼침을 놓는 만행까지 저지른 것이다. 생각할수록 낯이 뜨거워 새벽에 사과의 문자를 보냈다. 그리고 이 운동의 역사가 그의 인생이라는 것을, 나에겐 재미없는 그것이 그에겐 세상 무엇보다 재미있는 일이라는 사실을 받아들였다.

세 번째 인터뷰는 2021년 10월의 어느 대체휴일에 노들야학에서 했다. 휴일이 아니면 긴 시간을 낼 수 없다는 그의 달력엔 다음 날 하루에만 무려 열다섯 개의 일정이 적혀 있었다. 나는 지난번의 무례를 사죄하는 마음으로 한껏 정중하게 말했다.

"오늘은 교장 선생님이 하고 싶은 이야기 마음껏 하세요. 이동권 투쟁부터 시작할까요?"

경석은 진지하고 신나게 이야기를 시작했다. 이동권 투쟁에서 출발한 이야기는 활동지원서비스를 건너 탈시설 권리를 딛고 장애등급제 폐지를 통과해 최중증장애인의 노동권에 이르렀다. 세 시간이 빠르게 흘렀다. 마지막까지 경석은 자신이 꿈꾸는 혁명과 준비 중인 전쟁에 대해 지치지 않고 설명했다. 놀랍게도…… 그것은 아주 재미있는 이야기였다! 귀는 활짝 열어두고 입은 꽉 다문 채 시종 잘 들으려고 애를 쓰는 착한 인터뷰어만 맛볼 수 있는 그런 유기농 비건빵 같은 건강한 재미. 전사들은 콧줄을 낀 최중증장애인이고, 무기는 발달장애인들이 제멋대로 추는 춤과 알아듣기 힘든 노래, 전선의 이름은 '누구도 남겨두지 마라'였다. 그런 괴상한 전장을 상상하니 왜인지 흐뭇해서 비실비실 웃음이 나왔다.

긴 이야기 끝에 그가 '이 싸움이 향하는 것은 자본주의'라고 말했을 때 나는 문득 여기가 사파티스타 민족해방군의 근거지인 멕시코 치아파스 같다고 생각했다. 1994년 멕시코 치아파스주의 라칸돈 밀림에서 검은 스키 마스크를 뒤집어쓴 채 말을 타고 총을 든 사람들이 세상 속으로 달려 나왔다. 굶주림에 허덕이는 자신들의 권리를 되찾기 위해 무장봉기한 원주민들이었다. 새장 속에 갇힌 새가 되어버린 북아메리카 원주민처럼 되지 않기 위해 저항을 선택한 그들은 원주민을 차별하는 멕시코 사회의 구조적 모순에 저항하고 인간의 삶을 한 가지 질서로 몰아가는 신자유주의에 맞서 투쟁했다.

그들은 이렇게 말했다. "우리가 무기를 든 이유는 세상을 정복하려는 것이 아니라 새로운 세상을 제안하려는 것이다." 사파티스타의 존재를 알게 된 건 20년 전 노들야학을 처음 만났을 때였고 나는 아직도 그들이 했던 아름다운 말들을 가슴에 품고 산다. 인터뷰를 하고 있는 이곳은 분명 내가 오랫동안 일했던 노들야학인데 나는 마치 먼 이국에서 싸우는 사람들의 진지 안에 들어와 있다는 이상한 기분에 휩싸여서 야학 교실을 눈으로 둘러보았다. 내 앞에는 20년째 이 싸움을 지휘하고 있는 야전사령관이 앉아 있었다. 그는 이 삭막한 세상에서 여전히 혁명을 꿈꾸는 낭만주의자처럼 보였다.

이야기를 마치고 교실을 나설 때 경석은 놀이터에서 힘껏 뛰어논 뒤 집으로 돌아가는 어린아이처럼 만족스러운 얼굴이었다. 늦은 밤까지 클래식 기타를 치고 집으로 돌아오던 열아홉 살의 경석이도 그런 얼굴이었을 거라고 나는 생각했다. 나는 그가 전혀 변하지 않았음을 깨달았다. 지금 당장 담을 넘으면 곧바로 신나고 재미있는 세계가 펼쳐진다는 걸 아는 열아홉 살의 박경석처럼 예순둘의 경석에게 혁명은 꿈이 아니라 눈앞에서 매일 일어나고 있는 현실이었다. 최중증 발달장애인들이 거리에 나와 춤추고 노래하고 싸울 수 있는 것이 바로 혁명이니까.

장애를 입은 후 그의 삶은 온통 변했지만 삶을 대하는 그의 태도는 아무것도 변하지 않았다. 바뀐 건 방향이었다. 억압과 통제가 싫어서 제도 바깥으로 끊임없이 달아나던 그는 이제 방향을 바꿔 제도 안으로 난입한다. 선로로 내려가 지하철을 막고 도로로 뛰어들어 버스를 세운다. 세상 속으로 불청객처럼 들이닥친다. 전반전의 생존 기술이 담치기였다면 후반전의 그것은 점거와 농성이다. 경석은 그런 방식으로 많은 제도들을 만들어왔지만 그가 정말로 원하는 건 제도 안의 한자리가 아니라 해적처럼 경계를 마구 넘나드는 것, 경계를 무너뜨리고 지우는 것이다. 그는 여전히 친구와 음악과 바다와 하늘의 그 경계 없는 자유를 사랑하는 낭만주의자였다.

살면서 제일 잘한 선택 세 가지를 꼽아보라고 하자 경석은 노들야학을 선택한 것, 현장 투쟁의 노선을 버린 조직(전국장애인한가족협회)과 단절한 것, 그리고 정치의 기회를 포기한 것이라고 대답했다. 셋 중 하나엔 당연히 이동권 투쟁을 시작한 일이나 전장연을 조직한 일이 들어갈 줄 알았는데 그렇지 않다는 것이 의외였다. 그리고 그 자리에 '정치를 하지 않은 것'이 들어간 것은 더 의외였다. 의아해하는 나를 보며 경석이 "정치 안 하길 잘했지"라고 말하지 않고 "나도 정치하고 싶었어"라고 말했을 때 나는 마치 엄마의 젊은 시절 꿈이라도 들은 것처럼 멍해졌다. 그가 생각보다 야심가여서 놀란 게 아니라, 그를 잘 안다고 생각했던 내가 그에게 그런 욕망이 있었다는 걸 몰랐다는 게 놀라웠다.

짐작이 어긋났기 때문에 나는 내가 던진 질문을 다시 보았다. 그제야 내가 물은 것이 '잘한 일'이 아니라 '잘한 선택'이었음을 깨달았고, 선택이란 둘 중 하나를 고르는 게 아니라 다른 하나를 버리는 일이라는 사실이 함께 떠올랐다. 그러니까 잘한 선택이란 무언가 매우 버리기 아까운 것을 그가 오랫동안 손에 쥐고 갈등했다는 뜻이었다. 거기에 생각이 이르자 대수롭지 않게 지나쳐버렸던 그의 첫 번째 선택이 다시 눈에 들어왔다. 노들야학 말이다. 이것을 선택하면서 경석이 버렸던 것, 아니 버리기 힘들었던 그건 무엇일까. 나는 갑자기 그가 살아오면서 버리기로 한 것들이 궁금해졌다. 내가 그의 인생에서 중요한 일들일 거라고 짐작했던 것들은 모두 그 포기와 연결된 것이었다.

장애를 입고 5년간 무덤 속의 시체 같은 시간을 보낸 경석은 다시 살아야겠다는 마음으로 복지관 직업훈련 과정에 들어갔다. '어머니 말을 듣지 않은 죄로 장애인이 되었다'고 여긴 경석에게 장애란 철저히 지난 삶을 회개하고 피나는 노력을 통해 극복해야 할 문제였다. 경석은 거기서 장애를 다르게 바라보는 태수와 흥수를 만났다. 그들은 장애인이 비참하게 살아가는 것은 자본주의가 장애인을 사회 바깥으로 내몰기 때문이라고 말하면서 장애인이 주체가 되어 세상을 변혁해야 한다고 설파했다. 경석은 그 말을 머리로는 이해했지만 진심으로 믿지는 않았다.

가난한 운동가보다 폼 나는 사회복지 전문가로 살고 싶었던 경석은 대학생이 되었고 좋은 성적이라든가 안정된 직장, 상급자의 인정 같은 것들을 얻기 위해 분투했다. 다치기 전의 경석이 전혀 욕심내지 않았던 것들을 장애인 경석은 악착같이 붙들려고 노력했다. 그것이 장애를 입은 후 그가 잃어버린 삶을 조금이라도 회복하는 길이었다. 하지만 그 세계는 경석을 밀어내고 발로 걷어차버렸다. 장애인고용촉진공단도, 장애인 직업훈련소도, 장애인복지관도 장애인 박경석을 동료로 받아주지 않았다. 절망한 그에게 다가온 이들이 바로 노들야학과 '나쁜 장애인'들이었다. 경석은 그들과 어울리며 거리에서 싸우는 희열을 알아갔다.

그 후 복지관에 취직해 일하던 어느 날 그는 직장과 야학 중 하나를 선택해야 할 기로에 놓였다. 갈등하던 그는 좋은 벗들과 데모하는 가난하지만 가치 있는 삶을 선택했다. 경석은 그것이 매우 어려운 결단이었다고 말했지만 나는 그 말을 믿지 않았던 것 같다. 박경석만큼 노는 걸 좋아하고 데모에 진심인 사람을 본 적이 없기 때문이었다. 하지만 긴 인터뷰를 마친 후 그의 생애 위에서 그 말을 곱씹으니, 그가 버리기로 한 것이 단순히 돈이나 안정적인 삶이 아니라 그 이상의 무언가라는 생각이 들었다.

그는 복지관 직업훈련생 시절에도, 대학생 시절에도, 언제나 자신이 열심히 노력했던 이유가 '어머니에게 취업 선물을 드리기 위해서'라고 했다. 다니던 직장을 포기하기 어려웠던 이유도 '어머니를 실망시키고 싶지 않아서'였고, 자살하는 법을 찾기 위해 교회에 가기 시작한 것도 '집에서 죽으면 어머니가 슬퍼할 테니까'였다. 그 시절 그는 마치 어머니를 기쁘게 하는 것이 삶의 가장 중요한 목표인 사람처럼 살았다. 시퍼런 청춘의 시간을 방구석에 누워서 보낸 자신과 그 곁을 지키며 아들의 마비된 다리를 주무르며 매일 눈물로 기도하던 어머니…… 세상에 오직 둘밖에 없었던 그 시간 동안 경석은 뼈저리게 후회했던 것이다.

'그때 교회에 갔더라면, 그때 행글라이딩을 안 했더라면, 남들처럼 성실했더라면, 더 조심했더라면, 착하게 살았더라면, 어머니 말을 잘 들었더라면, 그랬다면 이 고통을 피할 수 있지 않았을까…… 그랬다면 어머니에게 이런 고통을 안 주지 않았을까……'

경석은 두 사람의 고통에 자신의 책임이 있다고 믿었다. 그렇지만 경석이 직장이 아니라 야학을, 그러니까 어머니의 기쁨이 아니라 자신의 기쁨을 선택하고 어머니에게 죄송하다고 말씀드린 순간은 장애인의 열악한 삶은 우리 자신의 탓이 아니라던 태수와 흥수의 말을 머리가 아니라 마음으로, 삶으로 받아들인 순간인지도 모른다. 하지만 그 순간이 정말로 중요한 건, 그때가 바로 그가 '엄마 말 안 듣던' 예전의 경석으로 돌아가기로 한 순간이기 때문이다.

사실 그는 야학 사람들과 술 마시고 노래 부르던 그 무수한 하루하루 동안 밤새 기타 치고 다음 날 학교엔 지각하던 꼴통 박경석으로 조금씩 돌아가고 있었다. 야학의 운영비를 마련하기 위해 사람들에게 일일이 전화해 일일호프 티켓을 사달라고 조르고는 장부를 꼼꼼히 정리할 때마다 그는 교복 집을 돌며 실을 팔아 용돈을 쓰던 장사꾼의 아들로 조금씩 돌아가고 있었다. 현장 투쟁 노선을 버린 조직이 내로라하는 정치인들을 초대해 축하연을 벌이던 날, 불청객처럼 나타나 찬물을 끼얹고 돌아 나왔을 때도 경석은 예전의 자기 자신으로 성큼 돌아갔다. 상급자에게 개겨서 턱뼈가 두 번 부서진 고문관 박경석으로.

나는 삶이란 것이 일직선의 화살표처럼 생긴 거라고 생각했다. 싸우는 인간의 탄생이란 문제를 깨닫고 서서히 변해가던 사람이 어떤 계기를 만나 폭발적으로 변신하고 전진하는 순간이라고. 그런데 경석을 보면서 그것은 한 인간이 자기 자신으로 다시 돌아가기로 하는 순간이라는 걸 깨달았다. 변신하는 순간이 아니라 변신하지 않기로 하는 순간, 그러니까 아무것도 뉘우치지 않기로 결심하는 순간. 그리하여 2001년 그가 선로를 점거하고 지하철을 가로막으면서 등장한 그 순간은 마치 개인적 욕망에 충실하던 한 사람이 사회적 정의에 눈뜨고 저항하는 인간으로 변신하는 것처럼 보이지만 실은 엄마 말 안 듣던 그 꼴통 경석이가 세상으로 다시 돌아왔음을 알리는 신호탄이었다.

'빵-' 하는 지하철 경적 소리와 함께 후반전이 재개되기까지, 1983년 불의의 사고로 장애를 입고 모든 것이 변해버렸던 그가 본래의 자기 자신으로 돌아오는 데까지 걸린 시간은 18년이었다. 그것은 이 모든 고통은 장애인의 탓이 아니라 사회 탓이라고, 자본주의가 장애인을 이 사회 바깥으로 내몰기 때문이라고, 그러니 장애인이 주체가 되어 세상을 변혁해야 한다는 태수와 흥수의 말을 경석이 진심으로 믿기까지 걸린 시간일지도 모른다.

운동은 삶을
구할 수 있을까

어느 해인가 광화문광장에서 큰 집회가 열렸던 날이었다. 대로변에서 조금 떨어진 곳에서 대구에서 막 도착한 활동가들이 버스에서 내리는 광경을 보았다. 관광버스를 대절해 온 것이었는데 버스만 온 게 아니라 대형 트럭도 함께 왔다. 트럭이 열리자 검은색 전동휠체어들이 그 모습을 드러냈다. 연식도, 스타일도, 기능도, 매달린 짐들도 모두 다른 휠체어들이었다. 남성 활동가들이 목장갑을 끼고 트럭 위로 가볍게 올라가 육중한 무게의 휠체어를 노련하게 내리기 시작하자, 버스 안에서 이제 막 잠에서 깬 사람들은 뒷머리가 좀 눌린 채 창밖으로 자신의 휠체어가 무사히 도착한 걸 눈으로 확인했다.

잠시 후 트럭에서 내려진 전동휠체어와 버스에서 업혀 내려온 사람들이 땅 위에서 착착착착 합체되기 시작했다. 모두의 손발이 척척척척 맞는 것이 한두 번 해본 솜씨가 아니었다. 많을 땐

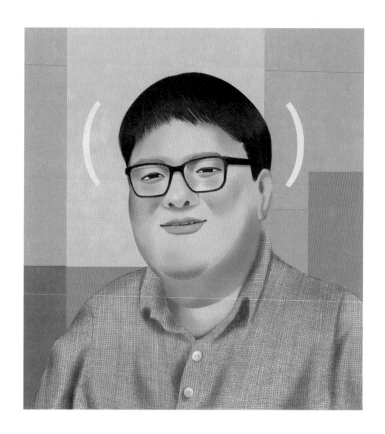

노금호 일러스트. 회색 셔츠를 입고 안경을 쓴 채
미소 짓고 있다. 그의 얼굴 양옆을 노란색 괄호가
감싸고 있다. 그는 10대 시절 자신이 어디에도
자신의 울타리가 없다는 의미에서 '괄호 밖 존재'로
느껴졌다고 이야기한다.

그렇게 100명도 넘게 온댔다. 나는 이 엄청난 풍경을 사진으로 찍어두었다. 트럭 위에서 모든 상황을 총괄하고 있는 활동가 민제도 지금 자신이 멋져 보인다는 걸 알고 있는 게 분명했다. 그가 무대 위의 배우라면 가슴을 두드리며 이런 대사를 읊을 것이다.

"이 정도는 돼야 장애인운동 좀 한다고 말할 수 있는 거 아닙니까."

안겨 내려올 땐 조그맣고 수동적으로 보이던 사람들이 자신의 휠체어에 앉자마자 시끄럽고 주체적인 인간으로 변신하는 모습은 봐도 봐도 재미있다. 나는 연신 감탄하며 이것이 장애인운동 제5절경쯤 된다고 생각했다. 그들 사이로 한 활동가가 구호가 적힌 조끼를 입혀주면서 돌아다녔다. 착착착착 사람들이 전사가 되고 누군가 주섬주섬 깃발을 꺼내 낚싯대에 묶었다. 대구사람장애인자립생활센터, 대구장애인지역공동체, 대구장애인차별철폐연대 등의 깃발이 하나둘씩 올라갔다. 그들은 서울 사람들의 열렬한 환영을 받으며 광장으로 들어왔다. 서울에서 큰 투쟁이 벌어질 때마다 어김없이 나타나는 이 전사들에겐 뭔가 특별한 아우라가 있는데 아마도 그런 걸 '기세'라고 부르지 않을까 싶다. 그리고 이들의 한가운데엔 언제나 독보적인 존재감을 내뿜는 노금호가 있었다.

2006년 서울에서 시작된 활동지원서비스 제도화 투쟁은 전국으로 확산되었고 투쟁하는 지역마다 승리를 거두었다. 지방정부가 활동지원서비스 제도화를 앞다퉈 약속하자 중앙정부가 이 흐름을 거부할 수 없게 되었고, 이듬해 활동지원서비스는 전국적으로 시행되기에 이르렀다. 이 운동이 전국으로 확산된 데는 대구의 힘이 컸다. 서울에서 활활 타오른 투쟁의 불꽃을 이어받아 대구에서 다시 불을 지핀 사람이 바로 노금호와 그의 친구들이었다. 그들은 대구대학교 장애인권 동아리 '레츠'를 중심으로 뭉친 장애·비장애 청년들이었다. 일도 잘하고 싸움도 잘하는데 심지어 랩도 잘했던 그 빛나는 청춘들은 대학 기숙사 시절부터 '함께 살기'에 단련된 삶과 투쟁의 공동체였다. 그들은 대학 졸업 후 대구 지역에 진출해 진보적 장애인운동의 공간을 스스로 개척하면서 활동해왔다.

2005년 대구사람장애인자립생활센터를 설립하고 센터장이 된 노금호는 2006년 대구 지역에서 활동지원서비스 제도화 투쟁을 이끌었고 대구장애인차별철폐연대를 조직해 집행위원장을 맡았다. 그의 나이 스물다섯이었다. 이들이 활동을 시작한 2006년 이후 10년 동안 대구시 장애인 예산은 여섯 배 늘었다. 이들은 2016년 대구시립희망원에서 수백 명의 장애인들이 소리 없이 죽어갔을 때 줄기차게 싸우며 시설을 폐쇄시키고 장애인들을 탈시설시켰다. 코로나가 대구에서 기하급수적으로 확산되던 2020년 장애인 확진자와 자가격리자에 대한 정부 지원 대책이 전혀 없음을 알리며 재난 시 사회적 돌봄 시스템을 마련하라고 촉구한 것도 이들이다.

박경석 전국장애인차별철폐연대 대표는 대구라는 어마어마하게 보수적인 동네에서 이들이 만든 역사는 너무나 대단한 것이라며 대구 활동가들이 전국에서 제일 잘 싸우고 서울 활동가들보다도 더 잘 싸우는 사람들이라고 말했다. "와, 대구는 어떻게 그렇게 잘 싸우게 되었는데요?" 하고 묻자 박경석이 대답했다.

"노금호가 있었으니까."

한 사람의 선택과 결단이 얼마나 많은 걸 바꿀 수 있는지 보여주는 상징이 바로 노금호라고 박경석이 말했다.

"그가 없었다면 대구 지역 장애인운동은 지금처럼 확장되지 않았을 거야. 중요한 건 성과의 크고 작음이 아니라 대중의 물리적인 힘을 조직해서 권리로서 쟁취하는 방식이지. 그건 시혜적으로 받는 것과 아주 다른 거야."

나는 물었다.

"우와. 금호는 어떻게 그걸 할 수 있었는데요?"

박경석이 대답했다.

"금호는 전망을 볼 수 있었어. 전선이 어딘지를 이해했고 이렇게 싸워야지만 변화가 있을 거라는 걸 이해했어. 이해만 한 게 아니라 죽자 사자 사람들을 조직하고 실천했지. 자신감이 없으면 투쟁하기보다 협상을 하려 드는데 금호와 그 친구들은 규모는 작아도 자신감이 있었어."

금호와 그 친구들은 나보다 서너 살쯤 어렸는데 나에게 그들은 동경의 대상이었다. 이끌어줄 선배가 없었다는 게 그들의 가장 멋진 점이었다. 보수적인 땅에 깃발을 꽂고 그 지역에서 먼저 활동해온 선배들과는 다른 더 낮고 더 급진적인 운동을 개척해온 그들에겐 단단한 자부심과 동지애가 흘렀다. 나는 사심을 담아 일찌감치 금호를 인터뷰 목록에 올려두었다. 하지만 순서로는 가장 뒤로 미뤄두었는데 이유는 금호가 다른 구술자들에 비해 타의 추종을 불허하게 젊었기 때문이다. 하지만 어느 날 그가 페이스 북에 쓴 글을 본 뒤 갑자기 순서를 앞당기게 되었다.

"최근 지병인 근이영양증 진행이 갑자기 빨라졌다. 연초부터 몸의 이상 조짐을 느꼈지만 돌아볼 여유도 없이 코로나라는 직격탄을 맞았고 그 여파로 파생된 사회와 조직의 양면성과 밑바닥을 바라보며 정신적 충격을 받고 휘청였다. 아무리 싸워도 차별은 공고하여 무력감에 휩싸이고, 생존을 지켜줄 제도는 오히려 후퇴하고 있다. 코로나라는 재난을 겪으며 우리 사회와 운동 조직이 나 같은 중증장애인을 돌볼 능력이 없음을 확인하니 생존에 대한 근원적 공포가 엄습해왔다. 하루만이라도 신체적·정신적 고통 없이 자유로이 살고 싶다. 하루를 견뎌내는 것이 아니라 하루를 살아보고 싶다. 오늘도 수면제가 듣지 않는다."

마음이 무거웠다. 다른 때였다면 한숨을 쉬는 것 외에 할 수 있는 게 없었겠지만 그때의 나는 할 수 있는 게 하나 있었다. 금호에게 전화해서 "우리 인터뷰할까요?" 하고 제안한 것이다. 금호는 좀 망설였다.

"말을 하는 게 어쩌면 조금은 도움이 될지도 모르잖아요."

나는 그를 설득했고 금호는 나의 성의를 생각해 적극적으로 거절하지 못했다. (이후 세 번의 인터뷰를 마쳤을 때 나는 내가 한 말을 오래오래 후회했다. 진통제도 듣지 않을 만큼 극심한 통증에 몸부림치는 사람에게 이깟 인터뷰가 뭐라고 도움이 될 거라 생각했던 걸까. 그의 상황은 내가 생각했던 것보다 훨씬 고통스러웠고 무거웠다.)

첫 번째 인터뷰가 며칠 앞으로 다가왔을 때 금호에게서 연락이 왔다. 채식을 하는 내가 무엇을 먹고 무엇은 먹지 않는지 확인하려는 것이었다. 전동휠체어를 탄 금호와 채식을 하는 내가 함께 저녁을 먹을 수 있는 식당을 찾는 것은 하늘에 별 따기만큼 어려울 것이므로 나는 아무 식당이나 괜찮으니 신경 쓰지 말라고 진심으로 말했다. '어디든 흰밥에 김치는 있겠지' 속으로 생각하면서. 며칠 후 금호는 시내에 휠체어가 들어갈 수 있는 비건 식당을 찾았다며 기뻐했다.

인터뷰를 마친 후 식당으로 출발할 때 그는 커다랗고 무거운 가방 하나를 챙겼다. 휴대용 경사로였다. 가로가 1미터, 세로가 40센티미터쯤 되는 그것을 그는 마치 우산을 챙기듯 아무렇지 않게 휠체어에 걸었다. (비장애인으로 치자면 자신이 디딜 계단을 휴대하는 것이다.) 알고 보니 계단이 세 개 있는 식당이었다. 금호는 미리 답사까지 다녀온 것이었다. 결과부터 말하자면 경사로를 놓더라도 몹시 접근성이 나쁜 식당이었다. 오직 나를 환대해주려고 이 불편함을 감수하는 금호에게 너무 고맙고 미안해서 다음부턴 절대 그럴 필요 없다고 연신 강조했다. 그러자 금호가 말했다.

"일상에 제약이 많이 생기는 게 어떤 건지 잘 압니다. 멀리서 오셨는데 저녁 정도는 편히 드셔야죠. 신념을 지켜주는 게 '찐 친구' 아닙니까. 껄껄껄껄."

그 와중에 나는 금호가 '취향'이 아니라 '신념'이라고 말해줘서 감격했고 나를 '찐 친구'라고 불러줘서 너무 신이 나고 말았다. 그리하여 나를 신경 쓰지 말라던 직전의 입장을 순식간에 철회하고 한국에서 비건(동물에 대한 착취와 폭력에 반대해 동물성 식품을 먹지 않는 사람)으로 살아가는 데 얼마나 제약이 많은지에 관해 정신없이 떠들기 시작했다.

"어떤 비건은 눈앞에 먹을 수 있는 게 있을 때 배가 안 고파도 일단 막 먹어둔대요. 다음 끼니를 못 먹을지도 모르니까요. 또 어떤 비건은 먹을 게 있어도 굶는 연습을 한대요. 언제든 그런 상황이 닥칠 때를 대비하려고요. 재미있죠! 장애로 인한 제약과 뭔가 비슷하지 않아요?"

금호도 떠오르는 일이 있다면서 이야기를 시작했다.

"대학 졸업하고 사회에 나와 활동하려고 준비할 때였어요. 그땐 활동지원서비스가 없던 시절이니까 운동을 하려면 제 생활을 지원하면서 함께 활동할 비장애인 동료가 꼭 필요했어요. 처음엔 의기투합해서 시작했는데 언젠가부터 삐거덕거려서 저 혼자 덩그러니 집에 남는 일이 자주 생겼어요. 그때 가장 힘든 게 물 먹는 거였어요. 끼니는 배달 음식을 시켜 먹으면서 근근이 해결했지만 물이 떨어지면 해결하기가 어려웠어요. 배달 음식에 따라오는 콜라를 남겨서 쟁여두는 습관이 생겼어요. 그걸 손에 닿는 곳에 두고 갈증 날 때마다 먹었죠. 그랬더니 얼마 안 가서 요로결석이 오더라고요. 의사 말이 그 통증이 산통과 비슷한 수준이래요. 일상적인 건강 관리가 안 되니 살도 급격히 찌고 근육 손실도 빨리 진행되면서 그나마 혼자서 할 수 있던 동작들을 더 못하게 되었어요. 껄껄껄껄."

나는 그때 우리 사이에 오고 간 '제약'에 관한 대화가 몹시 즐거우면서도 두 제약이 얼마나 다른가를 깨닫고 정신이 좀 아득해졌다. 한쪽은 제 의지로 선택한 일이었고 한쪽은 의지와 상관없이 제 존재가 버려진 일이었다. 지금은 웃으면서 말할 수 있지만 그 일은 정말로 가슴 아픈 상처였다고 금호가 말했다. 가난한 청춘들이 열정과 헌신으로 만들어온 그 운동의 역사엔 그런 말 못할 아픔들이 켜켜이 쌓였을 것이다. 금호는 내 덕에 비건 식당에 처음 와봤다며 음식 하나하나를 천천히 음미하면서 먹었다. 나는 금호를 보면서 이렇게 꼼꼼하고 섬세한 사람이 그토록 제약 많은 삶을 사느라 얼마나 괴로웠을까를 생각하다가 금세, 이토록 제약 많은 삶을 살아온 사람이 어떻게 그런 커다란 운동을 만들 수 있었을까 생각했다.

기도원에서 보낸 유년 시절

1982년 경북 포항에서 태어났어요. 어렸을 땐 인물이 좋아서 동네 사람들한테 예쁨을 많이 받았대요. 어머니 말씀으로는 떼쟁이였다네요. 두 살 위에 형이 있었는데 아홉 살 때 교통사고로 죽었어요. 형이 뭔가 사달라고 할 때 형편 때문에 제대로 해주지 못한 게 부모님 마음의 한이라고 하셨어요. 나는 그게 꼭 나 때문인 것 같아 마음에 걸려요. 네 살 때 근이영양증 진단을 받았어요. 그 시절엔 근육병을 통칭해서 루게릭이라고 했어요. 희귀난치성 질환은 병원에서도 잘 몰라요. 근육이 퇴화하는 속도가 빠르고 특별한 치료제가 없어서 스무 살이 되기 전에 죽는다고 의사가 말했대요. 부모님이 큰 충격을 받으셨는데 저한테는 차마 이야기를 못하시다가 제가 스무 살이 넘었을 때 말씀하시더라고요.

부모님이 독실한 기독교 신자여서 신앙의 힘으로 고쳐보려고 노력하셨어요. 일곱 살 때 경기도 포천의 기도원에 용한 원장이 있다는 말을 듣고 저를 데려가셨어요. 원장이 '안수'라는 의식을 해요. 영적으로 문제가 있다고 하면서 손톱으로 환부를 마구할퀴죠. 암 걸린 사람의 환부에 혹이 있는데 그걸 핀셋으로 꺼내요. 수천 명 앞에서 공개적으로 퍼포먼스를 하는 거예요. 불법 의료 행위인데 당시엔 문제없이 행해졌어요. 그걸 믿을 수밖에 없었던 게 굉장히 아팠던 분이 몸이 좋아져서 나가는 걸 제 눈으로 확인했어요. 제 경우엔 원장이 등을 할퀴었는데 아직도 그 상처가 커다랗게 남아 있어요. 군중심리인지 모르겠는데 그땐 정말몸이 나아진 것 같아서 막 뛰어다녔어요. 내가 강당을 뛰는 영상이 10년 전까지만 해도 그 기도원 홈페이지에 올라가 있었어요.

안수 기도가 끝난 후에 어머니한테 몸이 좋아진 것 같지만다 나은 건 아니니까 여기 더 있겠다고 했어요. 그때부터 기도원에서 지내게 됐어요. 기도원엔 300명 정도의 어린이들이 살았어요. 모두 아프거나 장애가 있는 아이들이었죠. 단과대학 건물 정도의 규모였고 방마다 열 명 정도의 아이들이 함께 지냈어요. 그중 보행이 가능하고 인지력이 있는 아이들을 학교에 보내줬어요. 그 수가 많지는 않았고 열댓 명 정도 됐어요. 그중 저 혼자 성적

우수상을 받았어요. 말도 곧잘 해서 행사 있으면 앞에 나가서 선서하고 상을 받았어요. 연극 공연하면 주인공도 맡고요. 매주 부흥회를 하면 신도가 몇천 명씩 오는 곳이라 기도원으로선 내세워 홍보하기 좋은 아이였던 것 같아요.

기도원에서의 기억이 그리 나쁘지 않아요. 그 시절에 하기 어려운 경험들을 많이 했어요. 다 같이 비행기 타고 제주도에 놀러 가고 미군 부대에도 갔어요. 전국을 다니면서 공연도 했죠. 선생님들이 계셨는데 꽤 헌신적이었어요. 나중에 그 기도원이 원장의 불법 의료 행위 때문에 〈그것이 알고 싶다〉에 나오긴 했지만 그런 것 외엔 썩 나쁘진 않았어요. 물론 학교에선 무시당하는 일도 있었고 집단생활의 병폐도 있었지만 장애인운동에서 비판하는 그런 전형적인 시설의 모습은 아니었던 것 같아요.

제 삶만 놓고 봤을 땐 기도원에서 보낸 그 시간이 부모에게 예속되지 않을 수 있는 힘을 길러줬어요. 시설에선 해야 할 몫만 하면 간섭하지 않았고 그 안에서 자존감이 크게 훼손되지도 않았어요. 아버지가 전형적인 경상도 아버지라 엄하고 무서웠는데 성장기에 떨어져 지내다 보니 그 힘에 짓눌리지 않을 수 있었죠. 부모님 두 분 다 훌륭하신 분들이고 저를 위해 존경스러울 만큼 노력하셨지만 부모 자식 관계 안에서는 의도와 달리 상처를 주고받으니까요.

괄호 밖의 존재

5학년쯤 되었을 때 뭔가 이상하다는 느낌을 받았어요. 부모님하고 떨어져 지내는 것도 이상하고 장애가 치료되는 것 같지도 않고요. 생각하는 힘이 생긴 거죠. 다시 포항 집으로 돌아왔어요. 그후엔 뭐랄까, 전반적으로 안 좋아졌어요. 집에 왔는데 숨이 막혔어요. 아버지가 군인이셨는데 아우라가 있어요. 저를 재활시키려고 짜놓은 틀이 있었어요. 제가 또래보다 키가 크고 덩치가 있었는데 살이 찌면 안 된다고 먹는 것도 관리하고 계속 걷게 하셨어요. 학교 끝나면 아버지하고 동네 산에 올라갔다 내려왔어요. 아침엔 일찍 일어나야 하고 공부도 잘해야 하고 뭐든 최선을 다해야 한다고 생각하시는데 그 기대에 제가 충족이 안 됐던 거죠. 한없이 잘해주시다가도 아버지 뜻대로 따르지 않으면 제가 감당할 수 없게 혼을 내셨어요.

전학 와서 친구도 없고 바뀐 환경에 적응하느라 몸도 마음도 힘든 상황에서 아무리 노력해도 몸이 개선되지 않아서 너무 괴로웠어요. 장애는 빠르게 진행되었어요. 중학교 2학년 때까지는 힘들긴 해도 자전거를 탈 수 있었는데 3학년이 되어선 걷는 것도 버거워졌어요. 목사들은 안수 기도 할 때 나에게 믿음이 부족하다고 말했어요. 성경의 주요 내용은 약자들이 차별당할 때 예수가 그들을 위해 말하고 저항한다는 것인데, 저는 반대로 교회에 갈 때마다 소외감을 느꼈어요. 이미 또래 문화가 형성되어 있으니까 잘 끼지 못했죠. 기도원에 있을 땐 내가 제일 나은 편이었는데 거기선 제일 후진 것 같았어요. 이동도 자유롭지 않으니 모임에도 나가기 어렵고요. 그런데도 목사들은 기적에 대한 얘기만 하니까 점점 지쳐갔던 것 같아요.

포항은 입시 경쟁이 치열한 동네예요. 제가 들어간 고등학교는 우열반을 나누는 곳이었는데 저는 우등반이었어요. 걷는 게 힘들었기 때문에 내내 아버지가 자동차로 등하교를 도와주셨어요. 제가 배정받은 교실은 4층이었어요. 중학교 때까지는 꾸역꾸역 벽에 기대 계단을 올라갈 수 있었는데 고등학교 때는 그것조차 할 수 없게 되었죠. 부모님이 학교 측에 제가 배정받은 학급 교실을 3층으로 바꿔달라고 건의하셨는데 우등반 다른 학생들의 공부에 방해가 되어선 안 된다는 괴상한 논리로 받아들여지지 않았어요.

결국 아버지는 군인 정신으로 키가 180센티미터인 거구의 아들을 매일 4층까지 업어서 올리셨어요. 화장실은 반층 아래 있어서 계단을 열 개 정도 내려가야 했어요. 등교하고 나면 하교할 때까지 최대한 화장실을 안 가도록 웬만하면 참았어요. 갑자기 배가 아프면 참을 만큼 참다가 못 버티겠다 싶을 때 아버지한테 전화했어요. 그러면 아버지가 외출을 끊고 나오셨죠. 화장실 변기가 바닥에 쪼그리고 앉아야 하는 거라 누가 붙잡아주어야 했거든요. 친구들한테 부탁할 수도 있지만 자존심도 상하고 창피했던 것 같아요. 알게 모르게 경쟁하는 관계이기도 하고요.

고등학교 1학년 때 너무 힘들어서 죽으려고 했어요. 장애도 급격히 진행되고 성적도 떨어지고 친구들과 관계 맺는 것도 어려웠거든요. 약국에서 수면제를 사서 모아뒀다가 먹었어요. 한참 자다가 깨어났죠. 지금 생각해보면 그게 수면제였는지도 확실히 모르겠어요. 하지만 정말 죽으려고 그랬던 거예요. 부모님은 몰라요. 다음 날 깨어나선 마음을 달리 먹었어요. 이 상황을 극복하려면 할 수 있는 게 공부밖에 없겠다고, 마지막 동아줄이라고 생각하면서 그 후부터 학업에 몰두했어요. 하지만 그렇게 잘되진 않았어요. 머리가 아주 뛰어난 사람은 아니거든요. 1등을 하고 싶었는데 1등은 못했어요. 항상 그랬어요. 어딜 가나 우수한 그룹에는 끼는데 탑은 못됐어요.

기도원에 있을 때도 우수하단 얘긴 많이 들었지만 최우수는 못해봤고, 공연을 해도 첫 번째 주인공은 못하고 두 번째 주인공을 했어요. 2등 콤플렉스 같은 게 있어요. 주목을 많이 받으면 부끄러운데 안 받으면 서운해요. 또 완벽주의적 성격이 있어서 틀에 안 맞으면 엄청 괴로워했어요. 1등은 버릴 것과 취할 것을 잘 구분하는데 그게 잘 안 돼요. 성적에 아무런 도움 안 되는 과목까지 다 공부하고 있는 그런 애였어요. 명확해지면 어느 누구보다 자신감 있게 나아가는데 그렇지 않을 땐 항상 불안해서 짜증이 많이 생겨요. 아버지도 그런 성격이신데 그걸 딱 닮았죠.

10대 시절 가장 힘들었던 건 외로움이었던 거 같아요. 내가 괄호 밖에 있다는 생각이 많이 들었어요. 교회에도 소속된 것 같지 않고 학교도 마찬가지였어요. 어디에도 내 울타리가 없는 느낌이었어요. 아버지나 주변의 기대를 충족시키지 못하는 것에 대한 죄책감도 컸고요. 기질적으로 불안하고 예민한 성격인데 장애가 빠르게 진행되면서 그게 더 강화되었던 것 같아요. 중·고등학교 시절을 별로 기억하고 싶지 않아요. 사람들은 그 시절에 속마음을 털어놓고 나눌 수 있는 친구들을 사귀고 그게 평생 간다고 하던데 저에겐 그런 친구가 거의 없어요.

인생의 패러다임이 변하다

대학은 서울로 가고 싶었어요. 좋은 대학에 가고 싶었고 가족의 간섭에서 멀리 벗어나고 싶었어요. 그런데 수능을 말아먹었어요. 아버지가 대구대학교가 장애인에 대한 지원이 좋다는 얘길 듣고 오셨어요. 장애 학생 특별전형도 있고 특수교육과도 있다고요. 특수교육학부 안에는 유아특수교육과·초등특수교육과·중등특수교육과·치료특수교육과 이렇게 네 개 학과가 있었어요. 저는 대구대를 다닐 마음이 없었지만 일단 집에서 벗어나고 싶으니까 학교 다니면서 재수할 생각이었어요. 그런 마음으로 입학하는 건데 저 때문에 떨어지는 사람이 생기면 미안하니까 가장 경쟁률이 낮은 과에 넣었어요.

2001년 그렇게 유아특수교육과에 들어가게 됐죠. 대구대는 원래 대명동에 있었는데 그즈음 캠퍼스를 경산시로 이전하는 중이었어요. 본교는 이미 경산으로 옮겨갔고 사범대는 아직 대구에 남아 있었어요. 대구 캠퍼스엔 기숙사가 없었는데 다행히 정부에서 군인 자녀들을 위해 운영하는 기숙사가 대구에 있어서 거기서 지내면서 학교로 통학했어요. 그때부터 전동휠체어를 타고 다니기 시작했어요.

입학 전에 모꼬지를 갔어요. 수십여 명 중에 남자가 세 명밖에 없고 다 여자들이었어요. 그런데 공동체 의식을 함양시킨다면서 군대에서 하는 얼차려 같은 걸 주면서 막 굴리더라고요. 저는 참여할 수 없으니까 시작부터 소외되었죠. 그날 저녁에 술 먹으면서 소감 나누는 자리가 있었어요. 그때 제 상태가 워낙 바닥을 치고 있을 때여서 시니컬하게 막 쏟아내듯이 말했어요. 그런데 누나들이 막 취해서 울고…… 그러다 토하고…… 대 자로 뻗어서 자는 거예요(웃음). 여성에 대한 환상이 있었는데 어안이 벙벙했죠. 이게 뭔 상황인가(웃음). 같이 어울려 얘기도 하고 망가지는 것을 보니까 재미있기도 하고 신기하기도 했어요. 독특한 경험이었죠.

대학 캠퍼스가 허름하고 작아서 규모가 좀 큰 고등학교 같았어요. 어떤 강의동에는 엘리베이터가 없었는데 아무래도 특수교육과니까 학생들이 장애를 대하는 태도가 달랐어요. 무얼 하더라도 제 상황을 고려해주고 장애 있는 선배들이 저를 챙겨주기도 했고요. 네 개의 특수교육과가 연합해서 어울리는 기풍이 있어서 다른 과 남자애들과도 친해졌어요. 수업은 그 친구들한테 업혀서 듣고 다녔죠. 선배들한테 밥 얻어먹고 노는 게 아주 재미있었어요. 아침 수업 전에 기독교 동아리 모임에 참석해서 기도하고 찬송가도 불렀어요. 그때까진 신실해서 술도 먹지 않았어요. 자유로운 세상에 대한 재미 같은 걸 많이 느꼈어요. 생각 없이 노느라

1학기가 다 지나갔죠. '아, 이 맛이구나! 대학은 이런 거구나!' 재수할 생각은 싹 잊었죠. 사람들에게 주목도 받고 존중도 받았어요. 사춘기 내내 교우관계를 잘 맺지 못해서 스스로를 부정하는 마음이 컸는데 무너진 자존감이 많이 회복되었던 것 같아요. 행복했어요.

여름방학 때는 전북 완주에 있는 우석대학교로 전국특수교육과학생회연합 수련회를 가게 되었어요. 거기서 장애인운동에 대한 고민을 처음 하는 계기가 됐던 사람을 만났어요. 전국에서 대학생들이 수백 명 왔는데 그 사람들 앞에서 김형수라는 분이 강의를 하셨어요. 그분은 뇌성마비 장애인이었어요. 너무 놀라웠죠. 저한테 뇌성마비 장애인은 기도원 시절부터 동정의 대상이라는 생각이 지배적이었거든요. 얕잡아봤던 거죠. 그런데 그분이 장애에 관한 새로운 이야기를 너무 당당하게 하는 모습이 후광 같은 게 보일 정도로 크게 다가왔어요. 저는 그때까지 스스로에 대해 장애가 있으니까 남의 도움을 받으면서 살아가야 한다고 생각했는데 그분은 전혀 다른 관점의 이야기를 했어요.

그 후에 그분이 기획한 '무장애대학교 만들기'라는 프로젝트에 참여하게 됐어요. 30명 정도의 대학생이 모여서 수련회를 했는데 대학 내 장애 학생 교육권에 대한 이야기를 나눴어요. 그때 '패러다임'이라는 단어를 처음 들었죠. 한 시대를 살아가는 인간들의 사고를 지배하는 인식 체계래요. 우리는 그동안 장애를 '극복해야 할 어떤 것'으로 보았는데 그 관점이 바뀌어야 한다고 했어요.

그 여름엔 삶을 새롭게 바라보게 되는 중요한 일들이 많이 일어났어요. 인생의 패러다임이 바뀌기 시작했죠. 그때까지 저는 장애가 신에 대한 믿음이 부족해서 생긴 문제이고 개인적인 노력으로 극복해야 한다고 생각했어요. 하지만 아무리 노력해도 나아지지 않고 오히려 더 나빠지니까 스스로를 부정했던 거죠. 그런 시기에 새로운 관계를 만나 내가 겪고 있는 어려움이 내가 잘못해서가 아니라 사회적 문제에서 비롯된 것임을 알게 됐어요. 그건 정말 중요한 순간이었죠. 나에게로 향했던 분노와 실망감이 바깥을 향하기 시작했으니까. 그걸 인식하면 표출할 수 있으니까요. 그전엔 표출할 수 없어서 삶이 아주 암울했거든요.

여름방학엔 친구들과 바닷가에서 처음으로 술을 먹었어요. 뭔가 금기된 것을 한다는 해방감이 있었어요. 또 어느 날은 동기 중에 김종훈이라는 형이 연락해서는 안치환 콘서트 티켓이 있다고 같이 가자고 했어요. 버스를 탈 수가 없는데 어떻게 가냐고 했더니 자기가 업고 가면 된대요. 정말로 버스 타고 사람들한테 업혀서 콘서트에 갔어요. '아, 하면 되는구나!' 생각했죠. 그전에는 완벽하게 갖춰지지 않으면 아예 시작도 안 했는데 그렇게 콘서트에 다녀오면서 그 생각이 깨졌던 것 같아요. 종훈 형도 저한테 많은 변화를 줬던 사람 중 한 명이에요. 그 이후부턴 어딘가 가야 할 때 주저하기보다는 어떻게든 사람들을 모아서 움직일 수 있다고 생각하게 됐어요.

내 인생의 황금기

1학년 2학기 때 사범대도 경산시로 옮겨갔어요. 그때부터 지금의 제 역사가 만들어졌죠. 기숙사에 들어갔는데 엘리베이터가 없어서 장애 학생들이 모두 1층으로 배치됐어요. 어느 날 기숙사 복도를 지나다 어떤 중증장애를 가진 형이 있는 방을 우연히 보게 되었어요. 방에 소변통이 주욱 쌓여 있는 모습이 너무 지저분했죠. 처음엔 그냥 지나쳤는데 며칠이 지나도 상황이 나아지질 않아서 룸메이트인 종훈 형과 함께 그 방에 찾아가서 무슨 일이 있냐고 물어봤어요. 그분 말씀이 비장애인 룸메이트가 도망을 갔대요.

학교는 장애인이 있는 방에 비장애인 룸메이트를 배치해서 장애 학생의 생활을 지원하게 했어요. 그런데 그 과정에서 비장애 학생의 의사를 묻지 않았어요. 배치받아서 처음 방에 왔다가 장애인을 보고 놀라서 가버리는 사람도 있고 얼마간 지내보다 힘드니까 나간 사람도 있었대요. 그분은 혼자 있다가 저녁이 되면 친구가 와서 배달 음식을 시켜주면 먹는다고 했어요. 학교는 그런 상황을 모르지 않을 텐데 아무런 대책도 없었어요. 너무 안타깝더라고요. 술 한잔하면서 그런 이야기들을 듣고 있는데 1층에 있던 사람들이 한 명씩 한 명씩 모였어요. 저녁 시간이면 그렇게 사람들이 모이기 시작했죠.

종훈 형과 고민을 나누고 토론하면서 우리가 특수교육과 학생인데 정작 우리가 다니는 학교에서 장애인이 이런 상황에 놓여 있는 것을 그냥 지나쳐선 안 된다는 데 의견을 모았어요. 전단

갈색 빛깔을 띤 커다란 소라 앞에 휠체어를 탄 노금호가 있다. 그는 오른손 주먹을 꽉 쥔 채 들어 보인다. 그의 주변에는 하얀 종이가 눈처럼 흩날린다. 대학교 1학년 재학 당시 그는 "깨어지는 소라의 아우성"이라는 문구로 끝나는 시를 썼다. 그는 "깨지더라도 한번 아우성을 질러보고 싶었다"고 말한다.

지를 만들어서 이 상황을 알리자고 했어요. 제가 썼던 시가 있었는데 제목이 〈절름발이 외침〉이었어요. 시의 마지막 문구가 "깨어지는 소라의 아우성"이었어요. 소라는 아무리 외쳐도 그 소리가 안으로만 울리고 바깥에선 들리지 않잖아요. 깨지더라도 한번 아우성을 질러보자는 뜻이었죠. 그 문구로 전단지를 만들었어요. 학교 내 장애인 편의시설이 뭐가 문제이고 어떻게 변해야 하는지 썼죠. 무슨 용기였는지 점심시간에 둘이서 마이크도 없이 학교 광장에서 냅다 소리를 치기 시작했어요. 처음엔 매일 하자고 했는데 인쇄 비용도 만만치 않고 힘들기도 해서 일주일에 한 번씩도 했다가 그것도 힘들어서 나중엔 한 달에 한 번으로 정착했죠.

나중엔 종훈 형과 수민 선배가 장애인권 동아리를 만들어보자고 제안했어요. 수민 선배는 초등특수교육과였는데 전특련 활동도 하고 '무장애대학교 만들기' 활동도 한 사람이었어요. 저는 장애인들이 주로 모이는 동아리를 한다는 게 썩 당기진 않았어요. 비장애인들과 노는 게 더 재미있었거든요. 다른 장애인을 바라보면 나의 힘든 장애를 더 의식하게 되어서 웬만하면 피하고 싶었어요. 그 문화 속으로 들어가고 싶지 않았죠. 그래도 문제의식은 있었으니까 함께하기로 했어요.

동아리 이름을 '레츠'로 정한 뒤 회원을 모집했어요. 대구대 전체 학생이 2만 명 가까이 되었는데 그중 장애 학생 특별전형으로 들어온 사람이 300명 정도 됐어요. 그중 열댓 명 정도가 동아리에 들어왔어요. 주로 대자보 붙이고 사람들에게 현실을 알리는 활동을 했어요. 학교에서 장애 학생을 지원하는 센터를 운영했지만 실질적인 교육 지원은 없었어요. 청각장애인을 위한 문자통역이나 수어통역, 시각장애인을 위한 점자 교재나 파일 제공, 신체장애인을 위한 편의시설 설치와 학교생활을 지원하는 인력 배치가 제대로 이뤄지지 않았어요. 장애 학생을 지원하는 일엔 관심이 없고 홍보에만 활용하는 학교에 계속해서 문제를 제기했죠.

2학년 여름방학에도 전특련 수련회가 열렸는데 그땐 평택 에바다 투쟁 현장에서 했어요. 에바다 투쟁은 청각장애인 시설인 에바다복지회의 비리와 폭력에 맞서 싸운 투쟁이에요. 에바다복지회는 특수학교와 거주시설을 운영하고 있었는데 1996년에 그곳의 특수교사와 농인들에 의해 처음 비리 문제가 터져 나왔어요. 그 후로 계속 싸웠는데 특히 2002년은 투쟁이 아주 극렬할 때였어요. 우리가 갔을 땐 에바다 측에서 건물을 점거한 상태였고 수백 명의 대학생들과 활동가들이 밖에서 대치하고 있었어요. 거기서 충격적인 경험을 했어요. 시설 측 사람들이 쇠파이프를 마구 휘둘러서 제 옆에 있던 친구가 머리를 맞는 걸 눈앞에서 본 거예요. 현장에서 싸우는 건 처음 봤는데 너무 무섭더라고요.

수련회 마지막 날엔 시설에 맞서 저항하는 농인들이 모여 살던 해아래집이라는 공간에서 뒤풀이가 열렸어요. 전국에서 연대하러 온 대학생들이 한데 어울려 꼭 잔치 같았죠. 막걸리에 인사불성 취해서는 서울대 다니던 진영이라는 친구한테 서울대 출신들이 사회 권력을 독점하고 있어서 세상이 이렇게 부조리한 거라고 막 진상을 부렸어요. 열등감 같은 거죠. 엉망으로 토해서 그 집을 아주 어지럽혀 놓았어요. 종교적 이유로 술도 안 먹던 제가 그렇게 변한 거예요(웃음). 에바다 투쟁 이후 삶의 방향이 변했어요. 이렇게 부조리한 세상이 있다는 걸, 이렇게 처절한 곳이 있다는 걸 제 눈으로 직접 봤으니까요.

2학년 2학기엔 동아리 회장이 되었어요. 그때 좀 더 틀을 갖춰야겠다고 생각했어요. 목표는 장애 학생들이 접근성을 고민하지 않고 모일 수 있는 동아리방을 확보하는 거였죠. 동아리연합회에 찾아가서 동아리방이 필요하다고 피력하면서 대신 '너희들 행사 있으면 내가 열심히 도울게' 했죠. 동아리연합회에서 주최하는 제일 큰 행사로 마라톤이 있었어요. 대구대는 장애인들이 있는 학교니까 뭔가 행사를 할 때 장애인을 끼워서 그림을 보여줘야 한다는 생각이 있었어요. 우리가 장애 학생들을 모아주겠다고 했어요. 전동휠체어 탄 사람들이 마라톤을 한다는 게 좀 어색하지만 그래도 걷는 장애인, 휠체어 탄 장애인 열댓 명 모아서 한 바퀴 돌아줬죠(웃음). 우리가 열심히 한다 싶었는지 그해 말 비어 있는 동아리방을 우리에게 줬어요.

그런데 저의 노력이나 열정과 다르게 동아리 사람들은 좀처럼 적극적이지 않았어요. 장애인들과 뭔가를 함께하는 게 너무 괴로웠어요. 모임을 하자고 해도 한두 시간 어기는 건 다반사고 왜 안 오냐고 계속 확인해야 하고 제 상식으로는 도무지 납득이 안 가는 행동을 많이 했어요. 이 사람들은 약속했어도 안 올 거라고 애써 기대하지 않으면서 플랜 B를 생각해야 했죠. 캠페인 활동이 있으면 장애인들은 시간 맞춰서 오지 않으니까 제가 친한 인맥들을 따로 불러서 짐을 옮기게 했어요. 다 정리될 때쯤 회원들이 슬금슬금 오는데, 그걸로 만족해야 했어요.

동아리 회원 중에 조미경이라는 누나가 있었어요. 서울에서 노들야학을 졸업하고 대구대 사회복지학과에 입학한 분이었어요. 제가 너무 답답해하니까 그 누나가 그러더라고요. 회원들 다수는 너처럼 일반학교 교육을 받지 못했고 장애인들은 경쟁사회에 익숙한 존재들이 아니라고요. 계속 배제되고 결정권을 박탈당하면서 무기력이 체화되어 있고, 스스로 동기부여를 해서 뭔가 이뤄본 경험이 없기 때문에 그럴 수밖에 없다고 말씀하셨어요. 그때 많은 생각을 했어요. '아, 그럴 수 있겠구나. 내가 너무 내 속도 위주로 일을 해왔구나.' 좀 어설프게 느껴지더라도 이들의 결정을 존중하면서 동아리 활동에 참여할 수 있도록 동기부여를 해야겠다고 생각한 계기가 됐죠.

나중에는 장애인 회원만으로 활동이 어려워서 비장애인 회원도 적극적으로 모집했어요. 지금 생각하면 엄청 허세인데 대학 시절엔 2학년만 되어도 선배 노릇 할 때니까 후배들 앞에서 '너희가 장애를 아느냐'는 식으로 '썰'을 풀면 후배들이 막 열광하던 시절이었어요. 처음으로 후배랑 연애도 했어요. 제가 그때 말발이 좋고 거침없었어요. 이 시절이 제일 재미있었고 생각의 변화도 컸죠. 인생을 통틀어 가장 황금기였던 거 같아요.

일상이 된 투쟁

제가 학교 내에서 활발히 활동하니까 사범대 학생회를 같이 해보자는 제안을 받았어요. 저희 학생회는 한국대학총학생회연합 소속이었어요. 한총련은 주로 통일·민족해방을 외치는 조직인데 저희 선배들은 썩 한총련스럽지 않아서 장애나 여성 같은 소수자 문제에 대한 활동도 중요하게 여겼어요. 저는 장애인권 부장을 맡았어요. 새 학기 시작하자마자 한총련 중앙 조직에서 간부가 내려왔어요. 그 사람이 저를 보고선 통일되면 장애문제가 다 해결될 거라고 하더라고요(웃음). 이 사람들과는 뭔가 하기 어렵겠다는 생각이 들었어요. 비장애인들의 학생운동에선 등록금 투쟁이나 국가보안법 폐지 같은 주제가 주류이다 보니 장애인권은 부수적으로 다뤄졌죠.

한총련 대의원대회가 열려서 서울의 어느 대학에 전국의 학생회 간부들 수천 명이 모였던 적이 있어요. 선배들한테 업혀 버스를 타고 학교에 도착했는데 행사장에 엘리베이터가 없었어요. 누군가가 또 저를 들쳐 업고 올라가야 했죠. 그 많은 참가자들 중에 휠체어를 탄 사람은 저 혼자였어요. 그런 상황에서 아무 말도 없이 넘어가는 게 맞을지 고민이 된다고 했더니 선배들이 피켓을 들자고 하더라고요. 장애 학생을 배제하지 않는 대의원대회를 만들어야 한다는 피켓을 써서 행사장 뒤에서 시위를 했어요. 지금 생각해보면 도발적인데 그곳에 모인 사람들은 크게 신경 쓰지 않았던 것 같아요. 그냥 신기한 사람이라고 생각하고 지나치는 정도. 학교 다니던 내내 그렇게 시위하는 게 저에겐 일상이었어요.

한총련 학생회 활동은 다른 사회문제에 대해 배우는 기회가 되었지만 저희 학교 안에서 일어나는 문제나 장애인인 나와 연결되는 지점을 찾기는 어려웠어요. 저는 장애 학생이 입학하면 미리 정보를 파악하고 어떤 지원이 필요한지 확인하고 연결하고 그걸 학교에 요구하는 활동에 집중했어요. 한번은 장애인이동권연대 박경석 대표를 초대해 강연회를 열었는데, 그날 뒤풀이 자리에서 장애인운동을 제대로 배우고 싶다고, 사회복지 실습을 해야 하는데 소개해줄 기관이 없냐고 물어봤어요. 사회정책 분야의 일을 하고 싶어서 사회복지학 복수 전공을 하고 있었거든요. 경석 형이 자기가 자리를 마련해줄 테니까 서울로 오라고 했어요. 서울에 연고가 없어서 숙식할 곳이 필요하다 했더니 걱정하지 말라고 하시더라고요. 그렇게 경석 형 말만 믿고 여름방학 때 무작정 짐을 싸 들고 서울로 올라갔어요. 대체 무슨 깡으로 그랬던 건지.

서울에 간 첫날 경석 형이 오라고 한 곳이 어떤 기자회견이었는데 가보니까 노회찬 의원이 계셨어요. 평소 존경하던 분을 직접 보게 되다니 가슴이 벅찼어요. '와, 이런 게 바로 서울이구나! 내가 서울에 왔구나!' 첫날부터 경석 형을 따라다니면서 경찰들이랑 막 싸웠던 기억이 나요. 집회 끝나고 형이 저를 데려간 곳은 장애인복지관인 정립회관이었어요. 그곳 관장이 정년 퇴임을 앞두고 규정을 바꿔서 연임을 꾀했는데 노동조합과 장애인 이용자들이 반대 농성을 하고 있었어요. 형이 거기 있던 사람들한테 저를 대충 인사시켜주시더니 "넌 여기 있으면 돼" 하고는 가버리셨어요. 형이 말했던 숙소가 바로 농성장이었던 거죠. 그렇게 처음 본 사람들 속에 덩그러니 남겨졌어요(웃음).

거기서 먹고 자면서 온갖 집회와 행사를 다 다녔어요. 그때 서울 활동가들을 중심으로 전국장애인차별철폐연대를 만들려는 논의가 이루어지고 있었어요. 다양한 장애 의제에 대해 상설적으로 투쟁하는 조직을 준비한다고 했어요. 보통의 실습과는 많이 달랐지만 어디서도 경험할 수 없는 진짜 사회복지 현장이었죠. 그때 장애인교육권연대에서 장애인 교육 차별 해소와 통합교육을 요구하면서 국가인권위원회를 점거하고 단식농성을 시작했는데 김형수 형이 실무를 맡고 있었어요. 정립회관보다는 그곳에서 제가 할 수 있는 역할이 많을 것 같아 경석 형한테 "저 인권위에 있으면 안 될까요?" 했더니 그러라고 하시더라고요. 그때부터 인권위에서 먹고 자면서 생활했어요.

큰 집회가 잡히면 대구대 후배들에게 연락해서 상황 설명하고 버스 대절해서 올라와야 한다고 설득해서 오게 했어요. 거기서 에바다 투쟁 때 만났던 서울대 진영이를 다시 만났어요. 진영이는 장애 대학생을 조직해 현장 투쟁 활동을 하는 장애민중현장활동(장활)이란 걸 조직하고 있었어요. 제가 고민하던 것과 닿아 있어서 대구대 후배들에게도 같이하자고 조직했어요. 인권위 농성이 끝날 때쯤 첫 장활이 열렸는데 그 현장이 바로 정립회관 민주화 투쟁이었어요. 한 달여 만에 다시 정립회관으로 돌아왔는데, 전국에서 모인 대학생들과 함께였죠.

그때 정립회관에서 폭력 사태가 벌어졌어요. 복지관 측에서 조직한 장애인들이 용역 깡패처럼 농성장을 침탈해 지팡이나 소화기로 노조원·장애인을 마구 때리는 걸 제 눈으로 직접 봤어요. 저도 같이하다가 두들겨 맞았어요. 너무나 분노스러웠어요. 이상한 건 복지관 편에 서서 노조를 탄압하는 한국DPI였어요. DPI는 국제적인 조직이고 합리적으로 장애인운동을 만들어가고 있다고 알고 있었어요. 제가 대학 3학년 때 대구DPI가 만들어졌는데 선배들이 같이하자고 해서 발기에 참여하기도 했고요. 그런데 그 이름을 가진 서울 조직이 정립회관의 민주적 운영을 요구하는 사람들을 폭력적으로 탄압하는 모습에 너무 큰 충격을 받았죠. 거기서 또 한 달을 보냈어요. 원래 사회복지 실습은 한 달만 하면 되는데 벌써 두 달이 다 되어가고 있었어요. 그런데 아무도 나에게 실습이 끝났다는 이야기를 안 해주는 거예요(웃음).

실습의 마무리는 교육권연대가 펼쳤던 전국 순회 투쟁이었어요. 제주도에서 시작하는 거였는데 활동지원사도 없고 도와줄 사람도 아무도 없었는데 대체 무슨 깡인지 그냥 공항 직원의 도움을 받아서 제주도에 갔어요. 제주도 교육청에 농성장이 있었는데 거기서 자고 싸우고, 부산·대구·경북을 찍은 뒤 다시 대구대학교로 돌아왔어요. 교육권연대 대표님이 서울에 와서 자기들과 함께 일해보지 않겠느냐고 하셨는데 저는 대구에서 이런 운동을 해보고 싶다고 말씀드렸어요. 학생운동을 정리하면 지역에 진출해서 활동을 시작해야겠다는 생각을 어렴풋하게 했던 것 같아요. 두 달 동안 전국 팔도를 돌고 왔더니 자신감이 충만해져서 뭐든 할 수 있다는 마음이었어요.

더 낮고 더 작은 곳으로

지역운동을 하겠다고 고민했지만 막상 대구에는 활동할 수 있는 공간이 없었어요. 하지만 저는 대구에도 전장연의 깃발을 꽂고 싶었어요. 특히 정립회관 민주화 투쟁에서 대구DPI가 취하는 태도를 보면서 그런 마음이 들었죠. 투쟁하는 장애인들을 '비장애인 노조의 사주를 받은 사람들'로 치부하면서 '장애인 당사자가 운영하는 기관(정립회관의 운영 주체는 한국소아마비협회다)은 그 운영에 있어 비민주적인 모습을 보여도 괜찮다'는 말도 안 되는 논리를 펼쳤어요. 여기에 대응하면서 장애문제는 사회 전체의 모순과 연결되어 있고 그것이 해결되지 않는다면 장애인의 현실도 해결되지 않을 거라는 생각을 하게 됐죠. 올바른 장애인운동이 대구에도 필요할 것 같아 내가 한번 용기를 내서 해보자고 마음먹었어요.

몇몇 사람들과 연결되어서 지역에서 함께 장애인운동을 준비해 나가자고 이야기했어요. 제가 운동을 하기 위해선 집과 저의 생활을 지원해줄 비장애인 동료가 반드시 필요했기 때문에 졸업을 1년 미루고 그런 조건을 준비하기로 했어요. 결과적으로 제 마음처럼 잘 진행되지 않았어요. 시간이 지나면서 각자의 전망이 달라졌고 특수교사나 사회복지사로 진출해서 하나둘씩 흩어졌죠. 당사자 중엔 김봉조라는 형과 저만 마지막까지 남았어요. 봉조 형은 뇌병변 장애가 있었고 사회복지학과 선배이자 동아리 회원이었어요. 사람들이 다 떠나서 기운이 빠졌는데 봉조 형 덕분에 용기를 낼 수 있었어요.

결국 부모님께 손을 벌려서 작은 아파트를 얻었어요. 거기에 비장애인 동료와 저, 그리고 봉조 형이 함께 살기 시작했어요. 비장애 동료가 두 장애인의 생활지원을 하기로 했는데 시간이 지나면서 그분이 다른 활동으로 바빠지고 갑자기 연락이 두절되기도 하면서 중증장애인 둘만 덩그러니 집에 남는 상황이 자주 생겼어요. 그러면서 갈등이 커졌어요. 지역 활동이 진척되기는커녕 우리 두 사람 삼시세끼 밥 먹고 화장실 가는 일조차 해결하기 어려울 때가 많았죠. 배달 음식으로 끼니를 대충대충 때우면서 건강도 많이 상했어요. 그렇게 1년이 다 가고 2006년이 되었어요. 다른 사람만 믿고 있어선 안 되겠다 싶어서 지역에 일정들 있으면 꾸역꾸역 얼굴을 내밀고 서울에서 큰 투쟁이 벌어지면 서울에도 다녀왔어요. 서울에선 활동지원서비스 제도화를 요구하는 투쟁이 본격화되었는데 그건 제가 당면한 문제이기도 했고 대구 지역에도 절실히 필요한 싸움이었어요.

그때 대구의 이름 있는 장애인단체들 분위기가 좀 이상했어요. 대학생일 때는 높은 수준으로 느껴졌던 선배들이 다시 만나니 반인권적인 언행을 일삼거나 패권적인 태도를 갖고 있더라고요. 그래서 일부러 더 작은 장애인단체들을 찾아다녔어요. 서울의 활동지원서비스 제도화 투쟁이 성과를 얻었다는 소식을 듣고 그걸 지역에 알리려고 단체들에 설명회를 개최하자고 제안했어요. 처음엔 하겠다고 해서 진행하고 있는데 불과 며칠 후에 갑자기 두 단체의 대표가 파투를 냈어요. 황당하더라고요. '대학 시절에 했던 경험을 여기서 또 하는구나' 생각했죠. 만약 대학 때 그런 훈련이 안 되었다면 화가 나서 막 싸웠을 텐데 그럴 수 있다고 마음을 다스리고 급히 플랜 B를 진행시켰어요.

결국 대구장애인차별철폐연대 이름으로 설명회를 열었어요. 갑자기 안 하겠다는 게 상식적으로 납득이 되진 않지만, 어쨌든 '내가 설명회 열게. 그러니까 합시다' 하면서 밀고 나간 거죠. 전장연 박경석 대표를 불러 한바탕 부흥회도 하고요. 지난번에 파투를 낸 두 대표님들도 오셔서 감동을 받으시고는 "와! 이런 거 너무 필요해!" 하셨어요(웃음). 서울에서 성공했으니까 대구에서도 해보자고 제안했고 농성을 하기로 했어요. 그런데 또 계속 미뤄지는 거예요. 대구 지역에선 박경석 대표를 경계하고 전장연 운동을 마뜩잖아 하는 분위기가 있었어요. 우여곡절 끝에 몇 차례 회의를 해서 판을 벌이기로 결정했죠. 그런데 디데이 직전에 단체들이 못하겠다고 또 파투를 내는 거예요. 속이 터졌지만 그래도 꾹 참고 겨우 설득해 5월 18일 시청 앞에서 판을 깔았어요.

대구의 장애인단체에선 몇 명이 올지 전혀 가늠이 안 됐어요. 서울에 연락해서 이 투쟁을 적극 지원해달라고 요청하고 대구대 후배들한테도 연락했죠. 120명 정도 모였는데 서울에서 40명, 학교 후배들 50여 명이 왔고, 나머지가 지역의 장애인단체 사람들이었어요. 집회를 하고 그 자리에서 바로 노숙농성을 시작했어요. 지역 장애인단체 사람들이 깜짝 놀라더군요. 이렇게 많은 장애인들이 집회라는 것을 그렇게 형식 갖춰서 해본 적이 한 번도 없었던 거예요. 처음으로 대중 투쟁이 벌어진 거죠. 농성을 체계적으로 준비해서 시작한 게 아니었어요. 투쟁을 해본 경험이 없는 사람들이라 조직 체계를 갖춰야 한다고 아무리 말해도 이해를 못했어요. 침낭도 없어서 거적때기 같은 이불들을 모아서 덮었어요.

그런데 본격적으로 투쟁에 돌입하니까 사람들도 뭔가 체계적인 대응이 필요하다는 걸 느낀 거예요. 당일 판 깔고 회의할 때 제가 집행위원장을 하겠다고 하니까 사람들이 '그래, 네가 해라' 이렇게 됐죠. 전장연을 싫어하는 단체들이 많아서 농성단 이름을 중증장애인생존권연대로 붙였어요. 서울에서 온 전장연의 남병준 활동가가 농성 내내 함께하며 도움을 줬고요. 학교 후배인 민제, 연희, 근배, 시형 등도 왔는데 돌아가는 모양새를 보더니 저 혼자는 힘들겠다고 느꼈는지 농성에 적극적으로 결합했어요.

대구시에서는 초반에 단체 지원금 얼마 줄 테니까 가라는 식으로 우리를 많이 무시했어요. 하지만 우리가 기세 넘치게 버텼죠. 장애인들 수십 명이 집에 가지도 않고 먹고 자고 집회하는 건 물론이고 밥을 해 오거나 농성장에서 직접 밥을 해 먹기도 하고 노래방 기기를 가져와 노래도 불렀어요. 당황한 대구시가 우리가 쉽게 물러가지 않겠다고 생각했는지 대화를 하려는 움직임이 보였어요. 대화가 성사될 것 같은 찰나였는데 느닷없이 한 단체가 요구안에 자기 단체에 지원금을 지급하라는 내용을 넣어야 한다고 했어요. 대구시 분위기가 우호적으로 바뀌니까 갑자기 자기 단체의 이권을 주장한 거죠. 너무 황당해서 대표자들끼리 회의를 열어 받아들일 수 없다고 의견을 모았어요. 그랬더니 자기는 농성에서 빠지겠다고 하더라고요.

심지어 전장연 남병준 활동가가 자기한테 불리한 의견을 내니까 온갖 망언을 퍼부으면서 '서울 사람은 서울 가라. 대구 투쟁은 대구 사람들끼리 하겠다'고 말도 안 되는 소리를 했어요. 남병준의 얼굴에 음료수를 뿌리기까지 했고요. 더 충격적인 건 몇몇 단체가 그 단체를 지지하면서 함께 나가버렸다는 거예요. 그리고 성명서를 발표했는데 '서울 사람은 서울 가라. 전장연은 서울 가라. 노금호는 각성하고 퇴진하라'는 내용이었어요. 어이가 없었죠. 농성 초반 몇 주 정도는 계속 그런 긴장의 연속이었어요.

비좁은 아파트에서 키워낸 지역 장애인운동의 꿈

연대체가 분리되었다는 소식을 들은 대구시가 '옳다구나' 하며 갑자기 강경책으로 돌아서서 시청 정문 앞에 있던 우리를 밀어내 주차장으로 쫓아냈어요. 그런데 희한하게 경찰이 천막을 쳐주더라고요(웃음). 노숙농성으로 시작했는데 자연스럽게 천막농성으로 바뀌었어요. 대구시는 처음엔 고압적으로 나오다가 그다음엔 좀 달래다가 나중엔 우리를 완전히 무시했어요.

잡음을 일으키던 단체들이 나가고 나선 오히려 결속이 높아졌어요. 제가 속해 있던 대구사람장애인자립생활센터와 대구장애인지역공동체, 함께하는장애인부모회가 주요하게 남았어요. 화가 난 우리는 더 과격하게 나갔죠. 시장 선거 기간이었는데 새

누리당 후보가 우리의 요구안에 성의 없이 대답한 데다 비하 발언까지 해서 새누리당 선거사무소 앞에 찾아가 노숙농성을 하기도 하고 대구에서 가장 넓다는 범어역 16차선 도로를 막고 행진도 했어요. 그날 경찰들과 몸싸움하느라 휠체어에서 떨어져서 아스팔트에 얼굴 갈고 누구는 머리채를 잡히고 난리였죠. 서울 실습에서 배웠던 걸 다 해본 것 같아요. 민주노총도 하지 않는 걸 장애인들이 다 했어요. 그렇게 투쟁해서 활동지원서비스 시범사업을 하기로 약속을 받아냈어요. 농성을 시작한 지 40여 일 만이었죠. 5·18에 시작해서 6·29에 끝났어요. 민주화의 과정을 거쳤다고 우리끼리 자평했어요. 지금 대구에서 활동하는 주요 활동가들 역시 그 싸움을 통해 조직·단련되었고 대구장차연은 전장연의 지역 조직으로 뿌리를 내리기 시작했죠.

농성이 끝난 후 대구대 동료들·후배들과 본격적으로 대구사람센터를 키우기 시작했어요. 그리고 후배인 민제가 봉조 형과 제가 함께 살던 아파트로 들어와 우리의 생활을 지원했어요. 처음엔 그 집에 장애인 둘, 비장애인 둘이 살다가 나중에 비장애인 한 사람이 나가고 장애인 한 사람이 들어와서 다시 넷이 됐어요. 우리 집이 활동가들의 기숙사처럼 됐죠. 우리는 대학 기숙사 시절부터 이렇게 함께 사는 것에 익숙했어요. 학교는 기숙사에 사는 장애 학생의 생활지원에 대해 실질적인 대책을 수립하지 않았어요. 룸메이트가 되는 비장애 학생에게 봉사 학점을 부여하는 게 전부였어요. 정보도 제대로 제공하지 않아서 중증장애인의 생활지원에 부담을 느낀 비장애 학생들이 퇴소하는 일도 비일비재

했고요.

저희는 차라리 장애 학생이 스스로 룸메이트를 구할 수 있도록 자치권을 달라고 요구했어요. 비장애인은 기숙사에 들어오기가 힘들었는데 장애 학생의 룸메이트가 되면 입소 요건을 다 갖추지 않아도 기숙사에 입소할 수 있었어요. 그러다 보니 특수교육과나 사회복지과에 다니는 학생들이 룸메이트로 들어오게 됐고 저와 친하게 지냈던 사람들도 많이 들어왔어요. 서로 합의하고 룸메이트가 되었다 해도 함께 사는 게 쉬운 일이 아니니 반년 정도 지나면 관계가 안 좋아지는 경우가 생겼어요. 장애 학생들은 생활을 유지하기 위해 룸메이트를 꼬셔야 했고 그래서 술값이나 밥값을 많이 써야 했죠.

한 동에 장애 학생이 30명 정도였는데 거의 다 친했어요. 청각장애, 시각장애 등 다양한 장애가 있는 학생들과 지내다 보니 모임을 하려면 문자통역을 해야 한다는 게 상식이었어요. 시각장애가 있는 학생들과 회의를 하려면 점자가 프린트된 자료를 최대한 확보하거나 미리 데이터를 공유해서 읽을 수 있게 했고 휠체어를 타거나 혼자서 식사를 하기 어려운 지체장애 학생들과 식당에 갈 때는 접근성을 반드시 확인해야 했죠. 이렇게 5년을 관계 맺고 살다 보니 힘들어서 투덜대기는 해도 그렇게 어울려 사는 게 문화적으로 익숙해졌어요. 저희가 장애에 관한 지식이 많다고는 할 수 없지만 책으로 배우기 어려운 관계나 몸으로 체득한 일상의 감각은 뛰어날 거예요. 사회에 나와서 활동하는 데도 그 경험이 큰 도움이 된 것 같아요. 좁은 아파트에 같이 살면서 대구의 장애인운동을 함께 꾸려나갈 수 있었던 건 그런 경험과 감각이 쌓인 덕분이었어요.

희망원 투쟁이 안겨준 절망과 피로감

2006년 이후로 한 해도 투쟁을 쉰 적이 없어요. 2007년엔 이동권 투쟁을 강력하게 펼쳤고요. 대구시가 '교통약자의 이동편의 증진에 관한 조례안'을 내놨는데 내용에 문제가 많았어요. 특별교통수단(장애인콜택시) 요금을 일반 택시 요금과 똑같이 받겠다거나 대상자에 노인을 포함하겠다는 거였는데, 도입 대수는 얼마 안 되면서 대상자는 무리하게 넓힌 생색내기 계획이었죠. 추석 연휴에 시청 교통국을 점거한 채 답변을 줄 때까지 버티겠다고 했어요. 다행히 협상이 잘돼서 문제를 막아낼 수 있었어요.

　　2009년엔 서울에서 탈시설운동이 본격화됐어요. 우리도 대구시 앞에 텐트를 치고 농성해서 체험홈과 탈시설 정착금 등을 얻어냈어요. 장애인 거주시설 인권 실태 전수조사도 실시해서 50프로 이상의 장애인들이 당장 탈시설을 원한다는 분명한 근거도 만들었고요. 2011년부터는 그동안 후순위로 밀렸던 발달장애인 지원에 관한 요구를 앞쪽으로 배치했고 2014년엔 지방선거를 맞이해서 2·28공원에 농성장을 펴고 모든 시장 후보들에게 우리의 요구를 전달한 뒤 공약 합의서를 받아냈어요. 대구시의 모든 장애인 거주시설에 대해 신규 입소를 금지한다는 내용을 확립한 게 그 핵심 성과죠. 수년간의 노력으로 탈시설한 장애인들이 하나둘씩 늘어났고 그분들이 장애인운동에 결합하는 순환 구조가 만들어졌어요. 2015년에는 탈시설 장애인들을 조직해 '탈선'이라는 이름으로 대구시와 여덟 개 구를 순회하면서 우리의 요구를 알리기도 했죠.

그리고 2016년 대형 수용시설인 대구시립희망원에서 비리 문제가 터졌어요. 대구시와 싸워서 시설을 폐쇄하고 거주인들을 탈시설시키기로 합의한 게 2017년이었는데 2018년까지도 지켜지지 않았어요. 그래서 다시 농성에 돌입했고, 그 과정에서 거주인들의 탈시설 욕구를 파악하는 조사가 이뤄졌죠. '시설이 문을 닫으면 어디에서 살고 싶습니까?'라는 질문에 대한 답을 듣는 조사였는데 문제가 생겼어요. 의사를 확인하기 어려운 경우가 있었던 거예요. 중증·중복 발달장애인들이 그랬죠. 이들은 일명 '무응답층'으로 불렸어요. 우리는 당연히 그들도 탈시설해야 한다고 생각했는데 대구시에서는 의사를 확인할 수 없으니 다른 시설로 전원 조치해서 재입소시키겠다고 나왔어요.

우리나라의 가족주의 제도가 얼마나 무서운지 그때 알았어요. 무응답층이 30여 명이었는데 그중에 20명 정도는 가족(연고)이 있었죠. '가족'에는 부모·자식·형제뿐 아니라 사촌들까지도 포함되는데 오래전에 연락 끊긴 사촌한테 연락해서 이 중증장애인을 탈시설시킬지, 다른 시설로 보낼지 의견을 물어보는 거예요. 한 사람의 인생을 결정할 법적 권한이 얼굴 한 번 본 적 없는 친척에게 부여되더라고요. 뜬금없이 공무원의 연락을 받은 친척이라면 당연히 다른 시설로 보내라고 하지 않겠어요? 저희 같은 단체가 법적으로 어찌할 도리가 없다는 데서 정말 큰 무력감을 느꼈어요. 다른 시설로 옮겨지면 완전히 낯선 곳으로 가는 건데 중증의 발달장애인에겐 너무나 힘든 일이거든요. 차라리 희망원에 그대로 있는 것보다 못해요.

희망원은 학대받던 시설이었어도 어떻게든 적응해 살던 곳이고 그나마 시립이어서 민간 시설보다는 나아요. 희망원의 장애인분들이 대부분 나이가 많으세요. 몇 해 전에 어떤 장애인을 만나기 위해 울산의 민간 노인요양시설에 가본 적이 있는데 처참하기가 이루 말할 수 없을 정도였어요. 작은 공간에 사방 벽면으로 침대가 빼곡하게 둘러져 있고 공간을 놀리지 않으려고 가운데에도 침대를 더 놓아서 빈틈이라곤 없었어요. 냄새도 굉장히 심한 그 방에서 노인과 장애인들이 하루 종일 누워 있었죠. 세상에 그런 곳이 있다는 게 너무 충격적이었어요.

희망원의 장애인들이 그런 곳으로 보내질 걸 생각하니까 절망적이고 서러워서 집회 발언을 하는데 왈칵 눈물이 났어요. 농성할 때 선거가 끼어 있어서 아주 열심히 싸웠는데, 선거는 끝나버렸고 시장은 계속 전원 조치를 강행하겠다는 입장이었어요. 너무 막막하더라고요. 더 열심히 싸우지 못해서 이분들의 권리를 지키지 못한 것 같고, 큰 죄를 짓는 느낌이었어요. 그들의 미래가 우리의 미래이자 저의 미래인 것만 같았죠. 당시 대구시에서 쓸데없어 보이는 건물을 짓는 데 200억 정도를 들였다가 거의 날리다시피 했는데 우리가 요구했던 건 몇 억이 채 안 됐거든요. 우리가 그거보다 못한 존재라는 생각이 들어서 더 그랬던 거 같아요. 결국 무응답층 중에 연고자가 있는 사람들은 모두 다른 시설로 옮겨졌고 무연고자 아홉 명만 가까스로 탈시설하기로 결정했어요. 장애인들이 탈시설하기 위해선 차라리 가족이 없는 게 더 낫다는 사실이 참 슬프죠.

아홉 명의 자립은 장애인에 대한 인권적 이해를 가진 기관에서 지원해야 한다고 요구했는데 정작 그걸 수행할 의지나 경험이 있는 기관이 대구엔 하나도 없었어요. 그래서 우리가 맡게 됐어요. 우리가 운영하는 자립생활주택에 입주해 자립생활을 시작했는데, 기존의 탈시설 지원 제도와 서비스가 모두 신체장애인 중심이어서 해결해야 할 문제가 한두 가지가 아니었어요. 오랜 기간 정신과 약물을 다량으로 복용하고 있었는데 그게 무슨 약인지, 꼭 먹어야 하는지 확인할 수도 없었고 낯선 환경 때문에 돌발행동이 심해지기도 했고요. 활동지원서비스가 24시간 필요한데도 발달장애인에게 턱없이 부족하게 제공되는 문제, 금전 관리나 의료적 판단이 필요할 때 이걸 누가 결정해줄 건지의 문제도 있었죠.

당사자의 욕구나 의사를 확인하고 그에 따라 지원했던 기존의 방식에 전혀 들어맞지 않는 존재들이 찾아온 거예요. 혹여나 안전사고가 일어날까봐 활동가들이 굉장히 곤두서 있었어요. 탈시설 지원체계가 구축되어 있지 않아 위험해서 자립할 수 없다는 논리에 맞서 그들도 지역사회에서 살아갈 수 있다는 사례를 만들어야 했기에 이중으로 애를 써야 했어요. 그러면서 피로감이 상당히 누적되었죠.

투쟁의 낭만과 삶의 밑바닥

장애인운동은 나 혼자서 내 장애를 극복하지 않아도 된다는 믿음
을 주었어요. 제 활동의 기준점이 되는 존재 중 하나는 혁명가 예
수예요. 그는 개인을 위한 삶을 살지 않았죠. 물론 저의 문제에서
출발하긴 했지만 이 운동은 저뿐만 아니라 많은 사람들의 권리를
회복하는 과정이에요. 살면서 안타까운 사람들을 많이 만났어요.
가깝게는 희망원에서 학대받았던 분들도 있고 어릴 때 기도원 친
구들이 학교에서 놀림받고 차별받는 모습도 많이 봤으니까요.

대부분의 장애인은 가족에게조차 긍정적 대상이 아니에요.
비장애 형제자매들에 비해 제대로 된 지원을 받지 못하니까 활동
을 하고 싶어도 저처럼 집에서 지원해주지 않으면 오갈 데 없는
상황이 발생하기도 하죠. 그런 이야기를 들으면 그냥 지나쳐지
가 않아요. 어떤 활동가가 갑자기 돈이 필요한 사정이 생기면 사
람들한테 돈을 걷어서 주기도 해요. 어떤 사람이 문제 상황에 처
해 있는데 주변에서 대수롭지 않게 여기면 화가 나고요. 누군가
위기에 처해 있으면 옆에서 걱정하고 있고 뭔가 함께하고 있다는
공감대가 형성되어야 하죠.

저는 요즘 전장연 운동에 박탈감 같은 걸 느껴요. 장애인운
동은 멋있고 급진적이죠. 낭만이 있어요. 그런 면을 저 또한 좋아

하고요. 그런데 요즘은 그런 모습 때문에 현실이 가려진다는 느낌을 받아요. 더 처절한 밑바닥, 삶의 어떤 지긋지긋함이 있는데 그것이 잘 안 보인다는 느낌이요. 투쟁판에 있으면 생동감이 있어요. 존재가 존재로서 인정받는 것 같죠. 하지만 현실로 돌아오면 존재로서 가치가 없어지는 것 같아요. 지금의 제 상황이 그래요. 코로나 시기를 거치면서 만약 내가 지금 정도의 사회적 권력을 갖지 않았다면 과연 생존할 수 있었을까 하는 생각을 많이 했어요. 그런 생각을 하면 회의적이에요.

2020년 청도대남병원에서 집단 감염이 발생하고 매일 사람이 죽어나갈 때 문제를 사회에 던져놓기만 했을 뿐 실제로 누구도 구제하지 못했어요. 사회 비판도 중요하지만 단 한 명의 삶이라도 구하고 일상을 지원하는 것이 저에겐 더 절실하게 느껴져요. 거리에서 하는 투쟁만이 운동이 아니잖아요. 희망원 문제처럼 싸움 그 이후에 상황을 수습하고 세밀하게 챙겨야 할 것들이 쌓여 있는데 전장연 운동이 그것을 못 챙기는 게 아닌가, 이슈를 드러내는 기자회견만 하고 이후의 디테일이 없는 게 아닌가 하는 고민이 커요.

예전에 장애인차별금지법 기자회견에서 대구장차연 박명애 대표님이 서러움에 북받쳐서 치아가 다 고장이 났는데 갈 수 있는 병원이 없다고 말씀하신 적이 있어요. 여덟 개 병원을 알아봤는데 휠체어를 탄 사람이 갈 수 있는 병원은 겨우 한 곳이었고 그마저도 치과 의자에 앉을 수가 없었다고, 우리의 몸이 의료 장비에 맞지 않아서 얼굴 엑스레이도 찍을 수가 없었대요. 우리의 공포 중 하나가 아파서 병원에 가야 하는데 제대로 된 치료는 고사하고 입원조차 못하는 거예요.

저는 체구가 커서 일상생활에 많은 보조 기구가 필요해요. 저를 지원하려면 제 몸에 대한 이해가 반드시 필요하죠. 그런데 감염병의 경우 정해진 인력에게만 지원을 받을 수 있는데 그들은 내 몸에 대한 이해가 전혀 없어요. 면역력이 떨어져 있기 때문에 감염되면 죽음으로 이어질 가능성이 큰 제가 장애에 대한 기본적인 이해도 없는 사람들 사이에 덩그러니 놓일 상황을 생각하면 너무 공포스러워요. 그런데 이건 메르스가 유행했던 2015년부터 제기했던 문제예요. 그런데 문제제기만 할 뿐 누구도 후속 과정을 밟지 않았던 거죠. 우리 진영에 있는 사람들조차 이 사안에 대한 민감성이 없으니까 그걸 필사적으로 챙기지 않은 거죠(한숨). 대구에서 2020년 2월 코로나가 처음 터졌을 때 정말 난리도 아니었어요. 장애인 자가격리자가 속출하는데도 지원 인력을 어떻게 투입해야 할지 매뉴얼이 없었죠. 보건소에 전화해도 통화가 안 되고 그 와중에 확진자가 나오고요. 보건당국에선 무조건 격리해야 한다는데 장애인은 격리할 수 없는 사람들이잖아요. 누군가는 곁에서 지원해야 하는데 감염병 환자에 대한 지원을 함부로 강제할 수도 없는 노릇이고요.

2020년 여름 코로나가 잠시 사그라들었다가 가을에 다시 서울에서 확산됐어요. 그때 서울에서 제가 아는 한 근육장애인이 코로나에 확진됐어요. 대구에서 그 난리를 겪고 저희가 계속적으로 대책 마련을 요구했고 보건복지부에서도 대단히 노력하는 것처럼 떠들기에 뭔가 대책이 마련되었겠지 생각했는데 전혀 아니더라고요. 그분은 며칠 더 집에서 방치됐어요. 다행히 배우자가 감염 위험을 무릅쓰고 곁을 지키기로 했는데 확인해보니 방호복 착용 같은 기본적 조치에 대한 주의사항도 들은 바 없이 하고 있었어요. 대구에서 이미 겪은 일인데 6개월 뒤에 서울에서 그대로 반복되고 있었죠. 그분한테 그러다 큰일 난다고 필요한 방역 조치를 알려드렸어요. 며칠 후 그분은 생활치료센터로 가게 되었는데…… 거기에 계단밖에 없었대요.

초기엔 정부가 아무런 대책도 세우지 않는다는 점에 화가 났다면 나중엔 전장연 운동에 화가 났어요. 대구에서 계속 필요한 제도와 정책을 올렸는데 중앙이 너무 태만한 것 같았거든요. 코로나 초기도 아니고 한국에서 가장 인프라가 잘 구축되어 있는 서울 같은 대도시가 이렇게 장애인을 방치한다면 도대체 한국 땅에서 생존할 수 있는 장애인이 얼마나 있을까. 청도대남병원에서 그렇게 많은 사람이 억울하게 희생되었고, 대구에서 그 큰 혼란을 겪고 저희가 겪은 고통과 필요한 대처 방안을 피 토하듯 외쳤는데 아무도 듣지 않고 아무것도 마련된 것이 없다는 걸 확인한 거예요. 끓어오르는 분노가 주체가 안 됐어요. 여전히 나 같은 장애인은 감염되면 갈 수 있는 병원도 없고, 대기 중에 지원받을 시스템도 없어 홀로 방치되어야 한다는 게, 그 부담을 오직 가족이 목숨을 담보로 해서 져야 한다는 게 너무 화가 났어요. 그냥 우리 같은 사람은 죽으라는 거구나. 존엄이 산산이 찢기는 느낌을 받아서 너무 고통스러웠어요.

재난 상황에서 장애인을 구제하려면 전장연이 더욱 열심히 싸워야 하는데 그냥 기자회견만 하는 것처럼 보여요. 언론에 알린다고 실질적인 대책이 마련되진 않아요. 기자회견 그다음이 있어야죠. 그분이 위독하지 않아서 다행이지 위독했으면……(한숨) 전장연이라는 조직의 범위 안에 저 같은 중증장애인들은 없는 게 아닌가 하는 답답함이 있어요. 코로나를 거치면서 그런 소외감이 더 커졌어요. 결국 각자도생해야 하는구나 싶어서요. 전장연의 대표적 얼굴들을 나열해보면 어떻게든 이 사회의 속도에 적응하거나 대응할 수 있는 정도의 사람들이에요. 물론 저도 그중 하나였고요. 사회적 여건 속에서 저의 장애는 어떤 식으로든 돌파할 수 있는 여지가 있었어요. 그런데 장애가 계속 진행되고 있는 요즘에는 그 길이 막혀서 아무리 노력해도 돌파할 수가 없다는 생각이 드니까 절망감이 계속 엄습해와요.

평범하고 존엄하게

장애가 빠르게 진행되고 있어요. 그나마 잘 움직일 수 있었던 오른팔과 손가락에 근력이 점점 빠지고 있어요. 작년까지만 해도 핸드폰으로 문자 쓰는 게 힘들지 않았는데 요즘엔 핸드폰을 오래 들고 있는 게 힘이 들어서 손목이 약간 꺾여요. 폐 근육도 많이 손실되어서 가끔 숨 쉬기가 어렵고 머리가 멍할 때가 많아졌어요. 그냥 앉아 있거나 누워 있는 것 자체만으로도 압박이 되고 통증이 있어서 잠을 자기 어려운데 수면제도 잘 안 들어요. 아침에 출근 준비하고 나면 하루치 체력이 모두 소진돼서 악으로 하루를 견뎌야 하죠. 어렸을 땐 절대자 예수가 아픈 사람을 치료하거나 기적을 이루는 모습을 동경했어요. 장애인운동을 시작하고 장애를 받아들이면서 예수와 멀어졌다가 다시 혁명가 예수 이야기를 들으면서 위안을 얻었어요. 사회적 약자 앞에 서서 그들을 방어하고 목소리를 내줬던 예수를 만나면서 제 활동에 정당성이나 의미를 부여한 거죠. 그런데 요즘은 너무 고통스러워서 그런지 다시 절대자 예수를 찾게 돼요.

친밀한 관계일수록 더 잘해야 하는데 짜증을 많이 내게 돼요. 미안하면서도 한편으론 '이제 좀 알아줄 만도 한데' 하는 마음이 들고 이해받지 못한다는 서운함도 생기죠. 짜증을 많이 내지만 실제로는 제가 느끼는 힘듦의 100분의 1도 내색하지 않는 거예요. 힘들다고 자주 말하는 것처럼 보이겠지만 내가 겪는 고통을 설명하고 이해를 구할 여력조차 없어요. 제 장애는 진행 양상이 겉으로 드러나지 않아서 이 처절함을 모르고 누가 지나가면서 한마디 툭 내뱉으면 주눅이 들어요. 관계에서 질문하는 위치에 있으면 권력자이고 설명해야 하는 위치에 있으면 약자라고 하죠. 저는 한 조직의 대표이면서도 계속 설명해야 해요. 중증장애인의 속도에 대해, 시시각각 엄습해오는 불안감과 스트레스에 대해, 활동 시간이 점점 짧아지는 것에 대해, 내가 짜증이 폭발하는 이유에 대해, 해가 다르게 나빠지는 몸 상태에 대해 끊임없이 설명하고 이해를 구해야 해요.

급격히 몸이 나빠져서 근육장애 전문의를 찾았더니 유전자 검사를 새로 해보자고 해서 수백만 원을 들여 검사를 했어요. 결과가 나왔는데 척수성 근위축증이래요. 치료제가 있는데 30억 정도 든대요. 웃어야 할지 울어야 할지 모르겠어요. 스핀라자라는 약인데 다행히 건강보험이 적용되면 첫해에 자부담 5000만 원이고 매년 1000만 원씩 더 든다고 하는데, 그러려면 만 3세 이전에 발병했다는 걸 본인이 증명해야 한대요. 기사를 찾아봤는데 마음이 너무 괴로워요. 몸이 너무 아프니까 돈이 얼마가 들더라도 시도는 해봐야 하나 싶다가도 그렇게 했는데도 나아지지 않으면 어떡하나 싶고, 또 부모님이 이 사실을 알면 어떠실까 걱정돼요.

고등학교 때도 근육병을 치료할 방법이 있는데 그 돈이 3억쯤 된다는 뉴스를 보고 아버지가 주식 투자를 하셨다가 홀딱 말아먹은 적이 있거든요. 건강보험 적용 문제를 갖고 싸운다 해도 얼마나 할 수 있을지도 모르겠고. 아예 가난하면 모금운동이라도 할 텐데…… 차라리 병명을 모르고 살았다면 더 낫지 않을까 싶기도 하고……(한숨) 투쟁하느라 몸을 돌보지 않았는데 지금은 그것도 후회가 돼요. 남의 인생은 어떻게든 개선해왔는데 내 인생은 왜 구제가 안 될까 싶고요. 전장연이 좀 싸워주면 좋겠어요. 저는 전장연의 어려움을 참 많이 알아차렸다고 생각해요. 어려울 때마다 알아차려서 돈을 내든 사람을 대든 어떻게든 애쓰면서 왔는데 정작 전장연은 내가 이렇게 어려울 때 그렇게 해주지 않는다는 생각이 드니까 사실 외롭습니다. 혼자 있는 거 같아요.

더불어 사는 공동체를 꿈꿨고 그걸 실현하고 싶어서 시간과 건강, 청춘을 갈아 넣었어요. 그게 기쁨이고 희망이었어요. 그렇게 살면 불편할 수는 있지만 불안하거나 불행하지는 않을 것 같았죠. 그런데 국가와 사회, 조직과 공동체는 내가 노력한 것에 비해 나를 돌볼 능력이 없다는 것을 깨닫고 생존에 대한 근원적인 공포를 느끼게 됐어요. 요즘 돈 얘기를 많이 한다고 동료에게 핀잔을 들었어요. 저도 그러기 싫고 그렇게 살아오지도 않았는데, 사회와 공동체가 내 생존을 보장할 수 없기 때문에 돈이 필요한 거예요. 저 혼자 감당해야 하니까요.

평범하고 존엄하게 살고 싶어요. 단 하루만이라도 좋으니 신체적·정신적 고통에서 자유로운 상태로요. 다리와 엉덩이의 고통을 줄여줄 2000만 원짜리 전동휠체어가 필요하고, 배가 아플 때 화장실을 갈 수 있으려면 휠체어에서 변기로 옮겨 앉을 수 있도록 돕는 3000만 원짜리 리프트 시스템이 필요해요. 내 몸과 조건을 이해하고 지원할 남성 활동지원사를 구하는 것은 불가능에 가깝기 때문에 정해진 급여 외에 제가 더 부담하겠다고 해야 가까스로 구해지거나 유지가 돼요. 장애가 더 진행되고 현재의 개인적 관계에 기댄 지원이 끊어진다면 24시간 활동지원서비스를 받아야 하는데 국가가 그걸 보장하지 않으니까 제가 부담해야 하죠. 그 비용이 10년만 잡아도 10억이에요. 일을 못하게 되어 집에만 있어야 하는 시간이 점점 다가오는데, 최소한의 존엄한 생존을 보장하려면 돈이 필요해요.

몸이 변하면 세계도 변한다

절망감이 더 깊어진 건 글쓰기가 안 되기 시작했을 때부터였어요. 조직에서 외부로 내보내는 문건들은 대부분 함께 활동하는 후배인 근배가 정리하는데 그게 대표인 제 이름으로 나가요. 거기서 오는 스트레스가 너무 심해서 마음의 병 같은 게 생겼어요. 근배는 정책적인 고민이 많은 친구였어요. 제 장애가 급속히 진행되어서 문건을 정리하는 게 버거워지자 근배가 어느 날 "문건 정리하는 거 제가 알아서 할까요?" 묻기에 "그래주면 좋지" 했어요. 제가 생각을 말하고 아이디어를 내면 근배가 정리하고 자신의 생각을 보태니까 속도가 붙기 시작했어요. 정리는 근배가 해도 내용은 제가 낸 것이고 제가 그걸 온전히 이해하고 있기 때문에 제 말이 중심이고 문건은 양념이라고 생각했어요. 그런데 점점 제가 작아져서 양념이 되다가 어느 순간부터는 양념 역할도 못한다는 느낌이 들더라고요.

내가 장애인이고 대표라서 그 역할을 할 뿐이지 실제로는 후배들이 하면 더 잘할 일인 거예요. 쓸모없는 존재가 되어버렸다는 느낌이었어요. 어느 토론회에 참석했을 땐 과호흡이 오면서 몸이 떨리고 어지러웠는데 억지로 참고 했어요. 그 후부터 비슷한 상황이 오면 그 증상이 오더라고요. 생각하는 것이 내 손으로 정돈되지 않으니까 거기서 오는 좌절감이 컸어요. 후배 활동가들이 옆에서 그걸 채워줬죠. 우리는 하나의 목표를 가진 조직이니까 그런 식으로 역할 분담을 하면 된다고 생각했어요. 제가 할 수 있는 것에 더 집중하고 할 수 없는 건 과감하게 포기하는 것이 내 장애를 수용하는 태도라고요.

시간이 지나니까 제가 할 수 있는 게 대표로서 나서거나 정세를 판단하는 것밖에 남지 않았더라고요. 그래도 아직 그게 되니까 몸이 축나더라도 열심히 했어요. 그런데 코로나 이후에 그조차도 못하는 상황이 되니까 나의 쓸모가 사라져버린 느낌이에요. 사실 이건 성장하는 후배들을 볼 때 느끼는 스트레스이기도 해요. 연차도 쌓이고 사회적 역할이 높아지면 언어 수준도 같이 높아져야 하는데 그러기 위해선 더 배우고 노력해야 하잖아요. 그런데 지금 저는 그럴 체력이 없어요. 그런 일을 하기 위해 에너지를 다 써버리면 정작 제가 생존할 에너지가 고갈되는 거예요.

예전에는 문제 상황을 만나면 돌파해야 한다고 생각했어요. 그땐 그게 나의 의지인 줄 알았는데 실은 몸이 돌파할 수 있었던 거예요. 지금은 어떻게 하면 이 상황을 무사히 넘어갈 수 있을까 생각해요. 예전에는 필요하면 갈등을 만들면서까지 직진해서 벽을 뚫고 나갔다면 지금은 담을 넘어가는 거예요. 몸으로 돌파할 자신이 없는 거죠. "안 되면 농성해!"라고 말할 수가 없어요. 농성하려면 제가 먼저 땅바닥에 앉고 마이크도 잡고 사람이 아무도 없어도 혼자 버틸 수 있어야 하는데 지금은 그걸 전부 남을 시켜야 하니까요.

남은 제 마음 같지 않으니 다른 의견도 다 들어야 하죠. 제 습관 중 하나가 저와 가장 반대되는 의견을 가진 사람을 상대로 상정해놓고 저 혼자 토론을 하는 거예요. 나는 이렇게 생각하는데 그는 어떻게 생각할까. 저의 또 다른 자아와 논쟁하면서 생각을 다듬어가는 거예요. 예전에는 우리 조직의 가장 보수적인 사람을 상대편에 놓고 싸웠다면 지금은 가장 진보적인 사람을 놓고 논쟁해요. 주로 근배를 놓고 생각하죠. 근배가 내 말을 어떻게 생각하고 또 받아들일까. 후배들에게도 내가 하는 판단이 운동적으로 문제가 있을 수 있으니 너희가 잘 주장해서 나를 설득하라고 말하곤 해요.

나의 쓸모가 사라진다면 내 존재감, 조직 안에서 내 위치가 보장될 수 있을까 질문해봐요. 예전엔 스스로를 속여가면서 가능할 거라고 생각했는데 지금은 아니에요. 많은 중증장애인들이 장애인운동 안에서 느꼈을 소외감을 지금 제가 느껴요. 저의 손상이 진행되는 속도에 비해 사회의 성숙도는 너무 느린데 그 의미를 확장하는 운동 조직 안에서조차 제가 깰 수 없는 한계에 부딪힌 것 같아요. 지금 저에게 가장 중요한 화두는 어떻게 나의 존엄을 지키면서 이 사회에서 생존해갈 것인가예요. 좀 더 구체적으로 말하면 제가 대표로 활동하는 조직 안에서 어떻게 월급이 깎이지 않고 권위가 훼손되지 않으면서 사람들과 신뢰 관계를 유지하며 살아갈까 하는 것이죠. 그건 저에게 곧 생존의 문제니까요.

요즘엔 거창한 사회적 변화를 꿈꾸기보다 개인적 삶의 여유나 일상을 회복하고 싶어요. 여행도 가고 싶고요. 병이 계속 진행되는 바람에 일상을 많이 잃었어요. 저를 곁에서 지원하고 걱정하는 친구나 부모님이 덜 힘들 수 있도록 보조 기구나 치료제의 건강보험 적용 문제 같은 의료적인 여건들도 해결되면 좋겠어요.

이 사회나 조직이 못한다면 개인적으로라도 그걸 극복할 수 있는
여건이 만들어지면 좋겠어요.

"이 사회나 조직이 못한다면 개인적으로라도 이 어려움을 극복
할 수 있는 여건이 만들어지면 좋겠어요."

이 인터뷰의 마지막을 이렇게 끝내도 괜찮은 것일까. 오래
고민했지만 결국 이 말로 끝맺기로 했다. 이 말이 가장 오래 내 마
음에 맴돌았기 때문이다. 사실 금호가 정말 하고 싶은 말은 이것
일 것이다.

"전장연이 함께 싸워주면 좋겠어요."

하지만 이것을 이 글의 마지막 문장으로 쓸 수는 없었다. 왜
냐하면 인터뷰 내내 그가 망설였으니까. 차마 힘주어 말하지 못
했으니까. 그렇게 말했을 때 혹여 돌아올 반응이 두렵기 때문이
다. "거대 제약회사의 이권이 달린 문제인데, 그게 싸운다고 될
까?" "그건 네 문제잖아" "지금은 바쁘니까 나중에 하자" 그런
말을 듣게 된다면 금호가 완전히 무너져버릴 것 같았다. 절박한
사람은 의연할 수 없으니까.

첫 번째 인터뷰가 끝나고 서울로 돌아오는 기차에서 나는 마
구 뭔가를 쓰고 싶었다. 금호의 어린 시절부터 대학 시절까지 들
은 날이었다. 아주 신나는 이야기였다. 낭만적인 이야기라고 해
도 좋을 것이다. 한총련 대의원대회에서 장애인을 배제하는 환경

에 문제를 제기하며 금호가 피켓을 드는 순간은 소름이 돋을 만큼 좋았는데, 그것이 내 대학 시절의 풍경을 일순간 다르게 바라보도록 만들었기 때문이다.

'괄호 밖의 존재'가 침묵을 깨고 아우성을 칠 때 비로소 '괄호 안의 존재'들도 자신이 속한 세계를 온전히 볼 수 있다. 그 시절 학생운동의 대표적인 조직이었던 한총련이 실은 비장애인들의 조직이었다는 엄청난 사실을 깨닫자, '민족'이나 '통일'을 외치면서도 눈앞의 장벽은 보지 못하는 사람들의 구호는 작게 쪼그라들고 작은 피켓을 든 금호가 점점 커다랗게 보이는 것이다. 나는 이 연재에서 금호가 담당하게 될 역할이 투쟁의 낭만과 열정이 될 것임을 확신했다.

두 번째 인터뷰 날짜를 잡으려 할 즈음 금호의 활동지원사가 그만두겠다는 문자 한 통을 남긴 채 연락이 두절되었다는 소식을 들었다. 금호는 자신의 페이스북에 "혼자서 생리 활동을 할 수 없는 사람에게 이것은 살인 행위와 같다"며 분노와 비참을 표현했다. 매년 활동지원사의 권리를 증진하고 소득을 향상시키기 위해 함께 투쟁했고 그리하여 비장애 노동자들의 근무환경은 점차 개선되어왔건만, 왜 장애인 당사자의 존엄은 이토록 함부로 짓밟히는지, 그가 피를 토하듯 써 내려간 글이었다. 새로운 활동지원사를 구하느라 인터뷰는 얼마간 시간이 흐른 뒤 이루어졌다. 그즈음 금호는 통증으로 매일 밤을 하얗게 지새우고 있었고 수백만 원을 들여서 받은 병원 검사 결과를 불안하게 기다리는 중이었다. 이 고통에서 벗어나기 위해 필요한 건 운동이 아니라 행운이 아닐지, 자신을 구할 수 있는 건 공동체가 아니라 돈이 아닐지 생각하는 나날 속에서, 자신이 이 인터뷰를 계속해도 되는지 모르겠다며 금호가 깊은 한숨을 쉬었다.

그리고 세 번째 인터뷰를 하던 날 그에게 검사 결과가 통보되었다. 척수성 근위축증. 치료약이 있다고 했다. 그런데 30억이랬다. 건강보험 적용 대상이 되면 첫해에 5000만 원에 연간 1000만 원씩. 그런데 심사를 통과하기가 하늘의 별 따기라고 했다. 그게 어떤 의미인지 전혀 감이 오지 않아서 나는 눈만 끔뻑거렸다. 주변의 장애 동료들에게선 한 번도 들어보지 못한 종류의 고통이었다. 그날 금호는 미리 준비해온 자료들을 넘기며 지난 15년간 투쟁한 역사와 변화된 사회의 모습, 새롭게 만든 제도와 그로 인해 구제된 어떤 삶들에 관해 이야기했다. 하지만 그의 머릿속에선 30억이란 숫자가 떠나지 않는 것 같았다. 모든 이야기의 끝에 그가 후렴처럼 말했다.

"그럼 뭐해요. 지금 내가 이런데. 남의 인생은 어떻게든 개선해왔는데 내 인생은 왜 구제가 안 될까요?"

그는 숨을 쉬는 게 좀 버겁다면서 이야기하는 도중 여러 차례 휴식을 가졌다. 어쩌면 인터뷰가 도움이 될 수도 있잖아요, 하면서 그를 설득했던 내 생각이 얼마나 낭만적인 것이었나, 낯이 뜨거웠다. 어쩌면 나는 금호가 이 난국을 굳건하게 헤쳐나가는 이야기를 듣고 내가 힘을 얻으려고 대구까지 온 게 아니었을까 생각했다. 나는 그에게 투쟁의 낭만을 기대했으나 그는 삶의 지긋지긋함에 대해 온몸으로 말하고 있었다. 그의 마음도 체력도

깊이 가라앉고 있었고, 여전히 이 인터뷰에 자신이 적합한지 모르겠다며 걱정하고 회의했다. 나는 금호가 나를 위해 미리 주문해둔 비건 쿠키를 오물거리면서 금호의 마음이 괴롭다면 인터뷰를 공개하지 않아도 괜찮다고 말했다. 그게 내가 그를 위해 할 수 있는 유일한 일처럼 느껴졌다. 2021년 4월의 일이었다.

며칠 후 그의 페이스북엔 이런 글이 올라왔다.

"존경하는 이들처럼 살지 못해도 꼼수 부리며 사회에 해악을 끼치며 살지 않았다. 힘없고 약한 이들이 차별받지 않고 그 권리가 보장받을 수 있는 세상을 만들고 싶어 나름 열심히 살았다. 그 노력의 결과인지 존재조차 부정당한 사람들이 조금씩 세상에 자신을 드러내고 인정받으며 살고 있다. 부족하지만 조금씩 권리가 보장되는 현장을 보게 된다. 하지만 너무 더디다…… 세상살이가 너무 버겁다…… 행운만 바라면서 살지는 않았는데 모든 것이 소진된 병들고 나약한 몸으로는 절망의 늪에서 기어 나오고 싶어도 방법이 없다. 행운만 바라게 되는 현실이 절망스럽다."

6월에 나는 인터뷰 원고를 정리해 그에게 검토를 요청했다. 누구나 볼 수 있는 온라인 공간에 자신의 생애를 전시한다는 건 생각보다 꽤 많은 에너지가 필요한 일이다. 그런데 금호는 지금 자신의 생애 중 가장 어둡고 외롭고 고통스러운 통로를 통과하는 중이었다. 그런 그에게 근심 하나를 더 얹어주는 게 미안해서 마음에 조금의 거리낌이라도 있다면 기사로 싣지 않을 테니 편히 의견을 달라고 말했다. 그러면서도 한편으론 금호가 힘을 내주기를 바랐다. 두어 달이 지나 8월에 답이 왔다.

그사이 그는 건강보험공단에 치료비 지원을 요청했고 불가능하다는 통보를 받았다고 했다. 행운은 끝내 그를 찾아오지 않았다. 치료를 받으려면 이젠 싸우는 수밖에 없었다. 아니면 치료를 포기하거나. 이 문제를 공론화시킨다면 얻는 게 많을지 잃는 게 많을지 생각하다 보면 마음이 너무 괴롭다고 금호가 말했다. 부모님이 알게 되었을 때의 충격도 걱정이고 혹여 일을 벌이다 가까운 사람들에게 받게 될 상처도 두렵다고 했다. 그래서 인터뷰를 공개하고 싶지 않다고 말했다. 얼마 없는 생존의 에너지를 쥐어짜며 살고 있기 때문에 최대한 힘쓰는 일을 덜고 싶다면서 금호가 미안하다고 했다. 나는 괜찮다고 했다. 진심이었다. 그를 더 힘들게 하고 싶지 않았다.

"다른 사람의 삶은 어떻게든 개선해왔는데 왜 내 삶은 구제가 안 될까요?"

그가 힘없이 말했다.

"금호에게도 금호가 필요하네요."

나는 내가 금호가 아니어서 면목이 없는 기분으로 대답했다. 지금 금호의 곁에 스물다섯의 금호가 있다면 얼마나 든든할까. 그는 분명 이렇게 말할 것이다.

"까짓것 농성하자! 이불 모아!"

아니면 스무 살의 금호는 어떤가. 기숙사 복도를 지나다가 누군가의 어려움을 알아차리고선 무슨 일이냐고 물었던 금호. 이야기를 듣고 난 그는 이렇게 말했다고 했지.

"깨질 때 깨지더라도 아우성이라도 쳐보자!"

그러고는 마이크도 없이 광장에 나가 학교는 대체 뭘 하느냐며 고래고래 소리를 지를 것이다. 그런데 나는 고작 이런 말밖에 못했다.

"금호, 힘을 내요."

그날 밤 잠을 자지 못하고 계속 뒤척였다. 그리고 어떻게든 이 이야기를 완성해야 한다는 생각에 이르렀다. 왜냐하면 금호에겐 지금 금호가 필요하니까. 나는 금호는 될 수 없지만 스물다섯의 금호를 다시 불러내는 일은 할 수 있을 것이다. 적어도 내 손으로 그 금호를 묻어버리는 일만은 하고 싶지 않았다. 나는 금호의 이야기를 들었고 듣는다는 건 조금 무시무시한 일이다. 무언가 내가 져야 할 책임이 생긴 것이다. 나는 금호가 힘을 내기만을 기다리고 있었다. 마치 기다리는 게 내 일인 것처럼. 그런데 그날 밤 나는 이젠 내가 힘을 내야 할 차례라는 걸 깨달았다. 다음 날 금호에게 문자를 보냈다.

"근육장애에 관한 이야기를 들은 건 처음이에요. 이 운동 안에서 금호가 느꼈을 외로움·절망·고립감을 조금이나마 알게 되어서 다행이라고 생각해요. 더 많은 사람들에게 이야기를 전해주고 싶어요. 이야기는 그 자체의 생명과 운명을 갖는데요. 살아서 계속 바깥으로 나오길 바라는 어떤 존재를 내 손으로 묻어버리는 건 아주 괴로운 일이에요. 무엇보다 이 인터뷰가 소중한 이유는 노금호라는 사람이 만들어온 운동의 역사에 대한 경애의 마음 때문이에요. 금호가 견뎌준다면, 금호에게 최대한 부담을 주지 않으면서 이 인터뷰를 마무리할 방법을 찾아볼게요. 내가 더 잘해볼게요. 기사화하는 걸 허락해주세요. 부담을 주어서 미안해요."

한나절이 지나 금호가 답을 보냈다.

"그렇게 하겠습니다. 치료제와 관련해서 뭐라도 부르짖고 싶다가도 그렇게 하다가 좌초되어 가까운 이들에게 실망할까봐 두렵기도 해요. 아무튼 하찮은 개인사에 의미를 부여해 주셔서 감사합니다."

아마도 그는 또 내 성의를 거절하지 못한 것 같다.

그리하여 이 글은 세상의 빛을 보게 되었다. 금호가 자신의 이야기를, 과거의 빛나는 추억과 눈부신 성과뿐 아니라 현재의 어두운 현실과 두려움, 외로움을 세상에 이야기하기까지 얼마나 고심했는지 사람들이 알아주면 좋겠다. 광장에서 자신의 슬픔과 고통을 말한다는 것은 자신의 가장 취약하고 절박한 부분을 드러낸다는 것이고 그건 아주 위험한 일이다. 동지들에 대한 믿음 없인 불가능한 일이고, 자신처럼 고통받는 존재가 세상엔 너무나 많다는 걸 안다는 뜻이고, 그가 엄청나게 힘을 내고 있다는 뜻이다.

금호는 치료제 건강보험 적용 문제를 공론화하기로 했다. 그리고 최근엔 대구 청암재단의 인권침해 사건에 맞서 탈시설 투쟁을 본격적으로 시작한다는 소식을 전해왔다. 그의 목소리엔 전투에 나서는 사람의 에너지가 차 있었다. "치료제 문제는 어떻게 되어가고 있어요?" 하고 묻자 "지금 청암재단 문제로 싸우느라 그걸 챙길 상황이 안 되네요. 저는 제 문제에 골몰할 팔자가 아닌가 봐요. 껄껄껄껄" 했다. 그 와중에도 그는 마지막까지 원고를 꼼꼼히 검토하며 부모님이 걱정하실 내용은 없는지, 거론되어야 할 이름 중 빠진 이름은 없는지 확인했다.

당신에게 장애인운동은 무엇이냐고 내가 물었을 때 금호가 말했다.

"장애인운동은 나 혼자 장애를 극복하지 않아도 된다는 믿음을 주었어요."

"아……"

나는 작게 탄식했다. 장애인운동의 교과서가 있다면 제1장에 나올 것처럼 익숙하고 뻔한 그 말이 그렇게 시리게 들릴 줄 나도 전혀 몰랐다. 그가 덤덤하게 말했던 10대 시절의 금호가 파노라마처럼 스쳐 지나갔다. 장애를 치료해야 한다는 일념으로 부모와 떨어져 살기를 택한 일곱 살의 금호는, 기적을 일으키는 예수가 자신에게도 찾아와주길 바라며 기도하던 초등학생 금호는, 아무리 운동을 해도 점점 걷는 게 힘들어지던 중학생 금호는, 매일 아버지 등에 업혀 4층까지 오르내리고 종일 화장실 가는 걸 참아야 했던 고등학생 금호는, 죽으려고 수면제를 잔뜩 먹고 잠에 든 열일곱의 금호는, 교회에서도 학교에서도 언제나 자신이 괄호 밖에 존재한다고 느꼈던 소년 금호는, 혼자 싸우느라 너무 힘들었구나, 너무 외로웠구나…… 코가 시큰거렸다. 그런 금호에게 이제 너 혼자 극복하지 않아도 된다고 말해줬다는 그 장애인운동이란 것이 너무나 고마워서, 나는 원래도 장애인운동을 몹시 좋아했지만, 오늘부터 더 좋아해야겠다고 다짐했다.

스무 살에 장애인운동을 만난 그는 자기 자신과의 싸움을 그만두고 세상과의 싸움을 시작했다. 절대자 예수를 동경하던 소년은 저항자 예수를 품은 청년이 되었고 경쟁사회에서 살아남기 위해 분투하던 에너지를 약자들의 연대를 조직하는 힘으로 썼다. 그리하여 그는 동료들과 함께 대학 내 장애인들의 교육 환경을 바꾸었고 지역사회에서 중증장애인들이 살아갈 수 있도록 수많은 제도들을 만들었다. 한 사람이 열정과 분노의 방향을 바꿀 때 만들어내는 어마어마한 변화를, 각자 혼자 극복하는 게 아니라 함께 의존하며 살아가는 삶이 목표가 될 때 일어나는 경이로운 일들을 노금호의 생애가 보여준다.

  그러나 지금 금호는 다시 혼자 극복하기 위해 애쓰고 있다. 15년 동안 쉼 없이 달려온 그는 투쟁이 끝난 자리의 허무함과 누구와도 나눌 수 없는 몸의 고통에 관해 이야기했다. 손닿을 수 없는 저 높은 곳에서 목숨을 구걸하게 만드는 비싼 치료제와 턱없이 부족한 활동지원서비스, 문자 한 통 남기고 그만둬버린 활동지원사와 수천만 원을 호가하는 보조공학 기기들…… 사회가 변화하는 속도는 그의 질병이 진행되는 속도를 따라가지 못해서 그의 생존과 존엄이 돈과 행운에 매달려 있다. 그가 물었다.

  "장애인운동은 내 삶을 구할 수 있을까요?"

  이야기의 완성은 듣는 사람의 몫이다. 동료들이 이 이야기를 계속 이어나가주었으면 좋겠다. '한 사람의 선택과 결단이 얼마나 많은 걸 바꿀 수 있는지 보여주는 상징이 바로 노금호'라고 했지만, 노금호가 우리에게 가르쳐준 가장 소중한 것은 각자의 어려움을 혼자서 극복하지 않아도 된다는 믿음이 이 세계를 어떻게 변화시키는가이다. 나는 어떻게든 그를 지키고 싶고 그가 무너지는 것을 보고 싶지 않다. 20년 전 기숙사 작은 방에 혼자 내버려져 있던 사람 곁에 다가간 금호는 한 사람이었지만, 그 한 사람이 두 사람이 되고 그들이 동아리가 되고 농성이 되어 그 힘이 우리 사회 전체를 변화시켰다. 백전백패의 싸움을 하기에 절대 지지 않는 전장연이, 비가 오는 그날까지 멈추지 않기에 한 번도 실패한 적 없는 기우제를 지내는 전장연이 함께 싸워주길 바란다. 금호를 지키는 것은 우리 모두를 지키는 일이니까.

후기

이 이야기는 2021년 12월 《비마이너》에 게재되었다. 그리고 한 달 후인 2022년 1월 전장연은 척수성 근위축증 환자들의 고통스러운 현실을 알리며 싸움을 시작했다. 척수성 근위축증 치료제인 스핀라자는 1회 주사 비용이 약 1억 원에 달하기 때문에 건강보험 적용 없이는 치료를 포기할 수밖에 없는데, 금호는 '만3세 이전에 증상이 발현했음을 증명하지 못했다'는 이유로 건강보험 급여 적용 심사에서 탈락했다. 2월 전장연은 치료제 보험 적용 확대와 현행 제한 기준 폐지 등을 요구하며 건강보험심사평가원을 점거했다.

그 후 금호는 놀랍고 다행스럽게 재심사를 통해 보험 적용을 승인받았고 치료를 시작했다. 하지만 또 다른 고통이 생겼다. 건강보험공단이 분기별로 환자의 증상을 확인해 급여를 지속할지 여부를 결정하겠다고 한 것이다. 즉 증상이 개선되지 않으면 급여 적용이 중단된다고 했다. 건강보험공단이 효율성의 잣대로 경제적 가치를 평가할 때, 자신의 목숨이 저울 위에 매달린 사람들은 언제 투약이 중단될지 모르는 가혹한 시간을 살아가야 한다. 전장연은 이동권, 교육권, 노동권, 탈시설 등에 이어 희귀난치성 질환자의 치료받을 권리와 장애인의 건강권 문제로 싸움을 확대했다. 그 싸움의 맨 앞에 금호가 있다.

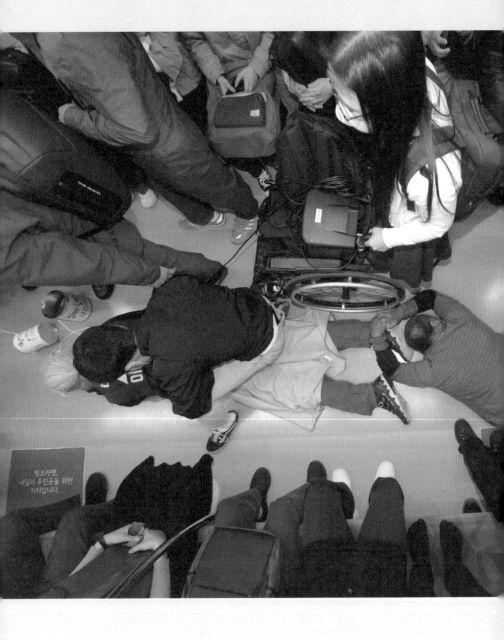

2022년 5월 4일 아침
지하철에서 오체투지하는
전장연 활동가들. 이날 바닥을
기어가는 행위는 '구걸하는
신체'가 아닌 '싸움하는 신체'
가 되어 비장애인 중심으로
흘러가는 시간을 멈춰 세웠다.
ⓒ 비마이너

전장연은 2021년 12월 6일부터 매일 아침 혜화역(동대문 방향)
5-4 승강장에서 장애인권리예산·입법을 촉구하는 선전전을 하고
있다. 2022년 2월 24일 아침 풍경. ⓒ 비마이너

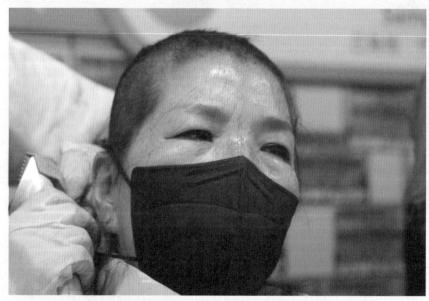

2022년 5월 9일 장애인권리예산 보장을 촉구하며 삭발하는 박길연. ⓒ 비마이너

2018년 4월 20일
장애인차별철폐의날에 도로를
점거한 이규식. ⓒ비마이너

2018년 4월 문재인 대통령
면담을 촉구하며 오체투지하는
박길연. ⓒ 비마이너

2018년 4월 오체투지하는
동지들을 바라보는 박김영희.
ⓒ 비마이너

**2017년 광화문 사거리를
점거한 전장연.** ⓒ 비마이너

2017년 8월 25일 광화문 농성장에
문재인 정부의 초대 보건복지부
장관인 박능후 장관이 찾아왔다.
장애등급제·부양의무제·장애인
수용시설 폐지를 요구하며 농성
1831일째를 맞이한 날이었다.
ⓒ 정택용

2017년 4월 20일 장애인차별철폐의날 집회에서 발언하는 박명애. ⓒ 비마이너

2016년 9월 중증장애인 생존권 예산을 요구하며 삭발한 노금호가
잘린 머리카락이 담긴 삭발함을 들고 청와대로 행진하던 중 길을 가로막은
경찰에게 항의하고 있다. ⓒ 김유미

2010년 3월 26일 전국장애인대회 도중 경찰에 둘러싸인 박명애가
탈시설 권리를 요구하는 펼침막을 들고 절박한 표정으로 외치고 있다. ⓒ 김유미

2006년 4월 27일 장애인들이 한강대교를 여섯 시간 동안 기었다.
이날의 투쟁으로 서울시에 활동지원서비스가 제도화됐다. ⓒ 김유미

2006년 5월 장애인들이
대구시에 활동지원서비스
제도화를 요구하며 반월당
사거리를 점거했다. ⓒ 김유미

2006년 대구 활동지원서비스
제도화 투쟁에 나선 노금호. © 김유미

2006년 S재단이 운영하는 장애인 수용시설에서 시설 비리와 인권유린이 벌어졌다.
그해 11월 27일 시민사회단체는 사회복지사업법 개정을 요구하며 종로구청에서
여의도 국회까지 48시간 연속 삼보일배 행진을 했다. ⓒ 김유미

**2002년 9월 11일 장애인들이
시청역 선로를 점거했다.**
ⓒ 장애인이동권연대

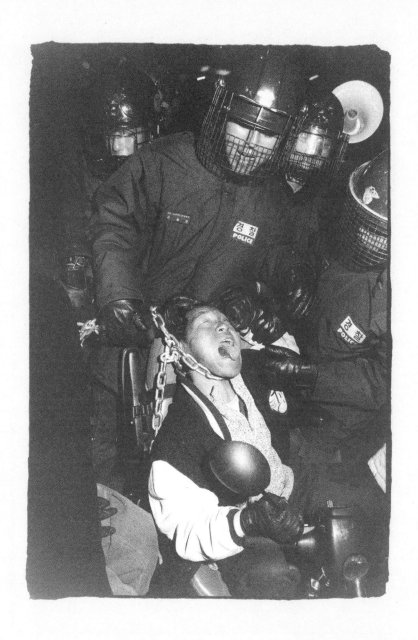

2002년 이규식이 장애인
이동권 보장을 요구하던 중
경찰에게 진압당하고 있다.
ⓒ 장애인이동권연대

**2002년 6월 26일 박경석이 광화문역
승강장에서 동지들을 향해 외치고 있다.**

ⓒ 장애인이동권연대

2002년 9월 박김영희가 장애여성공감의
제주도 캠프 '억압된 천사에서 자유로운
마녀로'에서 발언하고 있다. ⓒ 박김영희

1997년 미국 워싱턴에서 열린
국제장애여성리더십포럼에
참석한 한국대표단. 박김영희
(오른쪽에서 두 번째 휠체어 탄
이)가 단장이다. ⓒ 박김영희

**2001년 10월 31일 종로에서
장애인들이 버스를 막아섰다.**
ⓒ 장애인이동권연대

2001년 8월 29일 서울
세종문화회관 앞에서
장애인들이 버스를 점거했다.
ⓒ 장애인이동권연대

장애해방운동이 걸어온 길*

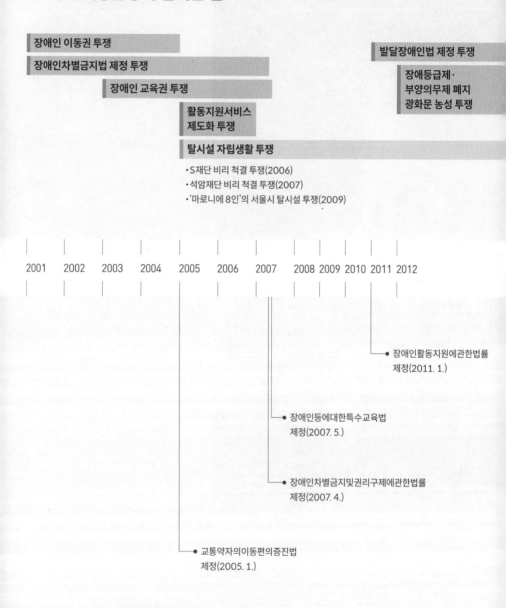

장애인 이동권 투쟁

장애인차별금지법 제정 투쟁

발달장애인법 제정 투쟁

장애인 교육권 투쟁

장애등급제·
부양의무제 폐지
광화문 농성 투쟁

활동지원서비스
제도화 투쟁

탈시설 자립생활 투쟁

- S재단 비리 척결 투쟁(2006)
- 석암재단 비리 척결 투쟁(2007)
- '마로니에 8인'의 서울시 탈시설 투쟁(2009)

2001 2002 2003 2004 2005 2006 2007 2008 2009 2010 2011 2012

● 장애인활동지원에관한법률
제정(2011. 1.)

● 장애인등에대한특수교육법
제정(2007. 5.)

● 장애인차별금지및권리구제에관한법률
제정(2007. 4.)

● 교통약자의이동편의증진법
제정(2005. 1.)

* 연표는 한국장애인자립생활센터협의회의
2023년도 리플릿을 참조하여 재구성한 것이다.

장애인권리보장법 제정 투쟁

장애인복지예산 확대 투쟁(OECD 평균 보장 요구)

대구시립희망원 인권유린 및 비리 척결 투쟁

3대 적폐(장애등급제·부양의무제·장애인 수용시설) 폐지 투쟁

| 2013 | 2014 | 2015 | 2016 | 2017 | 2018 | 2019 | 2020 | 2021 | 2022 |

발달장애인권리보장및지원에
관한법률 제정(2014. 5.)

박능후 복지부장관 농성장 방문(2017. 8.
25.)으로 장애등급제 폐지, 부양의무제 폐지,
탈시설을 위한 위원회 구성 합의

노동권 투쟁 및 중증장애인 공공일자리
1만 개 투쟁(2017. 11.)

활동지원서비스 만65세 연령제한 폐지 투쟁(2019. 8.)

장애인 서비스 종합조사표 대응 투쟁(2019. 8.)

탈시설지원법 제정 투쟁(2020. 3.)

서울형 권리중심 중증장애인 공공일자리 시행(2020. 7.)

'장애인탈시설지원등에관한법률안' 국회 발의(2020. 12. 10.)

장애인권리보장법과 장애인탈시설지원법 제정 촉구 여의도 농성 시작(2021. 3. 16.)

'장애인 이동권 및 권리 쟁취를 위한 출근길 지하철 탑니다' 투쟁 시작(2021. 12. 3.)

장애인권리예산 확보를 위한 릴레이 삭발 투쟁 시작(2022. 3. 30.)

서울특별시 장애인 탈시설 및 지역사회 정착지원에 관한 조례 제정(2022. 7. 11.)

전사들의 노래

초판 1쇄 펴낸날　2023년 4월 20일
초판 2쇄 펴낸날　2023년 7월 20일
기획　비마이너
지은이　홍은전
그린이　홋한나
펴낸이　박재영
편집　이정신·임세현·한의영
마케팅　신연경
디자인　조하늘
제작　제이오
펴낸곳　도서출판 오월의봄
주소　경기도 파주시 회동길 363-15 201호
등록　제406-2010-000111호
전화　070-7704-2131
팩스　0505-300-0518
이메일　maybook05@naver.com
트위터　@oohbom
블로그　blog.naver.com/maybook05
페이스북　facebook.com/maybook05
인스타그램　instagram.com/maybooks_05

ISBN　979-11-6873-055-7 03300

만든 사람들
책임편집　임세현
디자인　조하늘